ENCYCLOPÉDIE DE L'USINE MODERNE

LES MÉTAUX
ET LEURS CONDITIONS D'EMPLOI
DANS
L'INDUSTRIE MODERNE

CARACTÉRISTIQUES — ESSAIS
TREMPE — RECUIT — REVENU — CÉMENTATION
DONNÉES TECHNIQUES SUR LES PRINCIPALES MARQUES D'ACIER

PAR
JEAN OERTLÉ
INGÉNIEUR DES ARTS ET MANUFACTURES

ÉDITIONS & LIBRAIRIE
40, Rue de Seine, Paris VI
1918

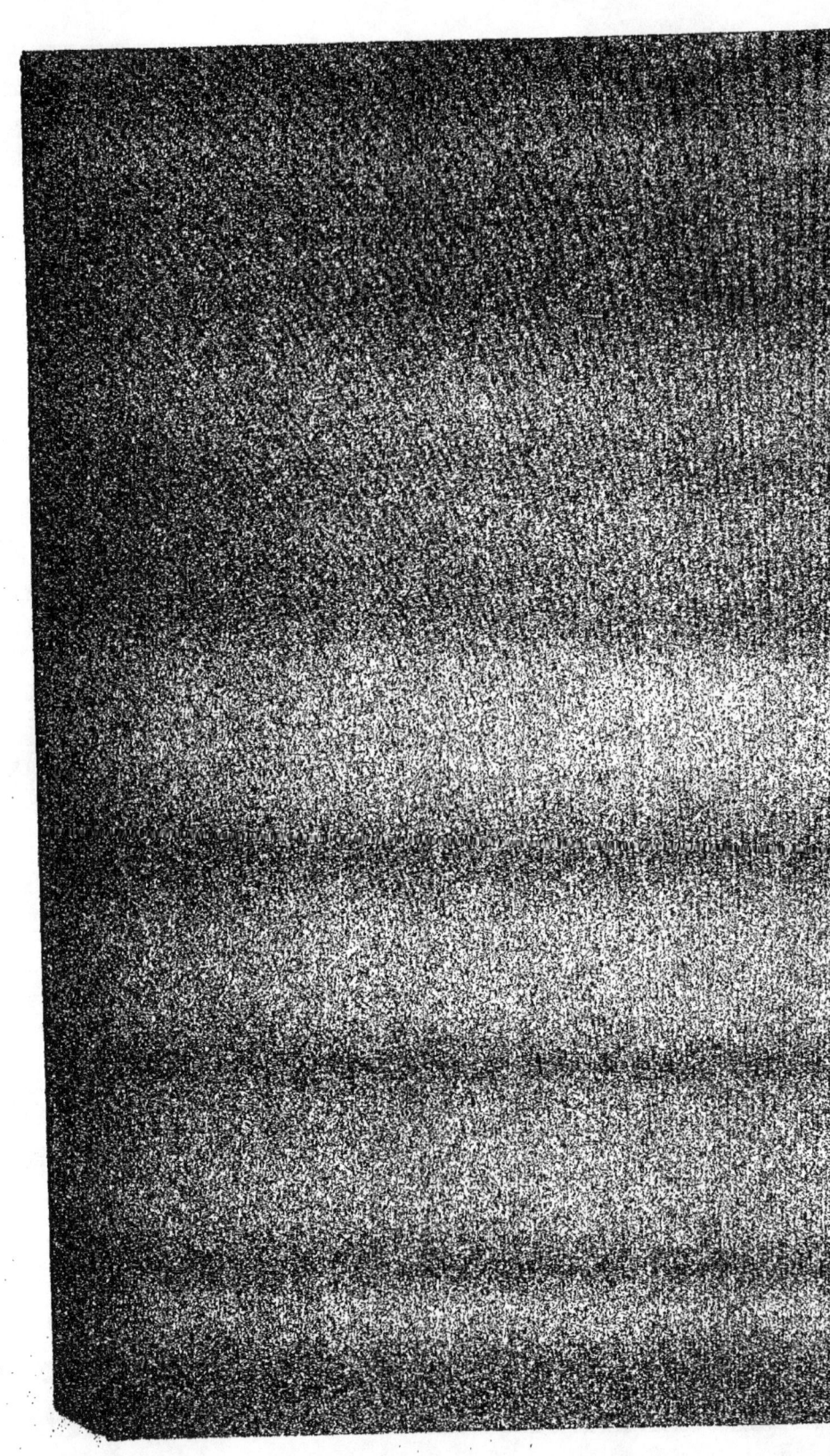

LES MÉTAUX
ET LEURS CONDITIONS D'EMPLOI
DANS L'INDUSTRIE MODERNE

MACON, PROTAT FRÈRES, IMPRIMEURS.

JEAN OERTLE
INGÉNIEUR DES ARTS ET MANUFACTURES

LES MÉTAUX
ET LEURS CONDITIONS D'EMPLOI
DANS
L'INDUSTRIE MODERNE

CARACTÉRISTIQUES — ESSAIS
TREMPE — RECUIT — REVENU
CÉMENTATION

Données techniques sur les principales marques d'acier

PARIS
ÉDITIONS ET LIBRAIRIE
40, RUE DE SEINE

1918

ERRATUM

Tableau 14, page 141, dernière colonne, dernier alinéa : *au lieu de* : Trempé à l'eau... puis refroidi très lentement à l'eau, *lire* : Trempé à l'air... puis refroidi très lentement à l'air.

INTRODUCTION

Le caractère industriel de la guerre actuelle a provoqué un développement rapide et intensif des fabrications intéressant la Défense nationale.

Un grand nombre d'usines ont été créées et les ateliers existants ont dû s'accroître au delà de toute prévision, pour faire face aux besoins sans cesse grandissants de nos Armées.

Mais l'augmentation soudaine de la production et son orientation exclusive vers les fournitures militaires n'ont pas été sans faire naître des difficultés, inconnues jusqu'alors.

D'une part, les industriels ont dû, pour la plupart, entreprendre des fabrications très différentes de celles dont ils avaient l'expérience en temps de paix; d'autre part, les conditions d'approvisionnement se sont trouvées notablement changées par l'état de guerre.

L'un des problèmes les plus importants, ainsi imposé par les circonstances nouvelles, a été celui de l'utilisation des matières premières.

La construction des engins de guerre nécessite l'emploi de métaux nombreux et variés et les fluctuations du marché métallurgique ont, dans beaucoup de cas, considérablement limité le choix des industriels.

Dans ces conditions, l'utilisation judicieuse et correcte des métaux exige une connaissance approfondie de leurs propriétés et des méthodes de traitement.

Or, bien peu d'usines étaient préparées, par leurs fabrications antérieures, à résoudre de tels problèmes.

C'est parce que nous avons été témoin des mécomptes subis par beaucoup d'industriels, que nous avons cru utile de réunir et de condenser les notions théoriques et pratiques relatives aux conditions d'emploi des produits métallurgiques.

Il existe, il est vrai, de nombreux ouvrages traitant des métaux, mais ils sont spécialisés dans l'étude exclusive d'une famille d'alliages, tels que les aciers ou les bronzes, et se contentent, en général, d'exposer les théories ou les travaux personnels de leurs auteurs, en laissant de côté les questions d'ordre pratique.

Nous nous proposons, au contraire, de constituer un aide-mémoire essentiellement pratique des conditions d'emploi de tous les métaux, en bornant l'exposé des connaissances théoriques aux notions strictement indispensables et en développant par contre, le plus possible, l'étude de leurs applications industrielles.

Le plan de l'ouvrage est le suivant :

Dans une première partie, nous entreprendrons L'ÉTUDE DES MÉTAUX.

Nous rappellerons, tout d'abord, les **propriétés** : *physiques, thermiques, électriques, magnétiques, mécaniques* et *chimiques* qui servent à fixer le choix de l'industriel pour l'application qu'il a en vue (chapitre I).

Nous passerons, ensuite, en revue tous les alliages susceptibles d'un emploi industriel quelconque, en donnant leur composition, leurs caractéristiques, leurs conditions d'emploi et de traitement (chapitre II). Nous avons adopté une **classification des métaux** basée sur leur composition chimique, mais qui tient compte également des conditions pratiques de leur utilisation.

Le chapitre III donne un rapide aperçu des méthodes les plus courantes de la **métallurgie**, dans le but de faire connaître les raisons des différences de qualité qui existent entre certains produits métallurgiques de même nature : *acier Bessemer, acier Thomas, acier Martin, acier électrique*, etc...

Nous exposons au chapitre IV les théories modernes de la **métallographie** ; cette incursion dans le domaine purement théorique nous a paru indispensable, car seules les hypothèses qui expliquent la constitution interne des alliages et les modifications qu'elle peut subir, permettent d'opérer correctement la *trempe*, le *recuit*, le *revenu* et la *cémentation*.

Nous pourrons alors aborder la question si importante des **traitements thermiques** (chapitre V) qui font varier les propriétés des métaux dans des limites très étendues, en leur donnant des caractéristiques nouvelles.

Nous décrirons les *fours* et les *appareils de mesure des hautes températures* et nous indiquerons les particularités relatives à la conduite des opérations de **trempe**, de **recuit**, de **revenu** et de **cémentation** en ce qui concerne les **aciers**.

La deuxième partie expose les méthodes d'ESSAIS DES MÉTAUX, qui permettent de s'assurer de leur nature et de vérifier leurs qualités.

Le chapitre VI traite de l'**analyse chimique**, mais notre but est seulement de donner un aperçu des méthodes réellement pratiques employées par les laboratoires et de discuter leurs valeurs respectives au point de vue industriel.

Nous étudierons alors les divers procédés susceptibles

de renseigner plus intimement sur la structure interne des métaux, ce sont : l'examen des cassures, la **macrographie** et la **micrographie microscopique** (chapitre VII). Nous donnerons toutes les indications d'ordre pratique susceptibles de faciliter l'application de ces méthodes d'investigation.

Enfin, nous avons réuni dans le chapitre VIII les nombreux **essais physiques** qui sont utilisés dans l'industrie pour déterminer les caractéristiques mécaniques des métaux et leur degré d'aptitude aux conditions de fabrication et d'utilisation :

Essais de traction, de compression, de flexion, de torsion et de choc.

Essais de dureté à la bille.

Essais de résistance à la fatigue, à l'usure, etc...

Essais de façonnage, d'usinage, de trempe, de corrosion.

Pour justifier le caractère pratique de cet ouvrage, de nombreux *tableaux* groupent les données numériques afin d'en rendre la recherche plus facile.

En particulier, on trouvera réunis, sous forme d'*appendice*, tous les renseignements utiles concernant les **aciers ordinaires**, les **aciers spéciaux** et les **aciers à outils** fabriqués par les grandes firmes françaises.

Nous avons essayé d'établir un guide aussi complet que possible des questions relatives aux métaux.

Nous pensons qu'il est susceptible de trouver de nombreuses applications dans la pratique courante des ateliers.

LES MÉTAUX
ET
LEURS CONDITIONS D'EMPLOI

DANS L'INDUSTRIE MODERNE

Parmi les facteurs les plus importants de l'évolution industrielle, il faut ranger la connaissance des métaux et de leurs conditions d'emploi.

On peut dire que la réalisation des inventions les plus marquantes des temps modernes n'a été rendue possible que grâce aux progrès incessants de la métallurgie.

L'essor du machinisme et plus spécialement de l'automobilisme et de l'aviation, est entièrement dû à l'utilisation de métaux nouveaux parmi lesquels nous citerons :

Les **alliages d'aluminium**, qui permettent d'établir des organes très légers, tels que carters, pistons, etc...

Les **aciers spéciaux**, dont les nombreuses variétés présentent les qualités les plus diverses :

Aciers à grande résistance, pour la construction de pièces soumises à des efforts unitaires importants : arbres, bielles, etc.

Aciers à dureté superficielle élevée, employés dans la fabrication des engrenages, à cause de leur résistance à l'usure.

Aciers à grande perméabilité et faible hystérésis, pour tôles d'électro-aimants.

Aciers à faible dilatation, pour étalons de mesure.

Aciers amagnétiques, c'est-à-dire ne prenant pas l'aimantation.

Aciers trempant à l'air, présentant après traitement de très faibles déformations et supprimant les chances de tapures.

Aciers inoxydables, pour soupapes travaillant à chaud.

Aciers intransformables aux plus basses températures, pour soupapes de machines frigorifiques.

Les **bronzes et les laitons à haute résistance**, qui arrivent à concurrencer les aciers spéciaux dans certains cas particuliers, leur charge de rupture étant voisine de 100 kilos.

Les **bronzes à frottement** et les **alliages antifriction**, qui ont rendu le fonctionnement des moteurs aussi sûr et régulier qu'il était précaire et capricieux.

Par ailleurs, l'emploi des outils en **acier rapide** a révolutionné les conditions de fabrication des ateliers mécaniques et puissamment contribué à l'augmentation de la production et à l'abaissement des prix de revient.

A l'heure actuelle, l'industrie dispose d'une gamme étendue et variée de produits métallurgiques susceptibles des applications les plus diverses.

Mais la multiplicité même de ces métaux rend leur choix difficile, sans une connaissance approfondie de leurs *propriétés* et des *transformations* que peuvent produire certains traitements thermiques, mécaniques, etc.

C'est l'étude de ces questions que nous allons entreprendre dans la **première partie** de cet ouvrage. Nous complèterons cet exposé par des données numériques aussi nombreuses que possible.

La **deuxième partie** décrira les méthodes d'essais qui permettent de vérifier les qualités des métaux et la correction des traitements thermiques qu'on leur a fait subir.

PREMIÈRE PARTIE

ÉTUDE DES MÉTAUX

CHAPITRE I

GÉNÉRALITÉS SUR LES MÉTAUX

Un *métal*, au sens chimique du mot, est un corps simple, doué de propriétés caractéristiques (conductibilité à la chaleur et à l'électricité, éclat spécial, etc.), qui le distinguent des autres corps simples, appelés *métalloïdes*.

Au point de vue industriel, les *métaux* sont des corps composés, parfois très complexes, constitués par la réunion de divers métaux et métalloïdes, qui peuvent former entre eux : soit des combinaisons chimiques définies, soit de simples mélanges. Nous prendrons toujours le mot *métal* dans son acception industrielle. La composition des métaux industriels est établie en vue des applications auxquelles on les destine. On cherche à obtenir un produit possédant les propriétés requises par l'emploi que l'on se propose. Toutes les propriétés physiques et chimiques peuvent présenter un intérêt à ce point de vue.

Nous allons rappeler les principales.

A. — PROPRIÉTÉS PHYSIQUES

1. — PROPRIÉTÉS GÉNÉRALES

Les deux propriétés fondamentales de la matière sont la **masse** et l'**étendue**.

La *masse spécifique* d'une substance est la masse de l'unité de volume de cette substance ; son *poids spécifique* ou *densité* est le poids de l'unité de volume, c'est donc le produit de la masse spécifique par la valeur de l'accélération de la pesanteur au lieu considéré ; soit P le poids spécifique, m la masse spécifique et g l'accélération de la pesanteur, on a : $P = m \times g$.

En pratique, la densité se détermine directement au moyen de la balance, sans avoir à passer par la masse spécifique.

Au point de vue industriel, la densité des métaux est une cause déterminante de leur emploi toutes les fois qu'il s'agit d'un engin mécanique qui se déplace : avion, navire, véhicule automobile. C'est pourquoi les alliages d'aluminium sont devenus d'un usage de plus en plus fréquent pour la construction des organes de ces engins, à cause de leur faible densité.

Mais, dans certains cas, la densité n'intervient pas seule. La ténacité des métaux légers étant assez faible, le métal le plus léger, pouvant résister à un effort donné, n'est pas le métal le moins dense. Les aciers spéciaux à haute résistance reprennent l'avantage à ce point de vue, et l'on est conduit, dans ces conditions, à rechercher le métal le plus léger correspondant à l'unité de résistance. La corde à piano en acier, par exemple, a trouvé de ce fait de multiples applications en aviation, comme tendeurs de fuselage.

L'*étendue* d'un corps varie sous l'action de deux influences : la chaleur et les efforts mécaniques. Les physiciens ont appelé *dilatabilité*, la propriété des corps consistant à changer de volume sous l'effet d'une variation de température, et *déformabilité*, la propriété qui fait varier l'étendue des corps sous l'action des forces extérieures. Nous étudierons plus loin ces deux propriétés.

2. — PROPRIÉTÉS THERMIQUES

Fusibilité. — Certains organes mécaniques devant résister à une température élevée, la température de fusion détermine dans ce cas les métaux à employer. Mais les métaux peu fusibles : or, platine, sont d'un prix très élevé ; on doit ici tenir compte d'un facteur important, bien qu'étranger à toute question physique ou chimique, c'est le prix de revient. Les solutions les meilleures, en matière industrielle, ne sont jamais celles qui correspondent rigoureusement aux conditions théoriques, mais résultent d'un compromis raisonné qui tient compte des multiples facteurs du problème posé.

Dilatabilité. — Lorsqu'on chauffe un métal, il augmente de volume, chacune de ses dimensions variant en fonction de la température. La dilatabilité des métaux est définie par le *coefficient de dilatation linéaire* : c'est la quantité dont s'allonge l'unité de longueur lorsque la température s'élève d'un degré. On démontre que le *coefficient de dilatation cubique*, c'est-à-dire l'augmentation de volume subie par un corps de volume-unité, dont la température s'élève d'un degré, est égal à trois fois la valeur du coefficient de dilatation linéaire.

Pour donner un exemple de l'influence de la dilatabilité dans l'emploi des métaux, nous citerons les instruments de mesure servant d'étalons pour définir les diverses unités de longueur. On a établi en vue de leur construction des aciers spéciaux dont le coefficient de dilatation est pratiquement nul.

Conductibilité et capacité thermiques. — La *conductibilité thermique* des métaux a une importance prédominante lorsqu'il s'agit de transmettre la chaleur par contact, comme dans le cas des chaudières, des radiateurs, etc...

La *capacité thermique* est définie par la *chaleur spécifique* : c'est la quantité de chaleur nécessaire pour élever d'un degré la température d'une masse d'un kilogramme du métal considéré. Plus la chaleur spécifique est grande, plus le métal sera long à s'échauffer ou à se refroidir par contact.

Pouvoirs émissif et absorbant. — Lorsque la chaleur se transmet par rayonnement, on aura à tenir compte des pouvoirs émissif et absorbant des métaux. Un métal à *pouvoir émissif* faible (nickel poli par exemple) est indiqué pour éviter les pertes de chaleur ; il servira à construire des appareils conservant longtemps une température élevée. Les métaux à *pouvoir absorbant* faible seront employés au contraire pour maintenir les basses températures. Ces deux propriétés dépendent non seulement de la nature du métal, mais de son poli, de sa couleur, etc. C'est ainsi que les surfaces mates et noires absorbent facilement la chaleur, alors que les surfaces blanches et polies donnent à tous les métaux un faible pouvoir absorbant.

3. — PROPRIÉTÉS ÉLECTRIQUES

Conductibilité électrique. — La conductibilité électrique se définit par la résistance spécifique ou *résistivité* : c'est la résistance électrique que possède un fil ayant l'unité de longueur et l'unité de section.

La *résistance* étant l'inverse de la conductibilité, celle-ci sera d'autant plus grande que la résistivité sera plus faible.

Dans la construction des machines électriques, cette propriété intervient presque seule dans la plupart des cas.

Le cuivre est employé presque exclusivement à la fabrication des conducteurs électriques à cause de sa haute conductibilité ; l'argent, quoique meilleur conducteur, est trop cher et résiste moins bien aux efforts. Mais ici encore il y a lieu de remarquer que le choix du métal résulte d'un compromis entre plusieurs considérations ayant chacune leur importance au point de vue industriel. Lorsque les fils électriques doivent être supportés par des poteaux, on a intérêt à employer un métal assez résistant mécaniquement pour permettre d'éloigner les supports afin d'en diminuer le nombre.

On sacrifiera alors dans une certaine mesure la conductibilité électrique à la résistance mécanique. C'est ce qui explique l'emploi de fils d'acier pour la construction des lignes télégraphiques.

4. — PROPRIÉTÉS MAGNÉTIQUES

Force coercitive. — On appelle *force coercitive*, la force qui s'oppose à la désaimantation d'une substance magnétique. Cette force est faible pour les aciers doux, c'est pourquoi ce métal s'aimante et se désaimante presque instantanément sous l'influence soit d'un aimant, soit d'un courant électrique. Toutefois, il subsiste, après la disparition de l'action magnétisante, une faible aimantation, appelée *magnétisme rémanent*, qui assure l'auto-excitation des inducteurs de dynamos.

La force coercitive des aciers trempés est très grande et fait employer ce métal pour la construction des aimants permanents.

Perméabilité magnétique et hystérésis. — Les *corps perméables* au fluide magnétique sont ceux qui se laissent facilement pénétrer par le flux émanant d'un aimant; ce sont : le fer, le nickel, le chrome, le cobalt. Le fer est le métal le plus employé à ce point de vue. Mais les substances perméables offrent une certaine inertie à l'aimantation et à la désaimantation, qu'on appelle *hystérésis* et qui absorbe sans profit une partie de l'énergie magnétisante. La métallurgie est arrivée à réaliser des aciers au silicium, présentant une grande perméabilité en même temps qu'une hystérésis très faible, qui sont employés à la construction des inducteurs de dynamos et de moteurs électriques.

Le tableau I (page 22) définit, par les divers coefficients dont nous venons de parler, les propriétés principales des métaux les plus employés industriellement.

5. — PROPRIÉTÉS MÉCANIQUES

D'une façon générale, les propriétés mécaniques sont les plus importantes, aussi nous étendrons-nous davantage à leur sujet. Les principales propriétés mécaniques des métaux sont les suivantes :

Ténacité. — C'est la résistance opposée par les métaux avant de se rompre, lorsqu'on les soumet à un effort continu.

Déformabilité. — C'est la facilité plus ou moins grande qu'offrent les métaux lorsqu'on essaye de les déformer, en les soumettant à des efforts mécaniques.

Certains métaux se brisent sans déformation appréciable (acier trempé), d'autres au contraire se déforment sous l'action d'un effort relativement faible (plomb).

La déformabilité est un terme général, peu employé dans la pratique, comprenant l'ensemble des propriétés qui caractérisent les corps, au point de vue des déformations résultant de l'action des forces.

Ces déformations sont de deux sortes :

1° Tant que l'effort ne dépasse pas une certaine valeur, elles cessent en même temps que l'effort; on dit qu'elles sont *élastiques*.

2° Au delà de cette valeur, elles persistent après la disparition de l'effort ; on dit qu'elles sont *permanentes*.

Nous appellerons *élasticité*, la propriété correspondant aux premières déformations, et *ductilité*, celle qui correspond aux secondes.

On réserve quelquefois le terme de *ductilité*, pour la facilité présentée par les métaux d'être étirés en fils minces, en appelant *malléabilité*, la facilité de les étendre en lames minces. Nous confonderons ces deux expressions, qui au fond découlent d'une même propriété de la matière et sont caractérisées, dans la pratique, par les mêmes constantes expérimentales.

Fragilité. — C'est la résistance plus ou moins grande opposée par les métaux avant de se rompre, lorsqu'on les soumet à des efforts brusques, tels que les chocs.

Un métal peut être tenace, c'est-à-dire résister aux efforts statiques et être en même temps très fragile, c'est-à-dire se rompre sous l'effet d'un faible effort dynamique (acier trempé). Une lime, par exemple, exige un effort considérable pour être rompue par une traction exercée sur ses extrémités; elle se brisera cependant facilement, si on la laisse tomber sur un sol dur.

Dureté. — C'est la résistance offerte par les métaux à la pénétration par les corps durs. Le diamant offre à ce point de vue le maximum de dureté et peut servir de point de comparaison; l'acier trempé, bien que moins dur, lui est substitué le plus souvent, parce qu'il est moins rare et moins cher.

Ces quatre propriétés caractérisent les métaux en ce qui concerne leurs applications mécaniques. Dans la pratique, on les définit par des coefficients déduits d'essais divers effectués sur les métaux et qui constituent les CARACTÉRISTIQUES MÉCANIQUES des métaux.

Ce sont :

I. — Pour la ténacité, la *charge de rupture*, désignée communément par la lettre R.

II. — Pour la déformabilité :

1° *La limite élastique*, désignée communément par la lettre E.

2° *L'allongement proportionnel*, désigné communément par la lettre a.

3° *Le module d'élasticité*, désigné communément par la lettre M.

Ces trois coefficients caractérisent l'élasticité du métal; ils correspondent aux déformations élastiques, c'est-à-dire à celles qui disparaissent avec l'effort exercé.

4° *L'allongement total pour cent*, désigné communément par la lettre A.

5° *La striction*, désignée communément par la lettre Σ.

Ces deux coefficients caractérisent la **ductilité** du métal; ils correspondent en effet à des déformations permanentes, c'est-à-dire à celles qui subsistent après cessation de l'effort exercé.

III. — Pour la fragilité, la *résilience*, désignée communément par la lettre ρ.

IV. — Pour la dureté, le *nombre de dureté*, désigné communément par la lettre Δ.

Nous classerons les caractéristiques mécaniques en deux groupes :

A. — Les *caractéristiques statiques* correspondant à la résistance des métaux aux efforts continus.

B. — Les *caractéristiques dynamiques* correspondant à la résistance des métaux aux efforts variables.

CARACTÉRISTIQUES STATIQUES DES MÉTAUX

Les caractéristiques statiques sont déterminées par les essais de traction, de compression, de torsion, de cisaillement et de flexion que nous allons décrire très brièvement.

Elles correspondent à la ténacité, à la déformabilité et à la dureté ; ce sont donc : la charge de rupture, la limite élastique, l'allongement proportionnel, le module d'élasticité, l'allongement total pour cent, la striction et le nombre de dureté.

Considérons un barreau de métal dont une extrémité est fixe et l'autre soumise à un effort de traction progressivement croissant.

Ce barreau s'allonge et on constate tout d'abord que les allongements sont sensiblement proportionnels aux efforts. Si on supprime l'effort, le barreau revient à sa longueur primitive. L'allongement est donc *élastique*. Mais si l'effort dépasse une certaine valeur, le barreau conserve au contraire l'allongement qu'il a pris, l'allongement est devenu *permanent*. L'allongement est d'ailleurs beaucoup plus considérable, pour une même augmentation de l'effort à ce moment, que dans la zone des allongements élastiques. Enfin, pour un effort déterminé, le barreau se rompt.

La courbe ci-dessous (fig. 1) représente graphiquement les résultats obtenus. Les efforts de traction sont portés en abcisses et les allongements en ordonnées. Soit Fe, l'effort pour lequel l'allongement cesse d'être élastique, et Fr celui qui provoque la rupture du barreau, les allongements correspondants étant le et lr. Si nous prenons des barreaux de même métal, mais de longueur et de section différentes, nous constaterons que les allongements le et lr sont proportionnels à la longueur des barreaux et que les efforts Fe et Fr sont proportionnels à leur section.

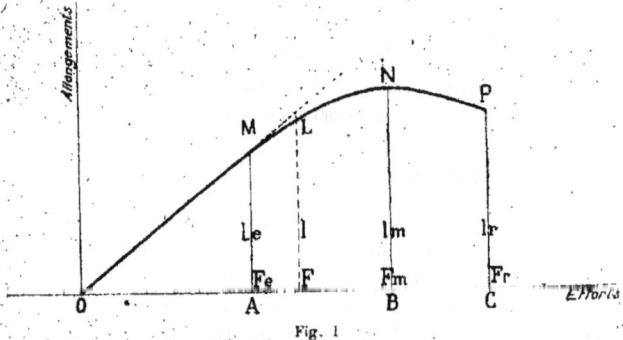

Fig. 1

On peut donc dire que pour un barreau de 1 m/m carré de section et de 1 m/m de longueur, ces valeurs ne dépendent que du métal considéré ; ils caractérisent ce métal au point de vue de sa ténacité et de sa déformabilité à la traction.

La limite élastique : E, sera le quotient de l'effort Fe, mesuré en kilogs, correspondant à la cessation des allongements proportionnels, par la section du barreau S, exprimée en m/m carrés :
$E = \dfrac{Fe}{S}$

La charge de rupture : R, sera de même le quotient de l'effort Fr, mesuré en kilogs, qui a déterminé la rupture, par la section du barreau S, exprimée en m/m carrés : $R = \dfrac{Fr}{S}$.

L'allongement proportionnel : a, sera le quotient de l'allongement le, correspondant à la limite élastique, par la longueur du barreau $L : a = \dfrac{le}{L}$.

L'allongement total pour cent : A, sera le quotient de l'allongement total du barreau, mesuré en rapprochant le mieux possible les deux morceaux rompus, par la longueur du barreau. Soit L, la longueur du barreau mesurée entre repères, L_1, la longueur totale des deux morceaux rompus, l'allongement total pour cent aura pour valeur : $A = \dfrac{L_1 - L}{L}$. Il correspond aux déformations permanentes subies par le barreau dans le sens de sa longueur.

La déformation transversale du barreau sera définie par la **striction** : Σ, quotient de la diminution de section, considérée à l'endroit de la rupture, par la section initiale du barreau. Soit S, la section initiale du barreau et s, la section de la partie étranglée où s'est produite la rupture. La striction aura pour valeur : $\Sigma = \dfrac{S - s}{S}$.

Les formules de résistance des matériaux se servent, pour le calcul des déformations élastiques, du **module d'élasticité** ou de Young : M, quotient de la limite élastique par l'allongement proportionnel ; $M = \dfrac{E}{a}$.

Si on soumet un barreau de métal à un effort de compression au lieu d'un effort de traction, les phénomènes observés seront les mêmes, mais les chiffres obtenus pour les *caractéristiques à la compression* seront en général différents de ceux de l'expérience de *traction*. Il en sera de même des caractéristiques à la *torsion*, au *cisaillement* et à la *flexion*.

Le tableau II (page 23) donne la valeur de ces caractéristiques pour les principaux métaux employés dans l'industrie.

Examinons un peu plus en détail le diagramme de la figure 1. Nous constatons que l'allongement maximum lm a lieu pour une valeur de l'effort Fm, légèrement inférieure à la charge de rupture Fr. Cette particularité s'observe surtout pour les métaux peu tenaces, tels que l'acier doux, par exemple.

Le diagramme des métaux durs est un peu différent (fig. 2). Il comprend deux droites OM et NP correspondant : la pre-

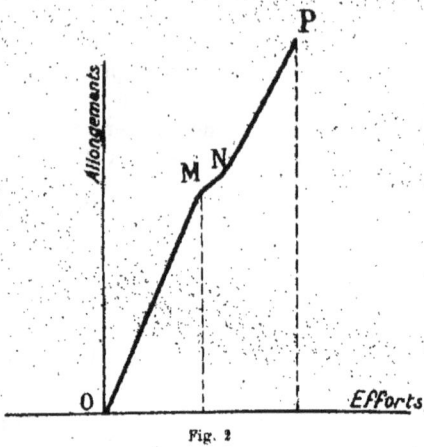

Fig. 2

mière aux déformations élastiques, la deuxième aux déformations permanentes, avec un décrochement MN qui est souvent très peu sensible.

La détermination exacte de la **limite d'élasticité** présenterait pratiquement de grosses difficultés. On se contente en général de la **limite de proportionnalité**, en se basant sur ce fait que, lorsque les allongements cessent d'être élastiques, ils ne sont plus proportionnels aux efforts. Or, cette proportionnalité n'est pas rigoureuse, même dans la partie OM; on admet que l'allongement reste élastique tant que la non-proportionnalité n'excède pas un millième (0,001). Le point M, correspondant à la *limite pratique de proportionnalité*, sera celui pour lequel le rapport $\frac{l}{F}$ sera égal à 1,001 de $\frac{l_e}{F_e}$.

Résistance vive. — La résistance vive est le travail absorbé par le métal pendant une déformation. Ce travail est, à chaque instant, le produit de l'effort par l'allongement correspondant.

La résistance vive totale est donc mesurée par la surface du diagramme obtenu en traçant la courbe des allongements en fonction des efforts. On distingue : la *résistance vive élastique*, correspondant à l'aire du diagramme OAM (figure 1), et la *résistance vive de rupture*, correspondant à l'aire totale du diagramme $OABC$, PNM. La résistance vive élastique a pour valeur : $\frac{E \times a}{2}$. On prend souvent pour évaluation grossière de la résistance vive de rupture, le produit $R \times A$. Ces deux caractéristiques ont été longtemps employées pour définir la résistance des métaux aux efforts variables et aux chocs. La *résilience* donne un moyen d'évaluation beaucoup plus précis de ce facteur et est de plus en plus adoptée par le monde industriel.

La **dureté** d'un métal ne peut s'apprécier que par comparaison. En pratique, on se sert quelquefois du diamant, en rayant le métal au moyen d'instruments spéciaux étudiés au chapitre VIII (Essais des métaux), mais le plus souvent on emploie l'acier trempé. La méthode la plus usuelle consiste à imprimer une bille de diamètre donné, sous une pression connue, dans le métal à essayer (Épreuve de Brinell).

On mesure alors la surface de l'empreinte, qui sera d'autant plus grande que le métal sera moins dur.

Le *nombre de dureté* : Δ, est le quotient de la pression P, exercée sur la bille, par la surface de l'empreinte S. On a donc :
$$\Delta = \frac{P}{S}.$$

Il existe également d'autres méthodes pour apprécier la dureté des métaux ; elles seront exposées au chapitre VIII (Essais des métaux).

De nombreuses expériences ont démontré que le nombre de dureté est proportionnel à la charge de rupture, de sorte que la détermination de la caractéristique Δ suffit à faire connaître la charge de rupture R. Cette propriété est souvent utilisée dans la pratique, comme nous le verrons plus loin.

CARACTÉRISTIQUES DYNAMIQUES DES MÉTAUX

Dans l'essai de traction décrit précédemment, l'effort, quoique variable, puisqu'il croît progressivement, remplace à chaque instant l'effort constant pour lequel on désire connaître les déformations subies par le métal.

Les caractéristiques obtenues correspondent donc bien à la résistance des métaux aux efforts continus. Or dans la pratique, les organes de machines sont loin d'être soumis à des efforts constants ; ils supportent, au contraire, des efforts essentiellement variables. Les variations peuvent être lentes ou rapides, continues ou périodiques. Les chocs ne sont, en somme, qu'une variation brusque de l'effort que supporte le métal.

Résumons les connaissances acquises en ce qui concerne la résistance des métaux soumis à des efforts variables.

Lois de Wohler. — Wohler a étudié la résistance des métaux soumis à des efforts périodiques, en soumettant des barreaux de métal à des efforts répétés, croissant d'abord d'une valeur inférieure f jusqu'à une valeur supérieure F, puis revenant à la valeur f et ainsi de suite. Ce mode de variation est extrêmement fréquent dans la réalité, c'est celui qui règle les efforts des pièces de ponts métalliques pendant le passage d'un train ; des bielles, des tiges de pistons et de nombreux autres organes de moteurs, de pompes, etc...

Wohler a formulé les lois suivantes qui portent son nom :

1° Lorsque les efforts sont toujours de *même sens*, c'est-à-dire lorsqu'on soumet le barreau, soit à un effort de traction variable, soit à un effort de compression variable, la charge de rupture n'est jamais inférieure à la limite d'élasticité E, mais elle n'atteint pas la valeur R, correspondant à un effort continu. La nouvelle valeur R' de la charge de rupture est donnée pour les aciers par la formule suivante : $R' = \dfrac{d}{2} + \sqrt{R(R - Kd)}$

où R est la charge de rupture correspondant à un effort continu,
d est la différence entre l'effort maximum et l'effort minimum,
K est un coefficient variable avec le métal :

$K = 1,42$ (acier extra-doux)
$K = 1,66$ (acier mi-dur).

Le nombre de répétitions des efforts, nécessaire pour rompre le barreau, est d'autant plus grand que l'effort maximum est plus faible et l'effort minimum plus grand. En d'autres termes, que la différence des deux efforts est plus faible et que la valeur propre de chaque effort est voisine de 0.

2° Lorsque les efforts sont de *sens variables*, c'est-à-dire, lorsqu'on soumet le barreau alternativement à un effort de traction, suivi immédiatement d'un effort de compression, la charge de rupture peut être inférieure à la limite d'élasticité E.

Elle sera minima lorsque les efforts de traction et de compression seront égaux et peut descendre dans ce cas à la *moitié de la valeur* de la limite d'élasticité E.

Le nombre de répétitions des efforts, nécessaire pour produire la rupture, suit la même loi que dans le cas des efforts de même sens; la variation de l'effort étant prise ici égale à la somme des efforts de traction et de compression.

Si l'on recherche l'influence des *flexions alternées*, au lieu de *tractions* suivies de *compressions*, on constate que la résistance du métal varie sensiblement comme la résilience, caractéristique qui correspond à la résistance au choc et que nous étudierons plus loin. Cette constatation est très importante, car les arbres de transmission, les essieux, les fusées, etc... sont soumises dans la pratique à des flexions alternées.

Conclusions. — Il y a lieu de retenir de ces expériences :

1° Qu'un métal soumis à des efforts alternatifs peut rompre sans que ces efforts *atteignent la limite élastique*;

2° Que la résilience renseigne non seulement sur la résistance des métaux au choc, mais aussi assez exactement sur leur résistance aux flexions alternées.

Influence des vibrations. — Les vibrations sont des déformations alternatives extrêmement petites de la matière qui se produisent lorsque l'on supprime l'effort qui agissait sur le métal. Elles sont dues à la viscosité des mollécules qui constituent les corps solides.

On a étudié l'influence des vibrations sur la résistance des matériaux, en maintenant à l'état vibratoire des lames de divers métaux au moyen d'un électro-aimant. Les résultats obtenus sont les suivants :

1° Au bout d'un temps plus ou moins long, toutes les lames se sont rompues;

2° Pour les aciers, le nombre de vibrations nécessaires pour produire la rupture est d'autant plus faible que l'acier renferme plus de carbone ;

3° L'acier trempé est beaucoup plus cassant sous l'influence des vibrations que l'acier recuit.

Par ailleurs, les nombreuses observations faites sur les essieux d'automobiles, de wagons, etc..., montrent que les vibrations se localisent aux endroits où existe une variation brusque de section. On devra donc éviter un tracé tel que celui de la figure 3 qui représente une fusée dont la section comporte plusieurs

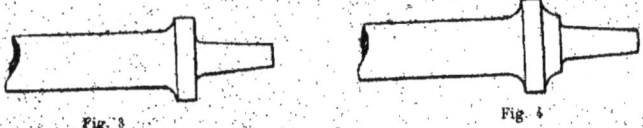

Fig. 3   Fig. 4

diamètres successifs. Si l'on y est obligé, on aura soin de raccorder par des congés les diverses parties présentant des sections différentes (figure 4).

Conclusions. — L'acier doux résiste mieux aux vibrations que l'acier dur, et surtout que l'acier trempé. Les pièces soumises à l'influence des vibrations ne doivent pas présenter de variations brusques de section. Malgré la petitesse des efforts mis en jeu, les vibrations peuvent provoquer la rupture de n'importe quel métal.

Résistance aux chocs. — Si l'on prend un barreau de métal et qu'au lieu d'exercer un effort progressif, on le soumette à un effort brusque, on constate que des aciers ayant même charge de rupture peuvent se comporter très différemment au choc.

Laissons tomber une masse de poids P d'une hauteur H ; elle acquiert une force vive :

$$T = P \times H.$$

Donnons au barreau une section telle qu'il se rompe sous l'effet du choc de cette masse ; il y aura, au moment du choc, absorption de force vive et la masse ne possèdera plus qu'une force vive restante, très diminuée, que l'on peut facilement mesurer.

La résilience est l'énergie absorbée par centimètre carré de section du barreau au moment du choc. On l'exprime en kilogrammètres. C'est la seule caractéristique dynamique employée en pratique, la résistance des métaux soumis à des efforts alternatifs ou à des vibrations étant difficile à déterminer.

Le barreau peut être soumis au moment du choc, soit à un effort de traction, soit à un effort de flexion, comme nous le verrons au chapitre VIII (Essais des métaux). On peut ainsi obtenir la résilience à la traction et la résilience à la flexion. Cette dernière caractéristique est presque toujours adoptée, parce qu'elle correspond aux conditions habituelles de travail des pièces mécaniques soumises au choc.

Nous attirons l'attention sur un fait très important qui est le suivant :

La résilience d'un métal varie suivant les dimensions de l'éprouvette et l'appareil d'essai employés. Bien que cette caractéristique soit rapportée au centimètre carré de section de l'éprouvette, la résistance au choc du barreau dépend : de la masse de l'éprouvette et de celle du mouton, de la vitesse relative au moment du choc, etc.

Les résultats ne sont donc comparables que pour des éprouvettes identiques, essayées sur le même type de machine. C'est ainsi que la résilience peut être exprimée par des chiffres dont le rapport est d'environ 1 à 2, suivant qu'on adopte le grand mouton Charpy dit n° 1 et l'éprouvette de 30×30 ou le petit mouton Charpy dit n° 2 et l'éprouvette de 10×10. On devra donc toujours indiquer, en donnant la résilience, le type du mouton et celui de l'éprouvette employés pour faire l'essai. Tous les chiffres cités dans le présent ouvrage se rapportent à l'éprouvette Mesnager et au mouton Charpy n° 2 (voir chapitre VIII).

Les métaux peuvent être soumis à des *chocs faibles et répétés*, insuffisants pour produire isolément la rupture ; la matière travaille alors dans des conditions analogues à celles que produisent les vibrations et les résultats observés sont identiques.

B. — PROPRIÉTÉS CHIMIQUES

La seule propriété chimique à considérer au point de vue industriel est l'*altérabilité*. On distingue, toutefois, au point de

TABLEAU 1
PROPRIÉTÉS PRINCIPALES DES MÉTAUX

Métaux	Densité	Température de fusion	Coefficient de dilatation linéaire en m/m par mètre de longueur	Conductibilité calorifique relative comparée à celle de l'argent	Chaleur spécifique	Résistivité électrique
Fer...	7,7	1560°	0,012	119	0,11	9,70
Fonte (mécanique)...	7,5	1200	0,011	122	»	13,5
Acier...	7,8	1400	0,012	116	»	15,8 à 77,1
Cuivre...	8,9	1100	0,017	736	0,095	1,60
Bronze (90-10)...	8,5	900	0,018	517	»	5,60
Laiton (70-30)...	8,6	960	0,019	235	»	6,40
Nickel...	8,5	1400	0,013	»	0,11	6,93
Aluminium...	2,6	650	0,023	»	0,22	2,90
Plomb...	11,3	330	0,028	85	0,03	19,14
Étain...	7,3	230	0,023	145	0,05	13,18
Zinc...	7	410	0,029	102	0,09	5,61
Antimoine...	6,8	440	0,025	»	0,05	35,42
Or...	19,3	1100	0,014	532	0,03	2,10
Argent...	10	1020	0,021	1000	0,05	1,5
Platine...	21,5	2000	0,009	84	0,03	1,84

qu'au-dessus des températures dites *critiques*, le métal présente l'aspect d'un alliage fondu. On a été conduit à admettre, par analogie avec les phénomènes exposés plus haut, qu'il existait une *solution solide* de certains constituants de l'acier dans les constituants en excès et que cette solution solide ne se produisait qu'à haute température.

Points de transformation. — Lorsque l'acier est refroidi, il se produit un phénomène analogue à la liquation, les constituants formant entre eux un mélange eutectique, qui se sépare du mélange lorsqu'on atteint les températures critiques, appelées pour cette raison *points de transformation*.

Mais si l'on refroidit brusquement l'acier, en le plongeant dans l'eau froide, on empêche la transformation qui précipite le mélange eutectique et les constituants en excès, et l'on obtient un métal doué de propriétés très différentes de celui qui a été refroidi lentement. La ténacité et la dureté sont augmentées, mais le métal devient plus fragile ; c'est l'explication sommaire des opérations de *trempe* et de *recuit* sur lesquelles nous reviendrons en détail au chapitre V, mais qu'il est indispensable d'exposer brièvement avant d'aborder l'étude des métaux industriels.

Enfin, si l'on chauffe un acier trempé au-dessous de son point de transformation, il se produit une transformation partielle et l'on dit que l'acier est *revenu*. L'acier revenu est moins fragile, mais aussi moins dur que l'acier trempé, et cela d'autant plus que la température de revenu est plus élevée.

L'existence des points de transformation des aciers est décelée par l'arrêt que subit la marche de la température, soit qu'on chauffe le métal, soit qu'on le refroidisse. Or les températures d'arrêt ne sont pas les mêmes à l'*échauffement* qu'au *refroidissement* ; l'écart dépend de la composition de l'acier et de la vitesse du refroidissement.

Pour obtenir les effets de la trempe, il faut abaisser suffisamment le point de transformation au refroidissement pour empêcher la séparation des constituants de l'acier. La vitesse de refroidissement nécessaire pour obtenir ce résultat variera beaucoup suivant la composition de l'acier ; c'est pourquoi les aciers au carbone doivent être trempés à l'eau froide, alors que certains aciers au nickel-chrome prennent la trempe à l'air.

CLASSIFICATION DES MÉTAUX INDUSTRIELS

Nous diviserons les métaux industriels en trois classes :
1° Fer et ses dérivés ;
2° Cuivre et ses composés ;
3° Alliages industriels divers.

FER ET SES DÉRIVÉS

Le fer, à l'état de pureté, est difficile à produire industriellement et d'ailleurs il ne présenterait pas les qualités requises pour un emploi industriel.

On l'emploie presque toujours à l'état de combinaison avec d'autres corps, dont le plus important est un métalloïde : le carbone, ou charbon chimiquement pur. Les alliages de fer et de carbone prennent le nom de *fers* ou d'*aciers*, lorsque la teneur en carbone est inférieure à 1,6 %; et de *fontes*, lorsqu'elle est supérieure à 2 %.

Entre ces deux teneurs, il existe des produits appelés *aciers sauvages*, qui n'ont pas reçu d'applications industrielles et auxquels on peut communiquer par un simple traitement thermique : soit les propriétés caractéristiques des aciers (soudabilité...), soit celles des fontes (allongement très faible...).

La teneur maxima de carbone que l'on peut incorporer aux fontes est d'environ 6,6 %.

Les aciers contiennent souvent d'autres métaux, tels que le nickel, le chrome, le silicium, le manganèse, etc. On obtient ainsi toute une gamme d'*aciers spéciaux*, dont les propriétés varient dans des proportions importantes.

Les fontes contiennent toujours d'autres métalloïdes que le carbone ; ce sont : le soufre et le phosphore, et d'autres métaux que le fer : en général le silicium et le manganèse. Même à faible teneur, la présence de ces corps suffit à modifier sensiblement les qualités des fontes.

La distinction entre les fers et les aciers n'est plus aujourd'hui qu'une question de procédé de fabrication. Le *fer* s'obtient par puddlage et contient toujours très peu de carbone ; l'*acier* s'obtient par fusion, soit au four, soit au convertisseur, et peut avoir une teneur en carbone aussi faible que le fer puddlé. Nous préciserons cette question au chapitre suivant (Métallurgie).

Nous étudierons seulement pour le moment les aciers et les fontes.

I. — ACIERS

Nous classerons les aciers en deux groupes principaux :

1° *Les aciers au carbone*, qui ne renferment que du fer et du carbone avec quelques impuretés : soufre, phosphore, etc...

2° *Les aciers spéciaux*, qui renferment, outre les corps précédents, un ou plusieurs des métaux mentionnés plus haut : nickel, chrome, etc...

A. — ACIERS AU CARBONE

Industriellement, les aciers au carbone sont classés par catégories, d'après leur résistance à la rupture.

Un classement, basé sur leur teneur en carbone, serait à la fois peu pratique et peu précis. Il est très facile, comme nous le verrons, de mesurer la charge de rupture d'un métal, alors que l'analyse chimique est toujours délicate, surtout pour déterminer la teneur en carbone.

Les catégories généralement admises sont les suivantes :

Aciers extra-doux, renfermant de 0,05 à 0,15 % de carbone. Leur charge de rupture varie de 30 à 40 kgs par mmq.

Aciers doux, renfermant de 0,15 à 0,30 % de carbone. Leur charge de rupture varie de 40 à 50 kgs par mmq.

Aciers mi-doux, renfermant de 0,30 à 0,40 % de carbone. Leur charge de rupture varie de 50 à 55 kgs par mmq.

Aciers mi-durs, renfermant de 0,40 à 0,45 % de carbone. Leur charge de rupture varie de 55 à 65 kgs par mmq.

Aciers durs, renfermant de 0,45 à 0,60 % de carbone. Leur charge de rupture varie de 65 à 75 kgs par mmq.

Aciers extra-durs, renfermant de 0,60 à 1,6 % de carbone. Leur charge de rupture est supérieure à 75 kgs par mmq, elle peut atteindre 100 kilos par mmq.

Le tableau 3 (page 44) résume les caractéristiques principales de ces diverses catégories et des sous-catégories employées quelquefois dans la pratique.

On peut incorporer du carbone à la surface de l'acier doux ou extra-doux en vue de lui donner une dureté superficielle plus grande. Cette opération s'appelle *cémentation*, l'acier ainsi traité prend le nom d'*acier cémenté*.

Les aciers au carbone sont les plus courants et les plus anciennement employés. Ils offrent l'avantage du bon marché et de la facilité des traitements thermiques, mais ils ont le défaut de ne pouvoir concilier la résistance à la rupture et par suite la dureté avec une résilience élevée. De plus, ils perdent les qualités acquises par la trempe à une température relativement basse, enfin ils n'acquièrent la dureté indispensable à certains emplois, que par une trempe vive qui offre l'inconvénient de déformer les pièces.

C'est ce qui a conduit à rechercher des combinaisons plus compliquées que l'alliage fer-carbone, en incorporant aux aciers divers corps simples, susceptibles d'améliorer et même de transformer complètement les propriétés des aciers.

B. — ACIERS SPÉCIAUX

Nous allons passer rapidement en revue les aciers spéciaux.

Ils sont très nombreux et leurs compositions, établies par des recherches souvent empiriques, sont tenues soigneusement secrètes par les métallurgistes.

Les métaux qu'on trouve le plus souvent dans les aciers spéciaux, soit seuls, soit groupés ensemble, sont :

Le nickel, le chrome, le silicium, le manganèse, le tungstène, le molybdène et le vanadium.

On a cherché pendant longtemps une loi permettant de prévoir l'influence qu'aurait l'introduction de l'un de ces corps dans un acier.

Robert Austens a cru pouvoir formuler la loi suivante :

Les métaux dont le volume atomique est inférieur à celui du fer, abaissent le point de transformation au refroidissement et agissent par suite à la façon d'une trempe ; les métaux qui ont un volume atomique supérieur à celui du fer, relèvent au contraire ce point critique, et agissent à la façon d'un revenu. Le tableau ci-après donne le classement des métaux d'après leur volume atomique.

Corps simples.	Volumes atomiques	Corps simples.	Volumes atomiques
Carbone	3,6	Chrome	7,7
Nickel	6,7	Tungstène	9,7
Manganèse	6,9	Silicium	11,2
Fer	7,5	Molybdène	11,3
		Phosphore	13,5
		Soufre	13,7

Cette loi est vraie pour le nickel et le manganèse, elle n'est vérifiée pour le chrome et le silicium que pour de faibles proportions de ces métaux. Il se forme en effet, entre les divers corps entrant dans la composition des aciers, des alliages complexes qui ne suivent pas la loi de Robert Austens, et modifient le résultat final obtenu.

C'est ainsi que les aciers renfermant plus de 1 % de chrome contiennent un composé ternaire de fer, carbone et chrome, qui trouble l'effet normal du chrome sur l'ensemble.

En réalité, il est impossible de formuler de loi simple et générale régissant ces phénomènes.

Chaque métallurgiste définit ses aciers par leurs propriétés, sans donner leur composition exacte. Il se contente d'indiquer les métaux qui entrent dans le mélange, en dehors du fer et du carbone. On a ainsi les aciers au nickel, au nickel-chrome, mangano-siliceux, etc. Les caractéristiques sont données par les courbes de résistance, de dureté, d'allongement et de résilience en fonction des températures de revenu (fig. 5, page 33).

Nous allons indiquer la composition et les caractéristiques des aciers spéciaux les plus employés dans l'industrie.

1° ACIERS AU NICKEL

D'une façon générale, les aciers au nickel ont une résistance légèrement plus grande que les aciers ordinaires ayant même teneur en carbone, et une résilience notablement plus élevée. De plus, dès que la teneur en nickel atteint 5 %, l'acier devient pratiquement inoxydable à l'air, ce qui le désigne pour de nombreuses applications. Enfin la présence du nickel abaisse la température de transformation à l'échauffement et surtout au refroidissement.

Les propriétés des aciers au nickel dépendent naturellement à la fois de leur teneur en nickel et de leur teneur en carbone.

Nous distinguerons tout d'abord :

a. Les aciers à faible teneur en nickel contenant de 0 à 6 % de nickel ;

b. Les aciers à haute teneur en nickel contenant plus de 6 % de ce métal.

Nous classerons ensuite les aciers de la première catégorie, d'après leur teneur en carbone, en acier doux et mi-durs, et ceux de la deuxième catégorie, d'après leur teneur en nickel, qui communique à ces aciers des propriétés tout à fait spéciales.

a. — ACIERS A FAIBLE TENEUR EN NICKEL

Aciers doux au nickel :

Composition { Carbone : moins de 0,15 %
             { Nickel : 2 à 6 %.

Propriétés caractéristiques. — Ces aciers possèdent une grande résilience, tout en ayant une résistance à la rupture assez élevée. De plus, ils se cémentent parfaitement et sont très employés pour la construction de pièces cémentées, parce que l'âme non cémentée de ces pièces possède une résistance sensiblement plus élevée que celle des aciers doux au carbone correspondants. La couche cémentée a également moins de tendance à s'écailler. L'acier à 2 % de nickel est devenu l'acier-type de cémentation. Il doit être trempé seulement vers 850°.

Emploi. — Toutes les pièces soumises à des chocs répétés et devant travailler au frottement, tels que : fusées, essieux, etc... sont construites, avec avantage, en acier doux au nickel, cémenté et trempé.

Aciers mi-durs au nickel :

Composition { Carbone : 0,3 à 0,6 %
             { Nickel : 1 à 2 %.

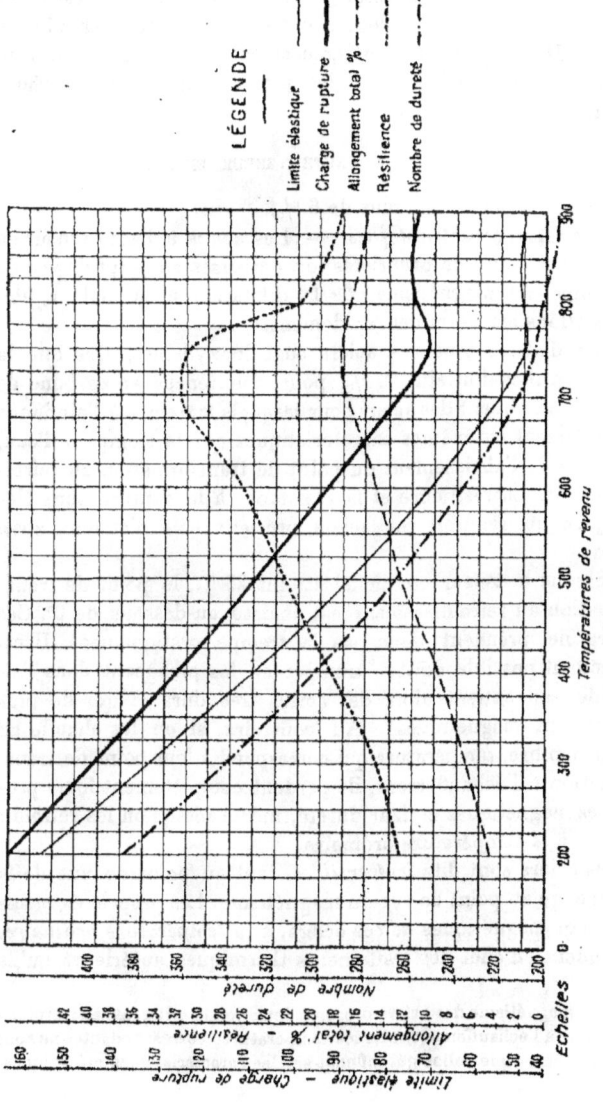

Fig. 5. — Courbes caractéristiques d'un acier mi-dur au nickel chrome.

Propriétés caractéristiques. — Ces aciers ont une résistance plus grande que les précédents, tout en conservant une résilience élevée. Ils remplacent avantageusement les aciers mi-durs au carbone pour la fabrication des pièces soumises à des chocs répétés.

b. — ACIERS A HAUTE TENEUR EN NICKEL

Composition : Nickel plus de 6 %.

Propriétés caractéristiques. — Les aciers à haute teneur en nickel sont doués de propriétés fort curieuses au point de vue de la trempe, du magnétisme, de la dilatation à la chaleur, etc. Nous allons les examiner rapidement.

Tout d'abord tous ces aciers sont inoxydables. Dès que la teneur en nickel atteint 10 %, pour une teneur en carbone de 0,10 %, on obtient des aciers pour lesquels la trempe à l'air donne sensiblement les mêmes caractéristiques que la trempe à l'eau, par suite de l'abaissement du point de transformation au refroidissement. La résilience et la résistance à la rupture sont élevées, ce qui rendrait ces aciers précieux s'ils n'étaient aussi chers.

Lorsque la teneur en nickel atteint 25 %, le point de transformation au refroidissement est abaissé au-dessous de 0°. Ces aciers ne prennent donc pas la trempe pratiquement. Il est cependant possible de les tremper en les plongeant dans l'air liquide : on obtient alors des aciers très durs et qui de plus deviennent magnétiques[1]. Au contraire, si on les chauffe au rouge sombre, température qui correspond à leur point de transformation à l'échauffement, ils perdent complètement leurs propriétés magnétiques et leur dureté, même lorsqu'on les refroidit ensuite à la température ordinaire.

Ces aciers sont dits *irréversibles*, tant au point de vue de la trempe, qu'au point de vue du magnétisme. Les propriétés mécaniques et magnétiques de ces aciers, à *la température ordinaire*, dépendent en effet des traitements thermiques antérieurs qu'ils

---

[1]. Le magnétisme des aciers présente deux points critiques, au refroidissement et à l'échauffement, mais les températures correspondantes ne sont pas les mêmes que celles qui influent sur les caractéristiques mécaniques.

ont subis : ces aciers sont durs et magnétiques, s'ils ont été refroidis au-dessous de leur point critique au refroidissement ; au contraire, ils sont doux et amagnétiques, s'ils ont été chauffés au-dessus de leur point de transformation à l'échauffement. On peut ainsi réaliser des aciers non magnétiques, en vue d'emplois spéciaux.

A 30 % de nickel, les aciers ne prennent plus la trempe même dans l'air liquide, on dit qu'ils sont *intransformables*. Leur point de transformation au refroidissement est abaissé au-dessous des températures pratiquement réalisables.

Les aciers à 35 % de nickel ont un coefficient de dilatation à la chaleur presque nulle ; au-dessus et au-dessous de cette teneur ce coefficient croît progressivement, c'est ainsi qu'à la teneur de 45 %, l'acier au nickel possède exactement la même dilatation que le verre, soit 8 microns (le micron ou μ vaut 1/1000 de millimètre).

Emplois. — Les propriétés spéciales des aciers à haute teneur en nickel les font employer pour divers usages :

L'acier à 35 % de nickel, dit métal *invar*, parce que son coefficient de dilatation est pratiquement nul jusqu'à 200°, est employé pour la confection des instruments de mesure : règles, étalons, balanciers, compensateurs d'horlogerie.

L'acier à 45 % de nickel, dit *platinite*, qui possède le même allongement que le verre, sert à confectionner les fils de raccordement des filaments électriques qui sont noyés dans le culot en verre des lampes à incandescence. Ces fils ayant toujours le même diamètre que leur gaîne de verre, quelle que soit la température, ne risquent pas de briser le verre en se dilatant ou de créer des rentrées d'air en se contractant.

L'acier à 27 % de nickel, qui est normalement amagnétique à la température ordinaire, est employé pour la construction d'axes d'induit, pour les magnétos d'allumage des moteurs à explosion. Aucun abaissement accidentel de température n'est susceptible, dans la pratique, de la rendre magnétique.

L'acier à 10 % de nickel, qui trempe à l'air et possède une résilience et une résistance très grandes, est employé pour la fabrication des instruments de chirurgie. On obtient ainsi des pièces inoxydables et conservant leur dureté, malgré les fréquents chauffages destinés à les aseptiser, en brûlant les microbes pathogènes.

Enfin on emploie les aciers à plus de 30 % de nickel pour la confection des soupapes de machines frigorifiques ; ces aciers étant intransformables ne risquent pas de devenir fragiles par la trempe, même aux basses températures.

2° ACIERS AU CHROME

Les aciers au chrome sont plus durs que les aciers correspondants au carbone et même au nickel ; ils sont donc moins fragiles que ces aciers à *dureté égale*, mais non pour la même teneur de carbone. Ils sont caractérisés par la facilité de pénétration de la trempe, qui les fait employer pour la fabrication de pièces de forte épaisseur, devant être trempées à cœur. De plus, comme ils prennent une dureté déjà considérable par la trempe à l'huile et même à l'air, on les emploie lorsqu'on veut éviter les tapures que risque de produire la trempe à l'eau, nécessaire pour les aciers au carbone ou au nickel.

Enfin les aciers au chrome ont peu de *travers*. On appelle « travers » la différence de résistance que présentent les aciers, suivant qu'on prélève les éprouvettes dans le sens du forgeage ou du laminage, ou dans un sens perpendiculaire.

Le point de transformation à l'échauffement des aciers au chrome est plus élevé que celui des aciers au carbone. Il faut donc les tremper à plus haute température que les aciers ordinaires ayant même dureté, c'est-à-dire en pratique vers 900°.

Les aciers au chrome sont peu employés, on leur préfère les aciers au nickel-chrome. Cependant les aciers durs ont quelques usages, soit pour des *pièces trempées de forte épaisseur*, leur composition varie alors dans les limites ci-après :

Carbone : 0,3 à 1,8 %.
Chrome : 0,3 à 2 %.

soit comme *aciers à outils* ; les teneurs minima en carbone et en chrome sont les suivantes :

Carbone : plus de 0,7 %
Chrome : plus de 2 %.

3° ACIERS AU NICKEL-CHROME

Au lieu d'associer le chrome à un acier au carbone, on le combine généralement avec un acier au nickel.

Le chrome augmente la dureté et le nickel la résilience ; le nickel tend de plus à abaisser le point de transformation à l'échauffement et le chrome à l'élever, mais en général l'influence du nickel l'emporte. L'action du nickel est également prédominante en ce qui concerne la température de transformation au refroidissement. Il en résulte que les aciers au nickel-chrome doivent être trempés à une température légèrement inférieure à celle des aciers au carbone correspondants.

Nous classerons les aciers au nickel-chrome en trois groupes, d'après leur teneur en nickel :

1ᵉʳ groupe. *Aciers ne trempant pas à l'air* (teneur en nickel inférieure à 3 %) ;

2ᵉ groupe. *Aciers trempant à l'air* (teneur en nickel supérieure à 3 % et inférieure à 20 %) ;

3° groupe. *Aciers intransformables* (teneur en nickel supérieure à 20 %).

Dans chaque groupe, nous classerons les aciers en aciers doux et durs, suivant leur teneur en carbone.

1ᵉʳ Groupe : Aciers ne trempant pas à l'air.

Aciers doux.

Composition :
- Carbone : moins de 0,15 %.
- Nickel : 2 à 3 %.
- Chrome : 0,5 à 1,2 %.

Ces aciers prennent la cémentation et ont une résistance et une limite élastique plus grandes que les aciers correspondants au carbone ou au nickel. De plus, on obtient une dureté superficielle très grande, par une trempe douce à l'huile ou à l'eau salée bouillante. On déformera donc moins les pièces construites avec ces aciers que celles établies en acier au carbone, qui exigent une trempe à l'eau, et on diminuera les chances de tapures.

Emploi : Ces aciers sont excellents pour des pièces cémentées de forme compliquée ou devant avoir une âme très résistante.

Aciers mi-durs et durs.

Composition :
- Carbone : 0,2 à 0,7 %.
- Nickel : 2 à 3 %.
- Chrome : 0,4 à 1,8 %.

Ces aciers donnent une très grande sécurité à tous les points de vue, car ils concilient une résilience élevée avec une grande résistance à la rupture et une limite élastique également élevée.

Ils ont une plus grande pénétration de trempe que les aciers au carbone ou au nickel. La trempe à l'huile suffit pour les grosses pièces lorsqu'on emploie l'acier dur ; la trempe à l'eau est préférable pour l'acier mi-dur ; la trempe à l'air est souvent suffisante pour les petites pièces en acier dur ; les déformations sont faibles dans tous les cas, mais il faut se défier des tapures. L'acier mi-dur peut être cémenté, on trempe alors à l'eau salée bouillante.

Ces aciers à l'état recuit ont une résistance à la rupture variant de 55 à 110 kilogs.

Ils se trempent à la même température que les aciers au carbone correspondant (800 à 850°).

Le revenu à basse température les rend fragiles si on les refroidit lentement, il faut avoir soin de toujours plonger les pièces dans l'eau froide après cette opération.

Emploi : ces aciers constituent les aciers spéciaux les plus répandus. On s'en sert surtout pour la construction des engrenages à cause de leur grande dureté et de leur faible fragilité au choc. On les emploie également pour fabriquer des arbres, des rotules, des joints de cardan, etc...

2° GROUPE : Aciers trempant à l'air.

Aciers doux.

Composition :
- Carbone : inférieur à 0,15 %.
- Nickel : 3 à 6 %.
- Chrome : 1 à 2 %.
- Toujours un peu de manganèse : 0,1 à 0,5 %.

Ces aciers acquièrent sensiblement la même dureté, qu'on les trempe à l'eau, à l'huile ou à l'air. On les trempera de préférence à l'eau, sauf lorsqu'on veut éviter les tapures ou réduire les déformations au minimum.

Pour pouvoir les usiner, il faut les *adoucir* par un traitement spécial, puisqu'un recuit, suivi d'un refroidissement lent, les rend durs en les trempant. On les chauffera au-dessous et très près du point de transformation à l'échauffement, de façon à obtenir le revenu maximum ; tout échauffement au-dessus du point de transformation est suivi d'une trempe, quelle que soit la vitesse de refroidissement.

Emploi : ces aciers sont très utiles pour la construction de grosses pièces que la trempe à l'air seule peut durcir sans les déformer. Cette propriété les fait aussi employer pour la construction des couronnes d'engrenages, qu'il est très difficile de ne pas voiler en les trempant à l'eau.

Aciers durs.

Composition :
- Carbone : 0,2 à 0,4 %.
- Nickel : 3 à 5 %.
- Chrome : 1 à 2 %.
- Toujours un peu de manganèse : 0,1 à 0,6 %.

Ces aciers comme les précédents acquièrent sensiblement la même dureté par les trempes à l'air, à l'huile ou à l'eau. On les adoucira par le même traitement, mais en accélérant davantage le refroidissement au-dessous de 400°, car sans cela le métal deviendrait fragile ; on aura soin de tremper le métal dans l'eau froide, dès que la température de refroidissement atteindra 400°.

3º Groupe : Aciers intransformables.

Ces aciers, comme nous l'avons vu, ne peuvent être trempés, quel que soit l'abaissement de température :

Composition :
- Carbone : 0,5 à 0,8 %.
- Nickel : 20 à 25 %.
- Chrome : 2 à 3 %.

La présence du chrome permet d'obtenir des aciers intransformables au nickel-chrome avec une teneur en nickel moindre que pour les aciers au nickel. Leur prix de revient est par suite moins élevé. Mais le chrome seul ne peut rendre un acier intransformable, le nickel ou le manganèse sont nécessaires pour communiquer à l'acier l'intransformabilité.

Les aciers du 3° groupe sont amagnétiques et employés surtout à cause de cette propriété.

4° ACIERS AU MANGANÈSE ET AU SILICIUM

Le manganèse est rarement incorporé seul à l'acier, de même que le silicium, parce que dès que la teneur atteint 2 % de manganèse ou de silicium, l'acier devient très fragile, surtout à la trempe. Cependant on utilise quelquefois les aciers au manganèse pour obtenir des moulages exempts de soufflures et les aciers au silicium comme aciers à outils ou pour la fabrication des tôles d'électro-aimants. L'acier généralement employé pour la construction des noyaux d'inducteurs électriques contient :

Composition : { Carbone : 0,12 % au maximum.
Silicium : 3 à 4 %.

Il est très perméable et offre une très faible hystérésis.

Les aciers comprenant plus de 13 % de manganèse se comportent comme les aciers à 25 % de nickel : ils sont irréversibles au point de vue du magnétisme et leur point de transformation n'est atteint que dans l'air liquide. Le manganèse est plus actif que le nickel au point de vue de l'abaissement du point de transformation au refroidissement.

Au point de vue industriel, seuls les aciers *manganosiliceux*, c'est-à-dire contenant à la fois du manganèse et du silicium, sont d'application courante. Ils servent à la fabrication des ressorts et des engrenages.

Leur composition est la suivante : { Carbone : 0,3 à 0,6 %.
Manganèse : 0,3 à 1 %.
Silicium : 1 à 2 %.

Ces aciers ont des propriétés sensiblement identiques à celles des aciers au carbone correspondants, mais ils doivent être trempés à une température un peu plus élevée (850 à 900°). Ils sont caractérisés par une texture orientée dans le sens du laminage et une résilience un peu plus grande que les aciers au carbone, lorsqu'ils sont revenus entre 200 et 400°. Ils ont de plus très peu de tendance à taper.

Ces qualités les désignent surtout pour la fabrication des ressorts.

5° ACIERS AU TUNGSTÈNE, AU MOLYBDÈNE ET AU VANADIUM

Les *aciers au tungstène* offrent une très grande dureté, surtout lorsqu'ils sont trempés ; ils sont employés principalement comme aciers à outils. Ils renferment alors :

$$0,7 \text{ à } 1,8 \text{ °/}_{\circ} \text{ de carbone}$$
$$2 \text{ à } 3 \text{ °/}_{\circ} \text{ de tungstène.}$$

On en fait également des ressorts de qualité supérieure. La composition correspondante est la suivante :

$$\text{Carbone : } 0,5 \text{ °/}_{\circ}$$
$$\text{Tungstène : } 0,5 \text{ °/}_{\circ}$$

Le *molybdène* peut être substitué au tungstène dans les aciers à outils, mais il est plus cher et rend la trempe très difficile.

Les *aciers au vanadium* sont peu employés en Europe à cause de leur prix de revient. Ils présentent cependant des qualités remarquables ; une faible proportion de vanadium augmente la dureté des aciers, sans diminuer leur allongement ni leur résilience. Nous avons pu constater sur des boulons de voiture automobile américaine les caractéristiques suivantes :

$$\text{Charge de rupture : } 80 \text{ kilos,}$$
$$\text{Allongement : } 30 \text{ °/}_{\circ}.$$

Une teneur en vanadium de 0,7 °/$_\circ$ est suffisante pour transformer profondément les qualités d'un acier.

6° ACIERS COMPLEXES

Aciers rapides à outils.

Les aciers à outils doivent posséder une grande dureté, pour pouvoir pénétrer dans le métal des pièces que l'on veut usiner. Les aciers durs au carbone ou au chrome remplissent bien cette condition ; mais si la vitesse de coupe adoptée est trop forte, la pointe de l'outil rougit, se détrempe et perd sa dureté.

L'emploi des aciers trempant à l'air est donc indiqué pour la confection des outils, puisqu'un échauffement momentané ne leur fera pas perdre définitivement leur dureté. Mais on a pu réaliser des aciers spéciaux, doués d'une propriété beaucoup plus remarquable, qui réside dans le fait qu'ils conservent une dureté suffisante pour continuer à attaquer les autres aciers, jusqu'à la température du rouge sombre.

On distingue par suite deux classes d'aciers spéciaux à outils :

1° Les *aciers rapides*, qui sont auto-trempants et peuvent par suite être portés momentanément à haute température ; ils reprennent leur dureté dès que l'échauffement a cessé.

2° Les *aciers extra-rapides*, qui sont non seulement auto-trempants, mais qui conservent leur dureté à chaud, ce qui permet d'adopter des vitesses de coupe plus grandes qu'avec tous les autres aciers à outils.

La composition des aciers rapides est très variable, mais reste comprise en général dans les limites suivantes :

Composition :
- Carbone : 0,2 à 2 %.
- Chrome : 0 à 6 %.
- Silicium : 0 à 1 %.
- Manganèse : 0 à 2 %.
- Molybdène : 0 à 7.
- Tungstène : 0 à 25.
- Vanadium : 0 à 1.

Ce sont le molybdène et le tungstène qui communiquent à l'acier la dureté à chaud, mais il faut, pour obtenir un résultat satisfaisant, que la teneur de tungstène dépasse 15 %.

Les aciers rapides sont donc à faible teneur de tungstène et de molybdène, alors que les aciers extra-rapides contiennent une forte teneur de ces métaux.

Le chrome, le tungstène et le manganèse durcissent le métal ; l'excès de manganèse rendrait l'acier cassant si la présence du vanadium et du molybdène ne contrebalançait cette influence. Ces deux métaux rendent en effet l'acier sain, diminuent le travers et rendent le forgeage facile, même à faible teneur.

Ces aciers doivent être trempés à l'air, à très haute température. On pousse le chauffage de façon à obtenir un commencement de fusion. Aucune cristallisation n'est à craindre, même à cette température ; la texture du métal reste soyeuse.

Stellite.

Nous croyons devoir dire un mot d'un métal à outils qui vient d'être découvert tout récemment et auquel on a donné le nom de stellite. Ce métal ne contient ni fer, ni carbone, ce n'est donc pas un acier à proprement parler, mais ses propriétés remarquables le rangent à côté des aciers rapides.

C'est un alliage de cobalt et de chrome contenant de plus du tungstène et du molybdène. Le cobalt appartenant à la même famille chimique que le fer, on peut s'expliquer le rapprochement qu'imposent les propriétés de ce produit, avec les aciers rapides.

Il possède une grande dureté à froid et la conserve à chaud sans qu'il soit nécessaire de le tremper. On l'emploie brut de coulée.

Aciers pour roulements à billes.

Ce sont des aciers rapides contenant :

Composition :
- 1 à 1,4 % de carbone.
- 2 à 3 % de chrome.
- 1 à 2 % de tungstène.

Ils trempent à l'eau sans déformation importante.

Aciers pour aimants.

Les aciers au carbone à 1,2 % sont ceux qui se prêtent le mieux à la construction des aimants, après trempe. L'adjonction d'un peu de tungstène et de molybdène augmente le champ coercitif, c'est-à-dire, comme nous l'avons vu, la propriété de conserver l'aimantation. On doit rechercher un traitement thermique qui donne les meilleures qualités magnétiques sans augmenter trop la dureté, afin de permettre le travail mécanique.

On procède généralement ainsi :

1° Recuit après forgeage, au-dessous du point de transformation ;

2° Ajustage ;

3° Recuit au-dessus du point de transformation, pour avoir le maximum d'intensité magnétique ;

4° Revenu vers 400°, pour rendre l'aimantation plus stable.

Nous donnons ci-après, tableaux 3 et 4, les caractéristiques relatives à la résistance, à l'allongement et à la résilience des

TABLEAU 3
Aciers au carbone et Fontes

Noms usuels.	Teneur en carbone	Charge de rupture	Allongement total pour cent	Résilience : éprouvette Messager mouton Charpy n° 2.	Trempe.	Observations.
Fer pratiquement pur	0,00 — 0,05	»	»	30	Non	
Acier double extra-doux	0,05 — 0,1	30 — 35	35 — 32	26	Non	Limite des aciers pour tôles de dynamos, transformateurs, etc.
— extra-doux	0,10 — 0,15	35 — 40	32 — 30	22	Non	
— très doux	0,15 — 0,20	40 — 45	30 — 25	20	Non	Limites des aciers coulés employés en construction électrique.
— doux	0,20 — 0,30	45 — 50	25 — 22	18	Non	
— mi-doux	0,30 — 0,40	50 — 55	22 — 20	14	Faible	
— mi-dur	0,40 — 0,45	55 — 65	20 — 18	12	Assez bonne	
— assez dur	0,45 — 0,50	65 — 70	18 — 15	11	Assez bonne	
— dur	0,50 — 0,60	70 — 75	15 — 12	10	Bonne	
— très dur	0,60 — 0,70	75 — 80	12 — 9	7	Très bonne	
— extra-dur	0,70 — 0,80	80 — 100	9 — 5	4	Extra-bonne	
— double extra-dur	0,85 — 1,2	»	»	»	»	Acier eutectique (C = 0,85).
— sauvage	1,2 — 1,6	»	»	»	»	Limite des aciers forgeables (C=1,6).
Fonte peu carburée	1,6 — 2,0	»	»	»	»	
— d'affinage	2,0 — 2,5	»	»	»	»	Premier degré de la fonte.
— grise ou de moulage	2,5 — 3,5	»	»	»	»	
— très carburée	3,5 — 4,5	»	»	»	»	
	4,5 — 6,0	»	»	»	»	Limite des fontes.

TABLEAU 4
Aciers spéciaux

Nature de l'acier	Limite apparente d'élasticité	Charge de rupture	Allongement total pour cent	Résilience : éprouvette Mesnager mouton Charpy n° 2
Aciers au nickel				
A. — *à basses teneurs*				
Acier de cémentation à 2 % de nickel	30	40	30	35
— — 5 % —	40	55	20	20
B. — *à hautes teneurs*				
Acier à 10 % de nickel	90	100	14	17
— 25 % —	45	80	40	22
— 35 % — (*métal invar*)	40	70	50	30
— 45 % — (*platinite*)	30	55	55	35
Aciers au chrome				
doux (de cémentation)	25	45	25	25
mi-dur	45	65	18	20
dur	65	75	14	15
Aciers au nickel-chrome				
doux (de cémentation)	40	50	25	25
mi-dur	45	65	20	15
dur	55	75	15	10
trempant à l'air (dur)	65	85	25	25
— (extra-dur)	70	90	15	20
Acier mangano-siliceux	50	80	14	8
Acier au tungstène (pour ressorts)	60	80	16	10
Acier au vanadium (pour boulons)	55	80	30	35

aciers au carbone et de quelques aciers spéciaux, appartenant aux diverses catégories que nous venons d'étudier.

On trouvera, en appendice, à la fin de cet ouvrage, des renseignements plus complets et d'un intérêt pratique plus immédiat, concernant les caractéristiques des principaux aciers spéciaux de marques françaises, ainsi que les conditions particulières de leurs traitements thermiques.

II. — FONTES

Les fontes renferment, comme nous l'avons dit, plus de 2 % de carbone ; elles contiennent toujours, en plus de ce métalloïde, deux métaux : silicium et manganèse, et deux métalloïdes : soufre et phosphore.

Le carbone peut se trouver dans les fontes sous deux états :

1° Soit à l'état libre, sous forme de graphite de couleur noire, disséminé dans la masse du métal auquel il donne une couleur grise ;

2° Soit à l'état de combinaison avec le fer, sous forme de carbure de fer, correspondant à la formule Fe^3C et qui possède une grande dureté. Ce composé, appelé *cémentite*, se forme à haute température et tend à se décomposer quand la température s'abaisse. Un refroidissement brusque empêche cette transformation et conserve à la fonte son aspect blanc.

Le silicium empêche la formation de la cémentite et produit par suite des fontes grises.

Le manganèse a un effet exactement inverse ; sa présence corrige l'action du silicium, dans les fontes qui en renferment, et permet d'obtenir les fontes blanches.

Le soufre est nuisible à tous les égards, il rend la fonte cassante à froid et à chaud.

Le phosphore augmente la fluidité des fontes et par suite facilite le moulage des objets minces (ornements), mais il rend la fonte cassante à froid.

Fontes blanches.

On les obtient en refroidissant brusquement des fontes ne contenant pas trop de silicium, ou en corrigeant la présence de ce métal par du manganèse.

Les fontes blanches sont dures et fragiles, elles sont susceptibles d'acquérir un beau poli par le frottement, mais elles sont difficiles à usiner par suite de leur dureté, due à la présence du carbure de fer. Elles servent surtout à la fabrication de l'acier.

Fontes grises.

On les obtient en refroidissant lentement des fontes assez siliceuses. C'est la seule qualité de fontes employée en construction mécanique. Lorsque la teneur en carbone est de 3 à 4 %, les fontes grises prennent un beau poli par frottement et s'usinent facilement. On les emploie par suite pour la confection des pièces frottantes : cylindres, coussinets, freins, etc. La teneur en phosphore doit être très faible, dans ce cas, pour éviter la fragilité.

On désigne ces fontes sous le nom de *fontes mécaniques*. Leur résistance varie de 12 à 25 K° à la traction et de 60 à 90 K° à la compression, mais l'allongement est presque nul. La trempe à l'air à 850° améliore la résistance à la flexion.

Les fontes de fusion peuvent renfermer un peu plus de phosphore dans le but de faciliter la coulée.

Fontes truitées.

Ce sont des fontes intermédiaires entre les fontes grises et les fontes blanches ; le carbone n'est que partiellement séparé à l'état de graphite, grâce à une teneur en silicium et une vitesse de refroidissement convenables.

Leur aspect spécial, formé par un mélange de blanc et de gris, leur a valu leur nom.

Elles servent surtout à la fabrication de l'acier.

Fontes trempées.

On les obtient en coulant la fonte dans un moule à parois métalliques qui, refroidissant brusquement la couche extérieure par contact, lui donnent une grande dureté. La masse intérieure du métal se refroidit au contraire lentement et devient moins dure, mais elle est également moins fragile.

Les cylindres de laminoirs sont faits en fonte trempée.

Fonte malléable.

C'est une fonte décarburée par l'action prolongée d'un désoxydant et d'une température élevée. Le désoxydant est constitué par des oxydes de fer : mélange de minerais, battitures [1], etc.

On chauffe à 800°, pendant plusieurs jours, les pièces minces en fonte, placées dans des caisses remplies d'un mélange désoxydant.

La fonte malléable est employée pour remplacer l'acier, dans la confection des petits objets, à cause de son prix réduit. La grande fluidité de la fonte permet d'obtenir des pièces saines, sous une épaisseur plus faible qu'on ne pourrait les obtenir en acier moulé, et sans exiger l'usinage que nécessiterait leur confection en acier forgé.

CUIVRE ET SES COMPOSÉS

Les alliages le plus fréquemment employés, après les dérivés du fer, sont les composés du cuivre.

Le cuivre s'emploie pur pour une foule d'usages dont le plus important est la confection des câbles électriques. Il possède, en effet, une conductivité élevée, qui le fait utiliser à l'état de fils étirés, recuits, tressés ou non, pour la construction des canalisations électriques.

On en fait également de nombreux objets allant au feu : casseroles, chaudières, etc., par suite de sa grande conductibilité thermique.

Mais ses alliages sont encore plus répandus, surtout en construction mécanique.

Les deux principaux sont : le *bronze*, composé de cuivre et d'étain ; et le *laiton*, composé de cuivre et de zinc.

On emploie également des composés ternaires, formés de cuivre, de zinc, et d'étain, en proportions variées. Dans ce cas, on donne au composé le nom de bronze, si l'étain prédomine, et

---

1. Les battitures sont les parcelles d'oxyde qui se détachent de l'acier et du fer lorsqu'on les forge. C'est de l'oxyde de fer magnétique qui a pour formule Fe^3O^4.

de laiton, si c'est le zinc. Dans la pratique, cela prête à quelques confusions et le laiton est souvent confondu avec le bronze.

Propriétés générales. — L'étain rend l'alliage plus dur, plus élastique, plus sonore, et plus fragile à froid.

Le zinc rend l'alliage ductile et malléable à froid, mais cassant à chaud, même au-dessous du rouge, sauf pour certaines proportions définies (laiton forgeable, laiton pressé).

L'excès de zinc ou d'étain rend les bronzes et les laitons durs et cassants; en pratique la proportion de ces métaux ne doit pas dépasser 40 %. Dans les alliages ternaires, la teneur de cuivre doit être au minimum de 30 %.

L'étain et surtout le zinc s'oxydent facilement à l'air, lorsqu'ils sont fondus; on devra donc prendre des précautions spéciales pendant la fusion de l'alliage, car la présence d'oxydes métalliques, disséminés dans la masse de l'alliage, est très nuisible à son emploi. On a pu y remédier en mélangeant au bain métallique de puissants désoxydants : phosphore, manganèse et silicium; on a alors les bronzes et les laitons dits *spéciaux*.

I. — BRONZES

a. — BRONZES INDUSTRIELS

Le tableau 5, page 52, donne la composition des principaux bronzes employés dans l'industrie; au point de vue de la construction mécanique, les seuls bronzes employés sont ceux, dits *mécaniques*, qui correspondent aux teneurs suivantes :

Cuivre	90	88	86	84
Étain	10	12	14	16

Le zinc peut être admis dans ces bronzes, si la teneur ne dépasse pas 2 %; la présence de ce métal rend l'alliage plus fusible et par suite plus facile à couler, mais au delà de la teneur indiquée, la dureté diminue de façon notable. Le bronze le plus dur, dit à 90-10, sert pour la fabrication de pièces résistantes ; c'est le bronze à canon ou *gun metal* des Anglais.

Le bronze le plus tendre, dit à 84-16, peut être employé pour la construction des pièces frottantes, telles que des coussinets.

On lui préfère en général des bronzes plus tendres, obtenus en ajoutant au mélange : soit du zinc, soit du plomb, soit ces deux métaux à la fois ; on a alors les *bronzes au zinc* ou *au plomb*, dont les compositions les plus usuelles sont également données par le tableau 5, page 52.

Le *bronze à médailles* doit au contraire être très dur, pour bien prendre la frappe ; aussi prend-on du bronze à 95-5, renfermant le plus souvent 1 % de zinc.

Le bronze est un métal sonore, employé depuis les temps les plus reculés pour la confection des cloches ; le métal-type à ce point de vue est celui dit 80-20.

Le bronze est également susceptible de prendre un beau poli et sert à cause de cette propriété à confectionner certains miroirs (télescopes). Le bronze employé à cet usage est celui dit 66-33.

b. — BRONZES SPÉCIAUX A HAUTE RÉSISTANCE

Bronzes phosphoreux. — L'incorporation du phosphore aux bronzes mécaniques, même en quantité extrêmement faible, améliore notablement leurs qualités, en rendant le métal plus homogène, plus tenace et en diminuant beaucoup l'usure provenant du frottement.

La teneur en phosphore varie de 0,4 à 0,6 %.

On peut incorporer du phosphore au bronze mécanique, au bronze au zinc et au bronze au plomb. Le phosphore est introduit, au dernier moment, dans le creuset renfermant le mélange en fusion, sous forme : soit de *cuivre phosphaté* (produit riche en phosphure de cuivre), soit d'*étain phosphaté* (produit riche en phosphure d'étain). Le cuivre phosphaté s'obtient en chauffant un mélange de cuivre, de charbon de bois et de phosphate acide sirupeux ; l'étain phosphaté s'obtient par incorporation directe du phosphore dans de l'étain fondu.

Les bronzes phosphoreux sont employés principalement pour la fabrication des fils téléphoniques qui doivent présenter, en même temps qu'une bonne conductibilité électrique, une résistance suffisante pour résister à la tension qui résulte de leur suspension sur des isolateurs. On en fait aussi des tiroirs et des coussinets de locomotives.

Bronzes au manganèse. — Le manganèse joue le même rôle

que le phosphore, mais il peut être ajouté au bronze en quantité plus considérable (1 à 2 %). On obtient alors des métaux à haute résistance, ayant une limite élastique élevée et, de plus, pouvant se forger et se laminer à chaud.

Le manganèse est introduit dans le bronze en fusion à l'état de *ferromanganèse*, produit courant en métallurgie, ou de *cupromanganèse*, obtenu en fondant ensemble : du cuivre, de l'oxyde de manganèse et du charbon.

Les bronzes au manganèse sont employés pour la fabrication des hélices de navires, des boulons destinés à séjourner dans la vapeur, etc....

Bronzes siliceux. — Le silicium, comme le phosphore et le manganèse, améliore le bronze en désoxydant le bain au moment de la coulée. Il ne peut rentrer dans le mélange qu'en quantité très faible (0,05 %) et le bronze doit contenir très peu d'étain (1 %).

L'alliage renferme donc une forte proportion de cuivre pur (98 %); sa conductibilité électrique est par suite très grande; aussi le bronze siliceux est-il employé pour la construction des fils téléphoniques.

Le silicium est ajouté au mélange sous forme de *cuprosilicium*, obtenu en chauffant du cuivre avec du fluosilicate de sodium.

CARACTÉRISTIQUES DES BRONZES

On comprend aisément, qu'étant données les compositions très différentes des bronzes industriels, les caractéristiques soient également très variables. On peut cependant compter sur les chiffres moyens suivants :

Bronzes mécaniques :

Bronze à canon (90-10) $\begin{cases} R = 30 \text{ kilogrs.} \\ E = 10 \quad » \\ A \% = 18 \% \end{cases}$

Ces trois caractéristiques ont des valeurs décroissantes au fur et à mesure que la teneur en cuivre diminue.

Le bronze 80-20 a un allongement presque nul.

La trempe améliore les bronzes mécaniques tendres (84-16 à 82-18) en augmentant leur allongement; la meilleure tempéra-

TABLEAU 5
Bronzes industriels

Cuivre	Étain	Zinc	Divers	Propriétés et dénominations	Emploi
95	4	1	—	Couleur rouge Très malléable	Monnaies et médailles
90	10	Max. 1 à 2	—	Bronzes mécaniques	Canons et pièces résistantes
88	12		—		Garnitures de vapeur (robinets, etc.)
86	14		—		Garnitures hydrauliques, robinets, etc.
84	16		—		Coussinets, pièces frottantes
85	8	3	plomb 3 fer... 1	Très fluide à chaud Se patine à l'air	Objets d'art (bronze antique)
80	20	—	—	Très sonore	Cloches
67	33	—	—	Se polit bien Couleur blanche	Miroirs de télescopes
88	8	4	—	Bronzes au zinc	Coussinets
87	10	3	—		
83	11	6	—		
83	5	—	plomb 12	Bronzes au plomb	Coussinets
77	8	—	» 15		
78	10	4	» 8	Bronzes au plomb (avec zinc)	Coussinets
73	10	10	» 7		

TABLEAU 6
Laitons industriels

Cuivre.	Zinc.	Étain.	Divers.			Propriétés.	Dénominations et emplois.
97	2	—	Arsenic 1			Très malléable.	Boutons.
90	8	—	Plomb 2			Couleur or.	Chrysocale (bijouterie factice).
90	10	—	—			Couleur or rouge.	Tombac rouge.
88	12	—	—			Couleur or jaune.	Tombac jaune.
86	14	—	—			Couleur or clair.	Tombac blanc ou cuivre blanc (instruments de physique).
80	20	—	—			Couleur or verdâtre.	Similor (ornements).
80	17	3	—				Laiton des armuriers.
80	12	8	—			Malléable.	Planches d'impression.
70	30	—	—			Se forge.	Laiton anglais ou laiton forgeable.
66	34	—	—			S'emboutit.	Laiton de guerre (douilles).
66	32	—	Plomb 2			Très malléable.	Laiton mécanique (chandières).
64	36	—	—			Se tréfile.	Laiton des tréfileries.
63	33	4	—			Prend bien la dorure.	Laiton des doreurs.
60	40	—	Manganèse 2			Malléable à chaud, très dur	Métal de Muntz (plaques de doublage des navires en bois).
60	38	2					Laiton des horlogers.
58	40	—					Laiton au manganèse.
			Pb	Fer	Mn		
55,5	42	—	1	0,5	1	Se forge et se lamine.	Métal Delta pour pièces { coulées / forgées / laminées / estampées }
55,5	40	—	2	1,5	1		
55	41,5	—	1	1	1,5		
55	42	—	1	1	1		
			Fer	Al.	Mn		
58	38,5	1	1	1	0,5		Métal Parsons (hélices, pompes, turbines).
55	40	—	2	2	3		Métal Secrétan.
75	10	—	7,5	7,5	»		Métal d'Hercule.

ture est 600°. Elle agit peu sur les bronzes durs (90-10), ou à forte teneur en étain (75-25 et au delà).

La résistance des *bronzes phosphoreux et siliceux* est d'environ 35 kgrs, avec un allongement de 25 %.

Celle des *bronzes au manganèse* varie de 20 à 90 kgrs, l'allongement variant de 2 à 50 % ; ces bronzes, forgeables et à haute résistance, peuvent remplacer l'acier, lorsqu'on recherche l'inoxydabilité et que le prix de revient peut être élevé.

II. — LAITONS

a. — LAITONS INDUSTRIELS

Le laiton le plus résistant est celui qui renferme 66 % de cuivre et 34 % de zinc. Il sert à faire des douilles de cartouches parce qu'il s'emboutit facilement et est connu pour cette raison sous le nom de *laiton de guerre*.

Chaque corps de métier a adopté un laiton-type, suivant les facilités d'usinage correspondant aux pièces à produire ; on a ainsi : le laiton *des tréfileurs, des horlogers, des armuriers*, etc... dont les compositions sont données au tableau 6, p. 53.

Lorsque la teneur en zinc est faible, la couleur du laiton varie du jaune d'or au rouge brun. On obtient alors la série des *tombac, chrysocale, similor*, qui sert à confectionner les faux bijoux.

Le laiton à teneur de 70-30, dit *laiton forgeable*, peut être travaillé à chaud ; on en fait des tiges de piston, des soupapes, etc., des pièces estampées ou matricées. Le maximum de dureté correspond à la teneur 60-40, c'est le métal de Müntz, qui se travaille à chaud et sert à doubler les navires. Au delà de 40 %, le zinc rend le laiton cassant.

Le laiton à 60-40 peut être matricé au rouge sombre, sous une forte pression ; c'est le *laiton pressé*, encore peu employé en France, mais dont l'usage tend à se généraliser.

Le laiton contenant 36 % de zinc s'étire en fils minces à la filière ; le laiton d'une façon générale reste malléable à froid, alors que le bronze ne l'est pas.

Par ailleurs, le zinc coûtant moins cher que l'étain, le laiton est d'un prix de revient moins élevé que le bronze, c'est pourquoi le laiton est d'un emploi très étendu dans beaucoup d'industries.

b. — LAITONS SPÉCIAUX A HAUTE RÉSISTANCE

Il existe des laitons au manganèse, dont la résistance atteint 60 kgrs ; mais le laiton à haute résistance le plus employé est le *métal delta*, qui renferme du fer en même temps que du manganèse. Il existe des compositions variées de ce métal, donnant toute une gamme d'alliages, qu'on désigne par des numéros, de 1 à 8, dans l'ordre de ténacité croissante.

Leur résistance varie de 50 à 80 kgrs. Le métal delta se forge, s'étire et se lamine.

Il existe d'autres laitons, contenant du fer et employés aux mêmes usages ; ce sont : le métal Parsons, le métal Secrétan, le métal d'Hercule. Leur composition est donnée par le tableau 6.

CARACTÉRISTIQUES DES LAITONS

Les *laitons mécaniques* ont une résistance variant de 30 à 40 kgrs, avec un allongement de 15 à 20 %. Le travail à chaud, s'il est bien conduit, augmente à la fois la résistance et l'allongement. On a alors : $R = 50$ kil. $A = 25$ %.

Le travail à froid écrouit le laiton, ce qui peut augmenter la résistance jusqu'à 60 kgrs, mais l'allongement tombe alors à 10 %.

Les *laitons spéciaux*, dits à haute résistance, ont des résistances variant de 50 à 80 kgrs ; l'allongement atteint 30 % pour certains d'entre eux, sans descendre au-dessous de 15 %.

III. — ALLIAGES INDUSTRIELS

Nous réunirons, sous cette dénomination, tous les autres alliages, et n'étudierons que les plus employés industriellement.

1° ALLIAGES DE NICKEL

Le nickel ne rentre guère que dans la composition du *maillechort*, qui est en somme un laiton au nickel. Les compositions les

— 56 —

TABLEAU 7
Maillechorts

Cuivre	Nickel	Zinc	Métaux divers	Dénominations et emplois
75	25	»	»	Monnaie allemande
60	10	30		Alfénide
50	28	22		Packfung
43	20	37		
60	22	18		
50	15	35	»	Maillechort
50	50	»	»	Métal-Christofle
54	25	20	Plomb : 0,5 Manganèse : 0,5	Platinoïde (Rhéostats)

TABLEAU 8
Alliages d'aluminium

Aluminium	Cuivre	Divers	Dénominations
90	»	Magnésium : 10	Magnalium
98	»	— 2	
90	10	Manganèse 0,5 à 1	Bronzes d'aluminium
96	4		
92	4	Cuivre : 4	
95	3	— 2	Laitons d'aluminium
97	2	— 1	
90	2	Étain 7 nickel 1	
92	2	— 3 — 3	Qualité supérieure
94	2	— 2 — 2	Alliages Cothias
88	4	Étain 8 Zinc 0	Qualité ordinaire
40	4	— 20 36	Qualité commune

TABLEAU 9

Alliages de plomb et d'étain

Plomb	Étain	Antimoine	Métaux divers	Dénominations et emplois
8	92	»	»	Robinetterie
»	90	10		Poterie d'étain
»	85	»	Zinc : 15	
18	82	»	»	Mesures de capacité
20	80	»	»	Cuillers d'étain
36	64			Papiers d'étain
76	»	24		Caractères d'imprimerie
83	5	12		id (linotypie)
»	90	10		Métal blanc anglais (théières)
»	75	25		Métal blanc d'Alger
»	92	8		
»	44	4	Zinc : 50, Cuivre 2	Métal à très faible retrait pour modèles de fonderie
»	78	13	Cuivre : 9	
42	42	16		
4	5		Zinc : 75, Cuivre 16	Métal Cothias pour pièces communes

TABLEAU 10

Soudures et brasures

Soudure au plomb dite : *des plombiers*	Plomb : 2	Étain : 1
Soudure à l'étain dite : *des ferblantiers*	Plomb : 1	Étain : 1
Soudure à l'argent	Argent : 2	Laiton forgeable : 1
Soudure pour l'or	Or : 5	Cuivre : 1
Soudure pour l'aluminium	Aluminium : 75	Zinc : 25
Brasure jaune (peu fusible)	Cuivre : 2	Zinc : 1
Brasure demi-blanche (fusible)	Laiton forgeable : 5	Zinc : 1
Brasure blanche (très fusible)	Cuivre : 1	Zinc : 1

plus usitées : *alfénide*, *packfung*, etc., sont données par le tableau 7, page 56.

Le maillechort sert à la fabrication de pièces marines, car il résiste très bien à l'eau de mer, et à la confection d'ornements, car il est susceptible d'un beau poli.

Le *platinoïde* sert à faire des fils de rhéostats, il possède une résistivité élevée et ne s'oxyde pas à haute température.

2° ALLIAGES D'ALUMINIUM

L'aluminium est peu employé industriellement, à l'état pur.

On lui incorpore d'autres métaux en vue d'améliorer ses qualités : le zinc facilite la coulée des pièces fondues ; l'étain et le plomb le rendent moins cassant et plus malléable ; le cuivre, ainsi que le manganèse à très faible teneur, le rendent plus dur et plus résistant.

L'alliage le plus simple est le *bronze d'aluminium*, composé de cuivre et d'aluminium. Lorsque la teneur de cuivre est de 10 %, l'alliage présente les mêmes caractéristiques que l'acier mi-dur à 0,45 de carbone, soit : $R = 60$, $E = 35$, $A = 20$ %.

Ce bronze se lamine et se forge à chaud ; il prend la trempe. Il sert dans la construction maritime, car il est inattaquable à l'eau de mer, mais s'oxyde légèrement dans l'eau douce.

Les *laitons d'aluminium*, qui renferment du zinc et du cuivre, sont employés aux mêmes usages.

L'alliage d'aluminium et de magnésium, appelé *magnalium*, est le plus léger des alliages industriels (Densité : 2,5). Il possède des propriétés voisines de celles du laiton ($R = 25$ kilos). Il sert à faire des vis, écrous, fils...

Toutefois, la grande facilité de corrosion de cet alliage et la difficulté que présente la coulée, ont réduit le nombre de ses applications.

Les alliages COTHIAS sont les alliages d'aluminium les plus employés pour la construction de pièces mécaniques, à la fois légères et résistantes, qu'utilisent surtout l'industrie automobile et l'aviation.

On peut les couler en coquilles et économiser ainsi l'ébarbage et l'usinage de certaines parties des pièces, ce qui permet de réaliser d'importantes économies.

Le tableau 8, page 56, indique quelques compositions d'alliages d'aluminium courants.

3° ALLIAGES DE PLOMB ET D'ÉTAIN

Les alliages obtenus avec ces deux métaux sont tendres et servent surtout à la confection de caractères d'imprimerie et d'ustensiles de ménage. Le métal blanc, dit *métal anglais* ou *métal d'Alger*, est susceptible d'un beau poli.

Certains alliages, obtenus avec ces métaux, ont un retrait très faible et sont employés, pour cette raison, à la confection des modèles métalliques utilisés en fonderie.

Il existe également un alliage COTHIAS où ne rentre pas d'aluminium ; il est employé pour remplacer le laiton dans la confection des pièces bon marché.

Le tableau 9 donne la composition de ces divers alliages.

4° MÉTAUX ANTIFRICTION

Principe. — Deux métaux frottant à sec l'un sur l'autre dégagent rapidement de la chaleur ; les pièces s'échauffent et *grippent*, c'est-à-dire que des parcelles de métal sont arrachées à la surface des deux métaux, surtout du métal le plus tendre.

Lorsqu'en construction mécanique, on doit prévoir un frottement continu (arbre transmettant un mouvement, pièces coulissant l'une dans l'autre, etc.), on a soin de ménager un dispositif de graissage qui maintient une mince couche d'huile entre les surfaces frottantes. L'huile possède la propriété remarquable de pouvoir s'étendre en couche extrêmement mince, de l'ordre du millième de millimètre.

Or, tant qu'une pellicule d'huile est interposée entre les pièces frottantes, les métaux ne sont pas en contact et leur composition n'intervient pas. Le coefficient de frottement des métaux sur l'huile étant très faible, l'échauffement résultant du frottement est également très faible. Lorsque la vitesse ou la pression des pièces frottantes est très importante, on évite un échauffement trop grand en assurant une circulation continue de l'huile de graissage au moyen d'une pompe. On peut dans les cas extrêmes refroidir l'huile, échauffée au contact des pièces frottantes, par un réfrigérant où circule de l'eau froide (turbines à vapeur).

Mais si l'huile vient à être chassée, même d'une façon discontinue, les métaux viennent en contact, et, suivant leur nature, il peut se produire des avaries plus ou moins graves.

En principe, pour avoir un coefficient de frottement faible, il faut employer des métaux très durs ; c'est ce qui explique le haut rendement des roulements à billes, en acier spécial extra-dur, et l'emploi de pièces frottantes en acier cémenté et trempé. Mais il est indispensable, pour répartir uniformément la pression, de façon à obtenir un taux de travail unitaire acceptable, de réaliser un contact parfait des deux pièces. Dans le cas contraire, les points en saillie, venant seuls en contact, supportent toute la pression et, si le métal est dur et par suite ne cède pas, ces points s'échauffent très rapidement et grippent.

Or il s'agit ici de centièmes de millimètres, l'ajustage des pièces devra donc être très rigoureux. Si l'on ne veut pas s'astreindre à cette précision, on aura recours à un métal mou, susceptible de se mouler sur le tourillon.

On se trouve donc en face de la difficulté suivante :

1° D'une part, un métal dur est préférable pour obtenir un faible coefficent de frottement ;

2° D'autre part, il faut employer un métal plastique, s'adaptant de lui-même par déformation sur la pièce qui tourne ou se déplace.

La solution la meilleure consiste à se servir de métaux constitués par des *grains durs* enrobés dans un *ciment plastique*. Les grains durs entrent en contact et le ciment plastique se moule sur la pièce en mouvement.

Les bronzes ont précisément une constitution inverse. On constate au microscope qu'ils renferment des grains de cuivre plastiques, enrobés dans un ciment dur, qui a tendance à gripper dès que le graissage vient à manquer.

On a réalisé toute une gamme d'alliages, dits *métaux antifric-*

TABLEAU 11

Métaux antifriction

Métaux mous		Métaux durs			Dénominations et emplois
Étain	Plomb	Antimoine	Cuivre	Zinc	
					Antifriction au plomb.
20	60	20			pour coussinets ordinaires
12	80	8			Métal Babit pour coussinets chargés
21	72	7			— — à grande vitesse
6	77	17			Métal Magnolia
14	76	10			Tiroirs et bielles de locomotives
10	70	20			id.
					Antifriction au cuivre
90		8	2		Coussinets ordinaires
89		7	4		Métal Babit ordinaire
88		4	8		id. assez dur
84		8	8		id. dur
82		8	10		Métal dur des chemins de fer français
78		13	9		Tiroirs et coussinets de bielles de locomotives
85		3	12		
74		15	11		Métal des chemins de fer allemands
84		12	4		Métal — anglais
					Antifriction au zinc
15			5	80	Métal Feuton
11	20		6	63	id. très dur
18			5	77	Métal pour coussinets à grande vitesse
		10	5	85	Métal blanc pour coussinets
		5	15	80	
					Antifriction mixte (plomb et cuivre)
45	40	13	2		Métal blanc pour coussinets
	65	25	10		Bielles et coulisseaux de la Cie de l'Est
	80	15	5		Métal Feuton

tion, qui ont la constitution théorique définie plus haut ; leur composition varie suivant la dureté et la plasticité à obtenir. Le tableau 11 indique les plus employés. Les grains durs sont formés suivant les cas par des composés définis de cuivre et d'étain ou d'étain et d'antimoine. Les figures 32 et 33, page 97, mettent en relief les grains d'un bronze et d'un métal antifriction, grâce à un polissage prolongé qui a usé les parties tendres plus profondément que les parties dures.

5° SOUDURES ET BRASURES

Lorsqu'on veut réunir d'une façon définitive deux pièces métalliques, on peut employer certains alliages dont la composition a été déterminée, de façon à fondre à plus basse température que les métaux à souder et à adhérer fortement aux pièces à réunir.

Le tableau 10, page 57, donne la composition des soudures et des brasures employées à cet usage. Les *soudures* sont appliquées sur les pièces sans chauffage préalable de celles-ci ; les *brasures* au contraire exigent, pour adhérer aux pièces, que celles-ci soient portées à assez haute température.

CHAPITRE III

MÉTALLURGIE

Nous n'avons nullement l'intention de faire un exposé complet de la métallurgie moderne. Toutefois, nous croyons indispensable d'indiquer brièvement les procédés d'élaboration des métaux, dans le but de faire connaître les causes déterminantes des différences de qualités que l'on constate entre des produits métallurgiques pourtant de même nature.

C'est ainsi que la distinction entre le *fer* et l'*acier* n'est plus aujourd'hui qu'une question de procédés de fabrication métallurgiques.

Il en est de même des métaux désignés couramment sous les noms d'*aciers Bessemer*, *Martin* et *Thomas*, de *cuivre électrolytique*, d'*acier électrique*, etc...

La *métallurgie* est l'art d'extraire les métaux de leurs minerais.

Les métaux n'existent pas en général à l'état libre dans la nature ; ils s'y trouvent à l'état de combinaisons chimiques plus ou moins complexes. Les combinaisons les plus fréquentes sont les oxydes, les carbonates et les silicates. Des réactions chimiques simples : oxydation et réduction, sont employées pour produire industriellement les métaux à l'aide de ces minerais.

L'électricité est de plus en plus utilisée pour l'élaboration des métaux. Aux méthodes très anciennes de réduction des minerais par la chaleur se substituent progressivement les méthodes modernes de l'*électrométallurgie*.

Nous allons passer rapidement en revue les minerais des principaux métaux industriels, en indiquant les procédés et les appareils qui servent à en extraire les métaux.

Nous étudierons toutefois un peu plus en détail la *sidérurgie* ou métallurgie du fer et de ses dérivés, la connaissance de cette question pouvant être très utile aux industriels qui utilisent ces métaux.

A. — SIDÉRURGIE

Le fer n'existe pas à l'état libre dans la nature. Les principaux composés naturels de ce métal sont :

MINERAIS DE FER

L'*oxyde ferrique* appelée *hématite rouge* [1] ;
L'*hydrate ferrique* ou *hématite brune* [2] ;
L'*oxyde magnétique* de fer ou *oxyde salin* [3].

On rencontre également du carbonate de fer [4], appelé *fer spathique*, mélangé à ces oxydes en faible quantité.

Ces minerais sont étroitement unis à des matières terreuses, appelées *gangues*, formées par des calcaires (carbonate de chaux), de la silice, de l'argile (silicate double d'alumine et de chaux), etc.

Ces minerais sont abondants en France ; les gisements les plus importants sont ceux de Meurthe-et-Moselle (bassin de Briey) et de Normandie.

Le minerai lorrain est relativement pauvre, sa teneur en fer varie de 30 à 40 %; de plus il est phosphoreux, et nécessite un traitement spécial en vue de la déphosphoration des fontes. Le minerai normand est à teneur plus élevée en fer (45 à 55 %) ; il est fortement siliceux.

Il existe d'autres gisements en Anjou, en Bretagne et dans les Pyrénées. Ces derniers sont très riches (50 à 55 %) et sont exempts de phosphore ; une proportion de 1 à 3 % de manganèse vient encore augmenter leur valeur. Par contre, leur exploitation est difficile par suite de leur emplacement, éloigné de tout moyen de communication, et à cause de l'irrégularité des couches de minerai.

L'Algérie et la Tunisie présentent des ressources importantes en minerai de fer.

Parmi les pays étrangers, les États-Unis se placent au pre-

---

[1]. Formule chimique : Fe^2O^3.
[2]. Formule chimique : $2\ Fe^2O^3, 3\ H^2O$.
[3]. — : Fe^3O^4.
[4]. — : CO^3Fe.

mier rang comme producteur de fonte ; viennent ensuite l'Angleterre et l'Allemagne.

La France n'occupait, avant la guerre, que le 4ᵉ rang.

EXTRACTION DU FER

La métallurgie du fer repose sur la réduction de l'oxyde de fer par le charbon [1]. Cette réduction s'effectue à partir du rouge, mais on n'obtient à cette température que des particules de métal disséminées dans la gangue. Pour agglomérer le fer et le séparer de sa gangue, il faut atteindre une température très élevée ; mais alors la gangue, généralement siliceuse, donne naissance à des silicates, appelés *laitiers* ou *scories*, qu'il faudra séparer du fer obtenu.

Méthode catalane. — Si l'on chauffe du minerai de fer en contact intime avec du charbon, une partie de l'oxyde est réduit et donne du fer à peu près pur [1], tandis que l'autre partie se combine à la silice de la gangue pour former un silicate de fer [2]. Il en résulte une perte importante de métal. Ce procédé connu sous le nom de *méthode catalane* a été le premier employé. Il n'exige qu'un matériel extrêmement simple ; il suffit de disposer d'un creuset en maçonnerie et d'une soufflerie : après cinq à six heures de chauffage, le fer se rassemble pour former une masse spongieuse.

On frappe la masse ainsi obtenue au marteau pilon ou au martinet. Le silicate de fer qui constitue la scorie, étant très fusible, est resté à l'état liquide ; il est expulsé par le martelage et on obtient un lingot de fer doux.

La méthode catalane ayant un rendement peu élevé n'est presque plus employée ; les usines métallurgiques ont toutes adopté la méthode du haut-fourneau.

Méthode du haut-fourneau. — Pour éviter la perte de fer résultant de la combinaison de la gangue avec le minerai, il suffit d'ajouter au mélange un *fondant*, susceptible de s'unir à la gangue.

---

1. Réaction : $2 Fe^2O^3 + 3C = 4 Fe + 3 CO^2$.
2.   —   : $3 SiO^2 + Fe^2O^3 = (SiO^2)^3 Fe^2$.

Suivant la nature de cette gangue, on emploiera :
du carbonate de chaux ou *castine*, si la gangue est siliceuse ;
de la silice ou *erbue*, si la gangue est calcaire.

Dans les deux cas, il se formera du silicate de chaux qui constitue le *laitier* [1].

Mais la température nécessaire à la formation du silicate de chaux est très élevée et, à cette température, le carbone se combine au fer pour donner de la *fonte*. Il sera donc nécessaire d'effectuer une seconde opération pour affiner la fonte et obtenir soit du fer, soit de l'acier.

MÉTALLURGIE DE LA FONTE

La réduction du minerai, suivant la méthode que nous venons d'exposer, produit de la fonte. L'opération s'effectue dans un *haut-fourneau* (fig. 6).

Description d'un haut-fourneau. — C'est un ouvrage élevé en maçonnerie, constitué par deux troncs de cônes, en briques réfractaires, réunis par leur grande base. Le premier tronc de cône s'appelle la *cuve* et le second les *étalages*. La partie élargie ou *ventre* facilite la descente du mélange de minerai, de charbon et de fondant, qui constitue le *lit de fusion* et est introduit par le *gueulard*, ouverture supérieure du haut-fourneau. Le chargement s'effectue au moyen d'appareils spéciaux de manutention, après ouverture du *cône* métallique, qui obture normalement le gueulard.

Les produits liquides, issus des réactions mutuelles des trois corps composant le lit de fusion, sont rassemblés dans l'*ouvrage* et viennent s'accumuler dans le *creuset*. La combustion est assurée par une insufflation d'air chaud, arrivant par des *tuyères* latérales.

Au-dessous du niveau des tuyères sont pratiqués deux orifices ; l'un sert à l'évacuation du laitier en fusion qui surnage la fonte, l'autre, situé un peu plus bas, permet d'effectuer périodiquement la coulée du métal.

Coulée. — Les coulées se pratiquent environ toutes les deux heures, dans des *poches* roulantes montées sur wagonnets, lorsque

---

1. Réaction : $SiO^2 + CaO = SiO^3 Ca$.

MÉTALLURGIE DE LA FONTE

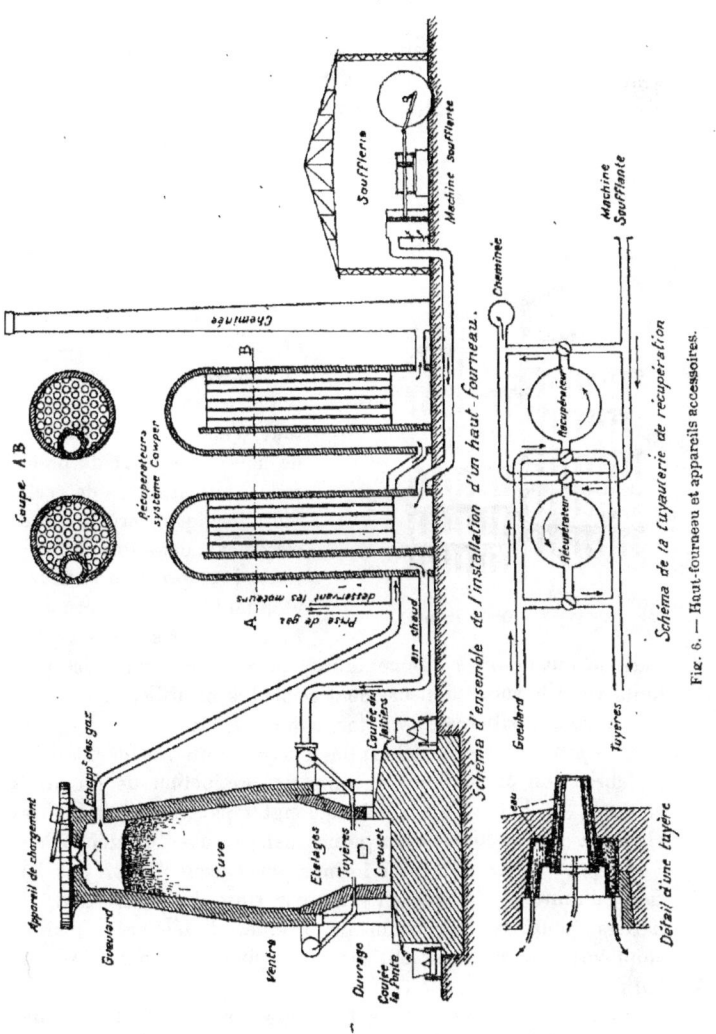

Fig. 6. — Haut-fourneau et appareils accessoires.

la fonte doit alimenter une aciérie, et toutes les 6 ou 12 heures, dans des canaux creusés dans le sol, lorsque la fonte doit être livrée en *gueuses*.

Les gueuses sont de petits lingots, pesant en moyenne 50 kilogrammes et affectant la forme générale d'un prisme droit à base rectangulaire. Les moules à gueuses sont réunis en grand nombre et forment des ramifications, reliées entre elles par des rigoles, que la fonte remplit progressivement. C'est ce qu'on appelle la coulée en *halle* (fig. 7).

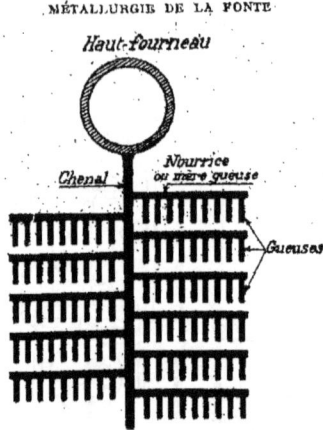

Fig. 7. — Coulée en halle.

La hauteur totale d'un haut-fourneau est passée de 10 mètres à 30 mètres.

Le combustible employé tout d'abord fut le charbon de bois. On se sert de préférence aujourd'hui de coke métallurgique, préparé spécialement dans des *fours à coke*. Les gaz combustibles, résultant de cette préparation, peuvent servir à l'éclairage de l'usine ou à l'alimentation de moteurs à gaz ; les produits volatils sont soigneusement recueillis et utilisés à diverses fabrications (matières colorantes, explosifs, etc...).

Sous-produits. — En dehors des sous-produits des fours à coke, la fabrication de la fonte entraîne la production de quantités énormes de laitier, qui pendant longtemps ont encombré les alentours des usines sidérurgiques sans trouver de débouchés. Les *crassiers*, tas immenses formés par l'accumulation des laitiers, diminuent de plus en plus, par suite de l'utilisation des laitiers pour la fabrication de briques d'excellente qualité, employées en construction, ainsi que pour la confection des ballasts, macadams, etc...

Installations accessoires. — La figure 6 représente l'ensemble d'une installation de haut-fourneau. L'air nécessaire à la combustion est envoyé sous pression aux tuyères par une *soufflerie*, qui comprend une ou plusieurs machines soufflantes, mues par des moteurs à gaz ou électriques.

Le charbon, en brûlant, produit de l'oxyde de carbone, qui réduit l'oxyde de fer en donnant du gaz carbonique [1]. Mais les gaz sortant d'un haut-fourneau contiennent encore, outre l'azote et l'acide carbonique, une certaine proportion d'oxyde de carbone qui peut atteindre 25 %.

On a cherché à utiliser le plus complètement possible les gaz de haut-fourneau et, à cet effet, on les recueille soigneusement par une tuyauterie qui prend naissance au sommet de la cuve. Comme nous l'avons dit, le gueulard est normalement fermé par un cône, qui n'est ouvert qu'au moment du chargement.

Les gaz de haut-fourneau sont employés à deux usages très différents :

1° D'une part, ils servent à chauffer l'air des souffleries, avant l'arrivée aux tuyères ;

2° D'autre part, ils servent à actionner des moteurs, dits à *gaz pauvre*, à cause de la faible proportion de gaz combustibles que renferment les gaz de haut-fourneau.

Ces moteurs peuvent commander directement les machines soufflantes et autres installations accessoires, mais le plus généralement on les groupe en une puissante station centrale électrique, qui distribue l'énergie dans toutes les parties de l'usine.

Le chauffage de l'air des souffleries s'effectue dans des *récupérateurs*, dont les plus employés sont les appareils Cowper. Ce sont des tours élevées, en maçonnerie, généralement au nombre de quatre, et remplies d'empilages en briques spéciales, dans lesquelles on fait passer *successivement* les gaz chauds et le vent destiné aux tuyères. Une tuyauterie *ad hoc*, munie de vannes, permet d'effectuer les renversements de marche des gaz. L'opération est conduite de la façon suivante : on envoie pendant une heure les gaz chauds dans trois des récupérateurs, le quatrième servant à chauffer l'air de la soufflerie. Chaque récupérateur est ainsi réchauffé pendant trois heures, puis chauffe le vent des

---

[1]. Réactions : $C + O = CO.$
$3 CO + Fe^2O^3 = 3 CO^2 + 2 Fe.$

tuyères pendant une heure. La température de l'air, à son arrivée aux tuyères, atteint 800 à 900°. Afin d'éviter une rapide détérioration des tuyères, celles-ci comportent une double enveloppe avec circulation d'eau. Il en est de même des étalages, qui sont refroidis par des canalisations en fonte, ménagées dans l'épaisseur de la maçonnerie (*water-jackets*).

Réglage de l'allure. — On peut régler l'allure de marche d'un haut-fourneau, en agissant sur le vent de la soufflerie et obtenir par ce moyen deux allures différentes :

1° *L'allure chaude*, donnant les fontes grises qui, comme nous l'avons vu au chapitre II, renferment du carbone à l'état libre ou *graphite*, en dissolution dans le métal. Le lit de fusion devra être préparé de façon à introduire dans la fonte une teneur suffisante de silicium, condition nécessaire à la séparation du carbone ;

2° *L'allure froide*, donnant les fontes blanches, où le carbone n'existe qu'à l'état de combinaison avec le fer, sous forme de *cémentite* ou carbure de fer. La teneur en silicium doit être très faible ou compensée par la présence de manganèse.

Les fontes grises conviennent tout spécialement au moulage, les fontes blanches servent à la préparation de l'acier ou du fer.

MÉTALLURGIE DU FER

Pour affiner la fonte, c'est-à-dire la décarburer et obtenir du fer pur, on a employé tout d'abord la méthode suivante, appelée *puddlage*.

Le principe de cette méthode consiste à oxyder le carbone, contenu dans la fonte, soit par le contact de l'air, soit par l'action d'oxydes de fer (battitures, minerais et scories).

L'oxydation est pratiquée à la température de fusion de la fonte ; or, le fer pur fond à une température sensiblement plus élevée. Il en résulte qu'au fur et à mesure de la formation des particules de fer, celles-ci se solidifient dans le bain de fonte liquide. On les rassemble au moyen d'un ringard pour former une boule, appelée *loupe*, qui est sortie du four.

Il suffit alors de marteler cette loupe, pour chasser les scories qu'elle renferme et souder entre elles les particules de fer. On obtient ainsi un produit, généralement très peu carburé, que l'on est convenu de désigner sous le nom de *fer*, ou, si l'on veut être plus précis, de *fer puddlé*.

Ce procédé est long et fatigant ; on l'a perfectionné en réalisant des fours à puddler où le brassage se fait mécaniquement. Les méthodes exposées ci-après permettent d'obtenir des aciers à très faible teneur de carbone, qui peuvent être substitués au fer puddlé dans tous les cas.

MÉTALLURGIE DE L'ACIER

Si l'affinage de la fonte est effectué à plus haute température que dans le procédé du puddlage, on obtient un produit fondu, dont la décarburation peut être poussée plus ou moins loin et qu'on désigne sous la dénomination générale d'*acier*.

Distinction entre le fer et l'acier. — Il résulte de cette définition, que la différence existant entre le fer et l'acier réside uniquement dans la méthode employée pour obtenir ces deux produits et non dans leur composition chimique. Il existe, en effet, des aciers extra-doux dont la teneur en carbone est aussi faible que celle du fer puddlé ordinaire ; et des fers, obtenus par puddlage dans des conditions spéciales, qui sont carburés intentionnellement en vue de la préparation d'aciers spéciaux au creuset. En définitive :

Le *fer* est obtenu par puddlage et n'a pas été fondu pendant l'affinage ; l'épuration s'est effectuée au marteau-pilon.

L'*acier*, au contraire, préparé par l'un des procédés que nous allons exposer, est un produit obtenu à l'état fondu au moment de son élaboration.

Au point de vue de leur composition chimique, on peut seulement dire que le fer contient presque toujours très peu de carbone, alors que l'acier, s'il peut être aussi peu carburé que le fer, peut également renfermer une teneur de carbone allant jusqu'à 1,6 %.

Pratiquement il est assez difficile de reconnaître le fer et l'acier. La distinction ne peut se faire qu'en examinant la texture du métal : s'il renferme des scories et présente une orientation fibreuse, c'est du fer, défini par les traces du mode opératoire qui a servi à son élaboration. Dans le cas contraire, on a affaire à de l'acier. L'attaque à l'iode ou aux acides permet de mieux déceler les scories et la texture fibreuse du fer (voir chapitre VII : Macrographie).

Acier Bessemer. — La façon la plus rapide et la plus économique de décarburer la fonte, pour obtenir de l'acier, consiste à faire traverser un bain de fonte liquide par un violent courant d'air.

L'opération s'effectue dans un appareil appelé *convertisseur* et dure de 20 à 30 minutes. L'acier obtenu est connu sous le nom d'*acier Bessemer*, du nom de l'inventeur du premier convertisseur.

MÉTALLURGIE DE L'ACIER

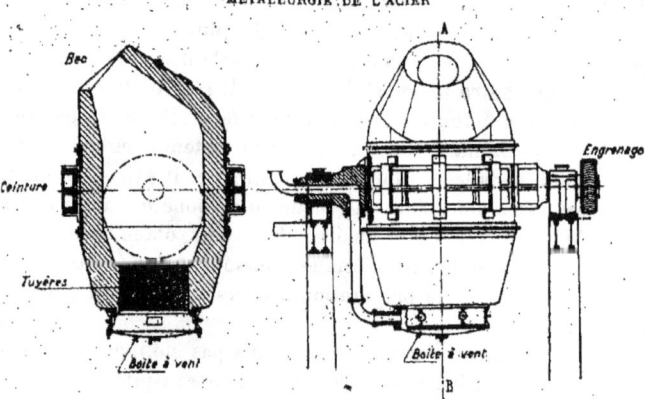

Fig. 8. — Convertisseur *Bessemer*.

Un convertisseur est une sorte de cornue en tôle, garnie intérieurement d'un revêtement réfractaire et monté sur deux pivots à axe horizontal, permettant le basculement de l'appareil (fig 8). L'un des pivots est percé d'un canal central par lequel on insuffle l'air, qui se rend ensuite dans une caisse métallique appelée *boîte à vent*.

Des tuyères verticales ou horizontales distribuent le vent à travers la masse liquide.

Les divers corps simples, que renferme la fonte, sont brûlés *successivement* par l'oxygène de l'air, dans l'ordre de leur affinité propre pour ce comburant. C'est ce qui permet de régler l'opération.

On observe à cet effet la couleur et l'allure de la flamme qui jaillit du convertisseur pendant la combustion de ces divers produits. Le chargement s'effectue en versant, dans le convertisseur incliné, la fonte liquide contenue dans une poche. Si l'aciérie est située près d'un haut-fourneau, la fonte est transportée à l'état liquide aussitôt après la coulée. Dans le cas contraire, la fonte a dû être fondue au préalable dans un *cubilot*.

Le convertisseur ayant reçu de 15 à 25 tonnes de fonte liquide, on donne le vent et on redresse l'appareil.

1re phase. — *Combustion du silicium et du manganèse.* Il s'élève du convertisseur une flamme courte et rougeâtre, qui correspond à la combustion du silicium. Il se produit de la silice qui passe dans la scorie.

Le manganèse s'oxyde à son tour et donne de l'oxyde de manganèse qui se combine à la silice formée. L'excédent de silice se combine à l'oxyde de fer et donne du silicate de fer [1].

2e phase. — *Combustion du carbone.* La flamme s'éclaircit et s'allonge graduellement. Le carbone brûle, mais sa combustion dégageant moins de chaleur que celle du silicium, on est obligé de forcer le vent. On entend un fort bouillonnement. A la fin de l'opération, la flamme diminue d'éclat et se mélange de fumées rousses, puis elle diminue brusquement de hauteur. Il faut alors arrêter l'opération; tout le carbone étant brûlé, la combustion du fer commencerait.

La fonte, à la fin de la deuxième phase, est complètement décarburée et s'est transformée en acier extra-doux.

Si l'on désire obtenir un acier carburé, on peut arrêter le soufflage avant la décarburation complète; mais la détermination exacte du degré de carburation du bain liquide est délicate et ne peut s'effectuer qu'au spectroscope, par l'observation des raies du spectre de la flamme.

Il est plus facile, pratiquement, de décarburer complètement la

---

1. Réactions : $Si + 2O = SiO^2$ $SiO^2 + MnO = SiO^3 Mn$
            $Mn + O = MnO$ $SiO^2 + FeO = SiO^3 Fe$
            $Fe + O = FeO$

fonte et de procéder à une recarburation partielle, en introduisant dans le convertisseur un poids, déterminé d'avance, de fonte de composition connue.

De toute façon, d'ailleurs, il est nécessaire d'ajouter au bain une certaine quantité de *spiegel* ou fonte fortement manganésée, pour réduire l'oxyde de fer qui s'est formé pendant le soufflage. On peut également employer à cet usage le *ferro-silicium* ou l'*aluminium*.

3e phase. — La dernière phase de l'opération consiste donc en une *addition finale* destinée à donner au bain sa composition définitive. Cette addition finale, est généralement suivie d'un soufflage de courte durée, destiné à brasser le mélange, après quoi le convertisseur est basculé et son contenu versé dans des poches.

L'opération peut être contrôlée, avant et après l'addition finale, par un prélèvement de métal au moyen d'une cuillère. On coule la prise-échantillon dans un moule, puis on forge, on trempe, on plie et enfin on casse l'éprouvette ainsi obtenue. L'aspect de la peau et la texture sur cassure de l'éprouvette suffisent, en général, comme indication aux aciéristes expérimentés.

Acier Thomas. — Le revêtement réfractaire des convertisseurs Bessemer est construit en briques et pisé siliceux. Il est impossible dans ces conditions de traiter les fontes phosphoreuses. Le phosphore ne peut, en effet, être éliminé de l'acier qu'à l'état de phosphate de chaux, qui ne peut subsister en présence de la silice.

Les gisements de minerais phosphoreux étant très importants, on a cherché le moyen d'affiner les fontes phosphoreuses, au convertisseur, en utilisant un revêtement basique. Les difficultés pratiques n'ont été vaincues que par l'application du procédé Thomas, qui consiste à employer à cet effet la *dolomie* ou carbonate double de chaux et de magnésie. Les aciers obtenus par ce procédé prennent le nom d'*aciers Thomas*.

On ajoute au début de l'opération, dans le bain fondu, une quantité importante de chaux. Dans ces conditions, le phosphore est brûlé par le soufflage et donne du phosphate de chaux.

Les phases de l'opération sont les suivantes :

1re phase. — *Combustion du silicium et du manganèse.*
2e phase. — *Combustion du carbone.*

Ces deux phases ne présentent pas de différence avec celles du procédé Bessemer.

3° phase. — *Combustion du phosphore.*

La flamme longue et brillante pendant la deuxième phase est devenue courte et rougeâtre ; lorsque tout le phosphore est brûlé, elle devient fumeuse et noirâtre.

L'instant précis, correspondant à la déphosphoration complète, est difficile à saisir. On s'aide du spectroscope et de l'examen d'éprouvettes : la cassure de l'acier phosphoreux présente un grain grossier et brillant.

On se base généralement sur le temps nécessaire à la déphosphoration, établi d'après les opérations précédentes.

4° phase. — On enlève les scories, formées pendant la troisième phase, en inclinant le convertisseur pour décrasser la surface du bain, et on procède à l'*addition finale* comme dans le procédé Bessemer.

Les scories de déphosphoration sont très recherchées comme engrais pour l'agriculture.

Acier Martin. — Les aciers obtenus au convertisseur sont d'un prix de revient peu élevé, mais d'une homogénéité très imparfaite. Les aciers de *qualité* sont obtenus par d'autres procédés, dont le plus important est le procédé Martin.

Ce procédé permet d'élaborer des aciers, dits *aciers Martin*, à très faibles teneurs en soufre et en phosphore, d'une composition chimique régulière et présentant, par suite, des caractéristiques mécaniques très élevées.

Il consiste à fondre et à traiter la fonte dans un four à réverbère à sole. La transformation s'obtient :

a) Par dilution de la fonte au moyen de déchets d'acier : vieilles ferrailles, chutes de lingots, riblons divers.

La teneur de carbone est ramenée ainsi au pourcentage voulu.

b) Par l'addition de minerai à un lit de fonte : le carbone de la fonte est réduit par l'oxygène du minerai.

c) Par l'action des gaz de chauffage du four sur la fonte ; on règle à cet effet la combustion en allure oxydante.

La capacité des fours Martin est beaucoup plus grande que celle des convertisseurs, elle atteint jusqu'à 60 tonnes. La sole est constituée par un revêtement réfractaire, soit en briques siliceuses (*procédé acide*), pour les fontes non phosphoreuses, soit en dolomie (*procédé basique*), pour les fontes phosphoreuses.

Le chauffage s'effectue au moyen de gazogènes analogues à ceux dont nous parlerons au chapitre des traitements thermiques. L'air secondaire est réchauffé dans des récupérateurs placés sous le four et par des renversements de marche identiques à ceux des hauts-fourneaux. La figure 9 représente un four Martin et donne le détail des carneaux et des vannes de renversement.

On peut également utiliser des brûleurs au pétrole, lorsque ce liquide peut être obtenu à bon marché.

L'opération dure de 5 à 10 heures ; on peut donc surveiller les diverses phases de l'opération tout à loisir et n'effectuer la coulée que lorsqu'on est sûr du produit obtenu.

Les phases de l'affinage au four Martin sont les suivantes :

1re phase. — *Fusion*. Elle s'opère en allure oxydante pour commencer la décarburation et gagner du temps.

2e phase. — *Affinage*. Les réactions dépendent du procédé employé. L'oxydation des divers corps simples : silicium, phosphore, carbone, se poursuit ici presque simultanément. Le bain se recouvre d'une couche de scories. La fin du bouillonnement indique que l'affinage est terminé. On prélève alors des éprouvettes que l'on casse pour examiner la texture sur cassure.

3e phase. — *Addition finale*. Suivant les résultats obtenus et vérifiés au moyen d'éprouvettes, on déterminera la composition de l'addition finale, qui comporte toujours des corps désoxydants : spiegel, ferro-silicium, aluminium et des composés carburants, si l'on veut obtenir des aciers durs ou mi-durs.

On décrasse le bain, on procède à l'addition finale et on élève la température du bain, pour faciliter la coulée, en se plaçant en allure réductrice ou neutre. Avant la coulée, on prélève une dernière éprouvette de vérification.

Acier électrique. — L'électricité peut être utilisée au chauffage des produits destinés à l'élaboration de l'acier ; elle n'intervient pas, dans ce cas, comme agent chimique.

La composition de la charge est la même que dans l'affinage au four Martin.

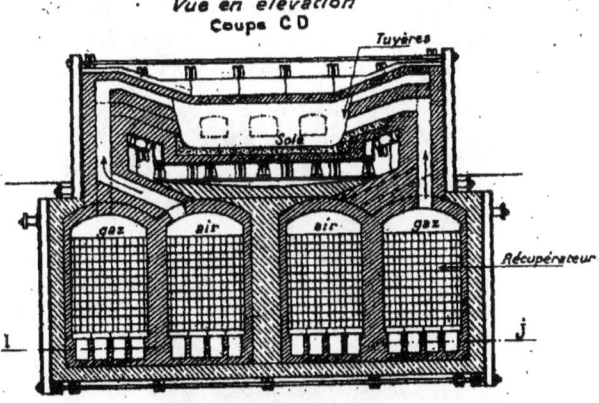

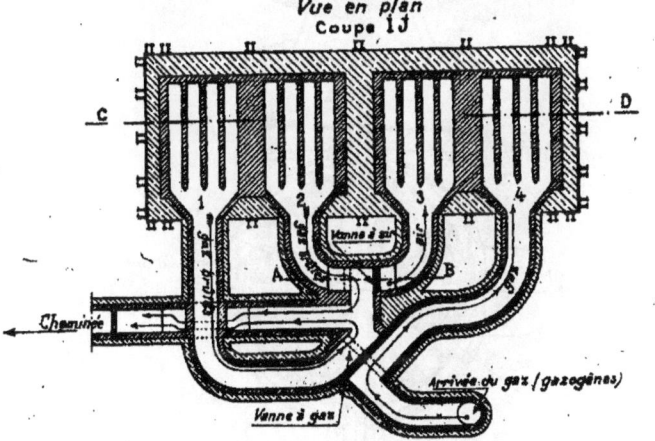

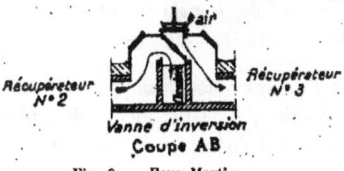

Fig. 9. — Four Martin.

Le four électrique se compose (fig. 10) d'un creuset en tôle d'acier, revêtu d'un garnissage réfractaire, acide ou basique, suivant que la fonte est ou non phosphoreuse. La paroi supérieure est traversée par une ou plusieurs électrodes en charbon agglo-

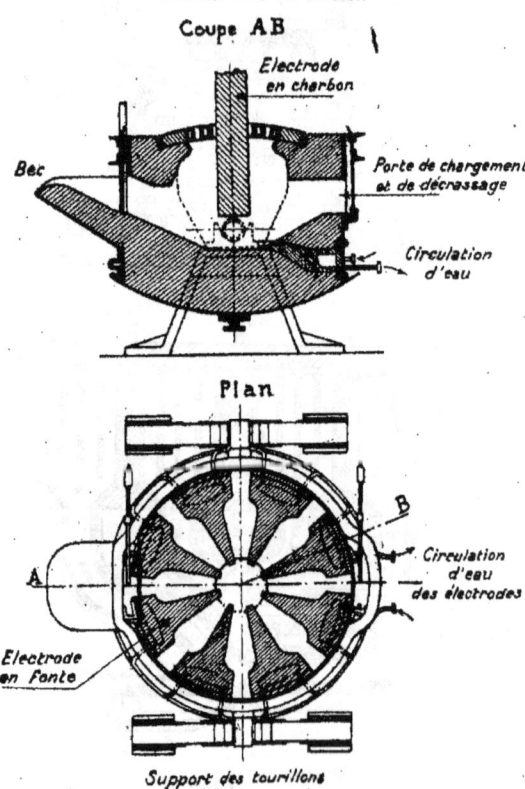

Fig. 10. — Four électrique Girod.

méré, reliées à l'un des pôles d'une génératrice électrique. L'autre pôle est relié : soit à d'autres électrodes, placées parallèlement aux premières, soit à des plots en fer pur, noyés dans la sole du four et refroidis par une circulation d'eau (four Girod). Le creuset peut basculer pour faciliter le chargement et la coulée. La capacité des fours varie de 10 à 30 tonnes. Ils marchent en général sous 60 volts et consomment de 500 à 2.000 kilowatts.

Les fours électriques ne peuvent être utilisés que si l'énergie électrique est fournie à un prix de revient très réduit; il est par suite nécessaire de disposer d'une chute d'eau puissante, actionnant une usine hydroélectrique. L'utilisation de la houille blanche pour la fabrication de l'acier a suivi une progression très rapide depuis quelques années.

L'acier obtenu par ce procédé est aussi homogène que celui que donne le four Martin; il est souvent désigné sous le nom d'*acier électrique*.

Acier au creuset. — Avant l'apparition du four Martin et du four électrique, les aciers fins étaient obtenus uniquement par le procédé dit *au creuset*.

Ce procédé consiste à fondre dans des creusets réfractaires, pouvant contenir de 30 à 60 kilogrs de métal, un mélange, en proportions convenables, de riblons d'acier de diverses teneurs et de produits d'addition (spiegel, ferro-silicium, etc.).

L'*acier fondu* était primitivement fabriqué par ce procédé. On partait du fer puddlé, carburé par une lente cémentation, et on le fondait dans des creusets. Actuellement, ce procédé est réservé à la fabrication des aciers spéciaux ou extra-fins. Il est beaucoup moins économique que le procédé Martin ou le four électrique, mais il permet un dosage rigoureux et l'acier obtenu est particulièrement homogène, car les pièces de grandes dimensions ne peuvent être obtenues qu'en versant le contenu de nombreux creusets dans un moule ou une lingotière. On obtient ainsi un brassage énergique qui assure l'homogénéité du mélange.

Les fours à creusets sont chauffés directement au coke ou par des gazogènes, avec ou sans récupérateurs. Les creusets, disposés suivant une ou plusieurs rangées, au nombre de 20 à 40, sont placés soit sur une sole, soit dans une fosse recouverte de dalles réfractaires.

Au moment de la coulée, on ouvre les portes du four ou on soulève les dalles, et les ouvriers peuvent venir saisir facilement les creusets, pour aller les déverser dans les moules ou les lingotières.

Les aciers spéciaux s'obtiennent par des additions de *ferro-chrome*, *ferro-nickel*, *ferro-tungstène*, effectuées en général peu de temps avant la coulée. Le calcul de la composition de la charge est fait d'après l'analyse complète de tous les éléments de cette charge ; on est ainsi assuré d'avoir une composition finale très précise.

Lingots. — Quel que soit le procédé employé, l'acier est coulé, soit dans des lingotières, soit directement dans des moules (*acier coulé*).

Les lingotières sont des récipients en forme de tronc de pyramide, à base carrée ou octogonale, dans lesquels l'acier refroidit lentement après la coulée. Il se produit alors un phénomène appelé *ségrégation*, qui consiste dans la séparation des divers produits étrangers que renferme toujours l'acier : les gaz se rassemblent à la partie supérieure et forment des soufflures. Les corps de forte densité se rassemblent au contraire à la base du lingot. Enfin, pendant le refroidissement, le métal se contracte et comme la couche externe du lingot se solidifie la première, au contact des parois de la lingotière, il se forme un vide central appelé *retassure*. Les phénomènes de ségrégation et de retrait du métal obligent à couper la tête et la base du lingot de façon à n'utiliser que la partie saine.

La *chute de tête* doit renfermer toute la retassure, elle est beaucoup plus importante que la *chute de pied*.

La nécessité de pratiquer ces deux chutes entraîne une perte importante de métal, que l'on a cherché à réduire le plus possible.

Les procédés les plus employés pour remplir ce but sont :

1° *La coulée en masselotte* (fig. 11), qui consiste à surmonter la lingotière d'un moule en terre réfractaire, de section réduite, dans lequel se logera la retassure. Le poids de la chute de tête sera réduit par suite de la diminution de section ainsi réalisée.

2° *Le procédé à la presse* (fig. 12) qui consiste à comprimer énergiquement le lingot pendant sa solidification. La lingotière est montée sur un chariot roulant et peut être transportée entre deux presses hydrauliques. L'une de ces presses exerce sa pression, pendant la fin du refroidissement, au moyen d'un piston compresseur qui agit à la partie inférieure du lingot. L'autre presse sert au démoulage ; l'extraction est facilitée par la forme évasée de la lingotière.

MÉTALLURGIE DE L'ACIER

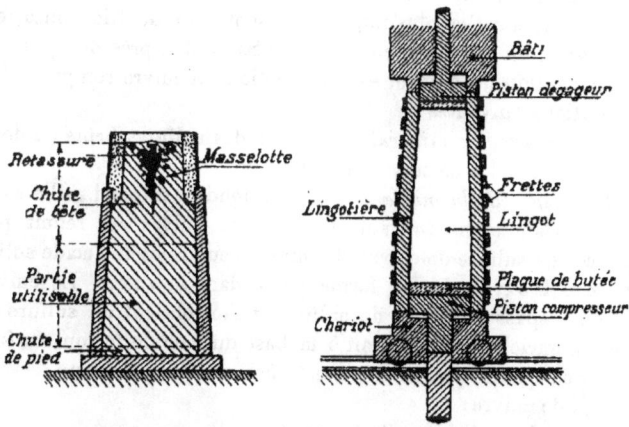

Fig. 11. — Coulée en masselotte.   Fig. 12. — Compression des lingots.

Démoulage. — Les lingots doivent d'ailleurs toujours être démoulés mécaniquement : les appareils qui refoulent le lingot sont à manœuvre électrique ou hydraulique ; on les appelle *strippers*. Après décollement complet du lingot, on soulève la lingotière au moyen d'une grue ou d'un pont roulant.

B. — MÉTALLURGIE DES MÉTAUX AUTRES QUE LES DÉRIVÉS DU FER

MÉTALLURGIE DU CUIVRE

Le cuivre se rencontre dans la nature à l'état natif. C'est le premier métal que l'homme ait mis en œuvre pour la confection d'armes et d'instruments divers.

Minerais. — En dehors du cuivre natif, les minerais de cuivre sont :

La *cuprite* ou oxyde de cuivre [1].

La *malachite* et l'*azurite*, qui sont des carbonates de cuivre [2].

La *chalcopyrite*, le plus abondant des minerais de cuivre. C'est un sulfure de cuivre mélangé de sulfure de fer [3].

Les minerais les plus importants sont ceux du Rio Tinto, en Espagne ; on en trouve en France, à Saint-Bel, près de Lyon.

Extraction du cuivre. — L'extraction du cuivre comprend les opérations suivantes :

1° *Grillage du minerai* : le soufre des sulfures brûle en donnant des oxydes de cuivre et de fer [4] ;

2° *Fusion de la matte bronze* : on fond le minerai grillé avec du charbon et un fondant. L'oxyde de cuivre est réduit par l'excès de sulfure de cuivre et donne du cuivre et de l'acide sulfureux [5]. L'oxyde de fer formé passe dans la scorie. Le cuivre réduit repasse à l'état de sulfure et l'on obtient un sulfure de cuivre enrichi, qui se réunit à la base du four de fusion, en formant ce qu'on appelle une *matte bronze*. Elle renferme de 30 à 40 % de cuivre ;

3° *Grillage de la matte bronze* ;

4° *Fusion de la matte blanche* :

On reprend les mêmes opérations que précédemment et on obtient un sous-sulfure appelé *matte blanche*, qui renferme de 70 à 80 % de cuivre ;

5° *Grillage de la matte blanche* ;

6° *Fusion du cuivre* :

La même série d'opérations est reprise une dernière fois et donne du cuivre.

Comme on le voit par ce rapide exposé, les réactions qui donnent naissance au cuivre sont assez complexes ; par contre, les appareils où s'opère cette série de grillages et de fusions sont très simples. Ce sont des fours à réverbère (fig. 13), construits en maçonnerie et chauffés directement au charbon. La voûte est courbe et s'infléchit pour rabattre les flammes vers la sole où

---

1. Formule chimique : CuO.
2. — CO^3Cu
3. — CuS, FeS.
4. Réaction : $CuS + 3O = CuO + SO^2$.
5. — $2 CuO + CuS = SO^2 + 3 Cu$.

sont traités successivement : le minerai, la matte bronze et la matte blanche.

Le *cuivre brut* ainsi obtenu est noir et doit être raffiné par fusion.

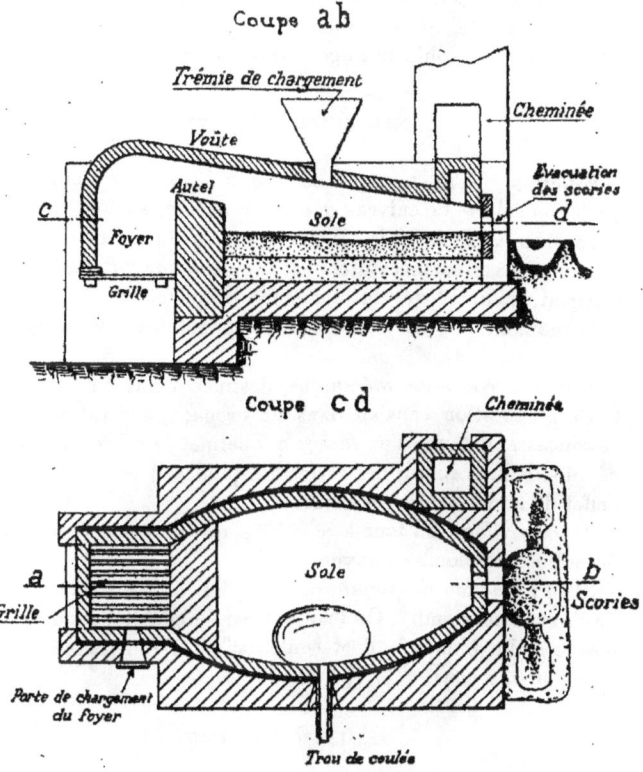

Fig. 13. — Four à réverbère.

On obtient plus rapidement le cuivre par le *procédé au convertisseur*, en soumettant la matte bronze à un courant d'air. L'appareil employé est analogue au convertisseur Bessemer, mais les tuyères sont obligatoirement horizontales et débouchent latéralement un peu au-dessus du fond du convertisseur.

Enfin on obtient également le cuivre industriellement par l'électrolyse. On dispose, comme anodes, les *mattes bronze* fondues, dans un bain formé par un sel de cuivre en dissolution. Le cuivre se dépose sur la cathode, tandis que l'anode se dissout.

Le cuivre obtenu par ce procédé est particulièrement pur et prend le nom de *cuivre électrolytique*.

Le cuivre est coulé en lingots appelés *saumons*.

MÉTALLURGIE DU PLOMB

Minerais. — Le minerai de plomb le plus répandu est la *galène* ou sulfure de cuivre [1] que l'on rencontre surtout en Angleterre et aux États-Unis. Il en existe quelques gisements en France. Ces minerais contiennent toujours une faible proportion d'argent, qu'on sépare du plomb par coupellation.

Traitement. — Le traitement comprend les opérations suivantes :

1° *une préparation mécanique*, destinée à enrichir le minerai. Cette préparation consiste dans un *broyage*, effectué au moyen de concasseurs, suivi d'un *lavage* qui permet de séparer le minerai de plomb, très lourd, des terres auxquelles il est mélangé, par l'effet de la différence des densités ;

2° *un grillage*, au four à réverbère, qui transforme une partie du sulfure de plomb en oxyde ;

3° *la réduction du plomb*, par réaction mutuelle du sulfure et de l'oxyde de plomb [2]. On l'obtient par simple élévation de température. Le plomb fond et coule dans des lingotières où il se prend en *saumons*.

MÉTALLURGIE DU ZINC

Il existe deux minerais de zinc exploitables :
1° la *blende* ou sulfure de zinc [3] ;
2° la *calamine* ou carbonate de zinc [4].

---

1. Formule chimique : PbS.
2. Réaction : $PbS + 2\,PbO = SO^2 + 3\,Pb$.
3. Formule chimique : ZnS.
4. — $CO^3 Zn$.

— 85 —

Le traitement de la blende suit la marche générale déjà indiquée à propos de la métallurgie du plomb : grillage et réduction. Le *grillage* est effectué dans des fours à moufle et on poursuit l'opération jusqu'à oxydation complète de tout le sulfure. La *réduction* s'opère dans des cornues, en terre réfractaire, en mélangeant du charbon au minerai grillé [1].

On ne peut employer les fours à réverbère à cause de la grande volatilité du zinc.

La calamine est calcinée dans des fours à cuve, puis l'oxyde de zinc obtenu [2] est réduit par le charbon dans des fours à cornues, comme dans le cas de la blende.

MÉTALLURGIE DE L'ÉTAIN

Le seul minerai d'étain exploité est la *cassitérite* ou bioxyde d'étain [3] mélangé de sulfures divers.

On grille le minerai pour oxyder les sulfures, puis on le sépare de sa gangue par un broyage suivi d'un lavage ; l'oxyde d'étain ainsi enrichi est réduit par le charbon, dans un four à manche [4]. La combustion est activée par le vent d'une tuyère. L'étain fond et est coulé en *saumons*.

MÉTALLURGIE DE L'ALUMINIUM

Le principal minerai d'aluminium est la *bauxite*, très répandue en France, principalement dans le département du Var. Il est formé par de l'alumine hydratée [5], colorée en rouge, par de l'oxyde de fer, et contenant environ 8 % de silice.

On emploie également la *cryolithe*, fluorure double d'aluminium et de sodium [6], qui constitue un fondant indispensable au traitement de la bauxite.

Le procédé industriel de préparation de l'aluminium, qui a

---

1. Réaction : $2\,ZnO + C = 2\,Zn + CO^2$.
2. — $CO^3Zn = CO^2 + ZnO$.
3. Formule chimique : SnO^2.
4. Réaction : $SnO^2 + C = Sn + CO^2$.
5. Formule chimique : Al^2O^3, H^2O.
6. — $Al^2Fl^6 + 6\,NaF$.

permis l'emploi de ce métal, grâce à un abaissement considérable du prix de revient, est la réduction au *four électrique*.

Les fours employés sont très différents de ceux qui servent à la préparation de l'acier, car ici l'électricité agit à la fois comme *agent thermique*, en fournissant la chaleur nécessaire à la fusion du minerai et comme *agent réducteur*, en électrolysant l'alumine dont les éléments sont dissociés : l'aluminium se porte sur la cathode et l'oxygène sur l'anode.

Les fours sont constitués par une cuve en tôle, protégée par un revêtement en charbon aggloméré qui forme la cathode et qui est reliée, par suite, au pôle négatif de la source électrique. L'anode, reliée au pôle positif, est formée par un faisceau de cylindres en charbon aggloméré.

La bauxite est traitée préalablement par le carbonate de soude ou la soude caustique pour séparer le fer, puis par le gaz acide carbonique pour éliminer le silice. L'alumine pure ainsi obtenue est calcinée au rouge.

On commence par fondre un mélange de fluorures (cryolithe, fluorure d'aluminium, fluorure de calcium) au moyen de l'arc électrique, puis on projette l'alumine en poudre dans le bain liquide ainsi formé. L'alumine se dissout ; il se forme de l'aluminium, qui s'accumule dans la cuve formant la cathode ; on le recueille périodiquement par un trou de coulée. L'oxygène se rend au pôle positif, formé par les cylindres de charbon ; ceux-ci sont brûlés et leur remplacement constitue une source de dépense importante dans la fabrication de l'aluminium. La température nécessaire à la dissociation ne dépasse pas 800°, le voltage nécessaire est de 8 volts.

CHAPITRE IV

MÉTALLOGRAPHIE

Les caractéristiques mécaniques d'un métal ne dépendent pas seulement, ainsi que nous l'avons dit au chapitre Ier, de sa composition chimique, mais également de sa structure interne, c'est-à-dire du groupement relatif des molécules qui le constituent.

La structure interne d'un métal, de composition chimique déterminée, peut être modifiée :

Par certains traitements mécaniques : tréfilage, étirage, matriçage, vibrations ;

Par certains traitements thermiques : trempe, recuit et revenu.

Par certains traitements à la fois mécaniques et thermiques : forgeage, laminage.

Pour apprécier un métal en connaissance de cause, il ne suffit donc pas de déterminer sa composition, mais il faut de plus connaître son état, qui dépend de sa structure interne.

La *métallographie* est l'étude de la structure interne des métaux.

Les variations que peut subir l'arrangement moléculaire des métaux sont de deux sortes :

A. — Les unes sont visibles à l'œil nu ou mieux à la loupe ; elles s'apprécient très facilement par la grosseur du *grain* du métal, qu'on mettra en évidence en rompant une barre de ce métal et en examinant la cassure produite.

B. — Les autres ne sont décelables qu'avec l'aide du microscope et font plus spécialement l'objet de la *métallographie microscopique*.

A. — GRAIN DES MÉTAUX

Pendant longtemps l'aspect des cassures a servi de critérium pour l'appréciation de la ténacité et de la fragilité des métaux.

On distinguait les cassures à *nerf* et les cassures à *grain* ; les premières caractérisant les fers fins, les secondes les fers de moins bonne qualité. Cette distinction n'a plus de valeur aujourd'hui, un même acier pouvant avoir une cassure à nerf ou à grain suivant les procédés employés pour pratiquer la cassure.

Mais la grosseur du grain reste un indice certain de la ténacité et de la fragilité des métaux.

Ces deux caractéristiques, surtout la fragilité, augmentent en général avec la grosseur du grain.

On doit donc chercher à obtenir des métaux à grain aussi fin que possible.

Or la grosseur du grain des métaux augmente sous les influences suivantes :

1° Chauffage prolongé à température trop élevée ;
2° Écrouissage ;
3° Vibrations.

1. Influence de la température de chauffage sur le grain du métal.

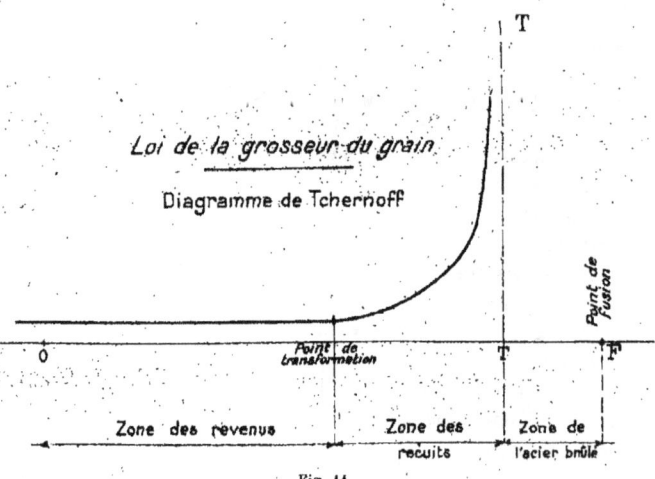

Fig. 14

Le métallurgiste russe TCHERNOFF a étudié l'effet des températures élevées sur la structure interne des aciers. Si l'on chauffe un acier au delà de son point de transformation, à chaque température correspond une grosseur de grain, d'autant plus grande que la température est plus élevée, mais qui demande un certain temps pour se propager dans toute la masse de la pièce considérée.

Au delà d'une certaine température T, voisine du point de fusion, l'acier se désagrège; on dit qu'il est *brûlé*.

Au-dessous du point de transformation, la grosseur du grain est indépendante de la température du chauffage.

Le diagramme ci-contre résume ces résultats (fig. 14).

La courbe figure la *grosseur du grain*, les ordonnées étant proportionnelles à ses dimensions et les abcisses aux températures de chauffe.

Il paraît donc avantageux de forger l'acier à aussi basse température que possible; mais pour les pièces de dimensions importantes, on serait conduit dans ces conditions à exercer des efforts considérables, car la plasticité du métal diminue rapidement avec la température.

Pratiquement, on se trouve souvent obligé de maintenir pendant longtemps les pièces de forge à haute température; le métal devient par suite fragile, et exige une régénération, destinée à affiner le grain.

A cet effet on laisse refroidir le métal après l'opération de forgeage, puis on le recuit très légèrement au-dessus du point de transformation.

La grosseur du grain dépend uniquement de la température *maxima* atteinte au cours de la dernière opération de chauffage. Il ne suffirait donc pas de refroidir l'acier après forgeage et de le maintenir, même pendant longtemps, à une température correspondant à un grain fin, si l'on n'est pas descendu au préalable au-dessous du point de transformation.

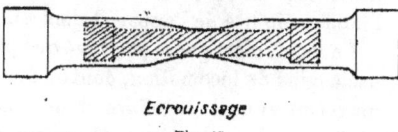

Écrouissage
Fig. 15

2. Écrouissage. — Toute déformation permanente modifie la structure interne des métaux; on constate que la grosseur du grain a augmenté.

Prenons un barreau cylindrique (figure 15) et exerçons un effort de traction susceptible de produire un allongement permanent, sans aller toutefois jusqu'à la rupture. La section sera réduite dans la partie médiane du barreau.

Découpons un nouveau barreau de diamètre égal à celui de la section rétrécie et soumettons ce barreau à un effort de traction. Nous constaterons que la charge de rupture est notablement supérieure à celle du barreau primitif. L'aspect de la cassure montre que le grain est devenu plus gros : le métal est dit *écroui*.

La plupart des opérations de façonnage à chaud ou à froid : forgeage, laminage, étirage, poinçonnage, emboutissage, etc... écrouissent le métal.

Comme dans le cas précédent, on peut rendre au métal une structure à grain fin, et diminuer de ce fait sa fragilité, par un recuit à une température très légèrement supérieure au point de transformation. C'est l'opération dite de *régénération* du métal.

3. **Vibrations.** — Il a été constaté depuis longtemps que les organes de machines soumis à des vibrations, devenaient fragiles et se rompaient au bout d'un temps plus ou moins long. Les essieux de wagons et d'automobiles, par exemple, sont sujets à cet effet mécanique. On constate, au moment de la rupture, que le grain du métal est devenu très gros ; on dit que l'acier a *cristallisé*.

Les vibrations transforment peu à peu la structure interne et les grains fins initiaux, se groupant ensemble, forment de gros grains qui rendent le métal fragile.

On peut rendre au métal ses qualités premières par un recuit, mais l'opération est le plus souvent malaisée, car elle exige le démontage des pièces soumises aux vibrations, ce qui entraîne l'indisponibilité de l'appareil dont elles font partie.

Le recuit n'est guère employé que pour les tuyautages en cuivre des engins de locomotion, dont on évite la rupture prématurée par un recuit annuel, le cuivre étant sensible tout comme l'acier à l'influence des vibrations. Ce recuit est suivi d'une immersion dans l'eau froide, le cuivre ne prenant pas la trempe, afin d'arrêter toute tendance à la cristallisation pendant le refroidissement.

B. — MÉTALLOGRAPHIE MICROSCOPIQUE

Les grains des métaux sont des solides cristallins, de forme irrégulière, qu'on appelle *dendrites*, dont les dimensions sont assez grandes pour être visibles à l'œil nu.

Pour se rendre compte de la constitution interne d'un métal, on a recours à l'examen micrographique d'une section de métal, soigneusement polie, de façon à faire disparaître les aspérités de l'ordre de grandeur des grains.

Les constituants sont mis en évidence : soit par une attaque chimique (iode, acide picrique), soit par un polissage prolongé, qui produit des bosses et des creux, par suite de la différence de dureté des constituants du métal.

Cette méthode a permis de distinguer trois états types de l'acier :

1° Les aciers chauffés au delà d'une certaine température, appelée *point de transformation*, qui dépend de leur teneur en carbone, ont une texture homogène ; on admet que les constituants de l'acier sont dissous l'un dans l'autre et forment une solution solide ;

2° Ces mêmes aciers, refroidis *lentement* à la température ordinaire (*aciers recuits*), présentent au contraire une texture cristalline ; on admet que les constituants de l'acier forment un agrégat, en parties variables, d'éléments divers, qui dépendent de la composition du métal considéré ;

3° Si on refroidit *brusquement* un acier, après l'avoir porté à une température suffisante pour faire entrer ses constituants en solution solide (*aciers trempés*), on obtient une texture homogène caractérisée par de fines aiguilles orientées suivant plusieurs directions.

Constituants des aciers. — Le fer forme avec le carbone une seule combinaison définie, c'est le carbure de fer : Fe^3C, auquel on a donné le nom de *cémentite*, parce qu'il caractérise la couche carburée des aciers cémentés. S'il y a excès de fer, on a un second constituant, le fer pur, auquel on donne le nom de *ferrite*. Ces deux constituants peuvent se dissoudre l'un dans l'autre à partir d'une certaine température, pour former une solution solide appelée *austénite*.

La teneur en carbone des aciers est très faible, en sorte qu'on ne se trouve jamais en présence d'un excès de carbone libre, c'est-à-dire de *graphite*. Ce constituant n'existe que dans les fontes.

La ferrite et la cémentite peuvent former un mélange eutectique solide, ou *eutectoïde*, auquel on a donné le nom de *perlite* et qui a la composition suivante :

>Ferrite : 6 parties.
>Cémentite : 1 partie.

ce qui correspond dans l'ensemble à une proportion de carbone de 0,85 %.

Un acier contenant exactement cette proportion de carbone et refroidi lentement, est donc composé uniquement de perlite, qui se présente sous forme de fines lamelles juxtaposées (figure 19, planche I, page 97).

Chauffée au delà de 700°, la cémentite se dissout dans la ferrite et forme une solution solide, l'*austénite*.

L'austénite se présente au microscope sous l'aspect d'un constituant uniforme, divisé en polyèdres plus ou moins fins (figure 22), lorsque le grossissement est suffisant (250 diamètres). Cet aspect est tout à fait analogue à celui qu'offre la ferrite (figure 21), qui compose, sans mélange appréciable de cémentite, les aciers extra-doux établis en vue de la construction des tôles de dynamos.

Considérons un acier *hypoeutectoïde*, c'est-à-dire contenant moins de 0,85 % de carbone et portons-le à une température suffisante pour obtenir une solution solide. Si on laisse refroidir lentement cet acier, il se produira un phénomène analogue à celui de la liquation.

La ferrite cristallisera tout d'abord, jusqu'à ce que la solution solide restante arrive à la composition de l'eutectoïde (perlite). A ce moment la masse cristallisera brusquement. L'aspect micrographique d'un tel acier est un conglomérat, formé par des amas de perlite, noyés dans le constituant en excès : la ferrite (figure 18).

Un acier *hypereutectoïde*, c'est-à-dire contenant plus de 0,85 %

de carbone, donnerait, dans les mêmes conditions, un aspect analogue, mais le constituant en excès serait alors la cémentite (figure 20).

Si au contraire, on refroidit brusquement un acier, par l'opération de la trempe, les constituants ne peuvent se séparer et demeurent réunis sous forme d'aiguilles enchevêtrées ; on a alors la *martensite* (figure 23). La solution solide, ou *austénite*, ne peut être conservée sans altération, par la trempe, que dans certains aciers, intransformables à la température ordinaire, par suite de leur forte teneur en nickel ou en manganèse.

C'est qu'il existe en réalité deux points de transformation : l'un à l'*échauffement*, l'autre au *refroidissement*, qui peuvent correspondre à des températures très différentes. L'écart de ces températures critiques dépend : d'une part, de la vitesse de refroidissement, d'autre part, de la composition chimique de l'acier. Le nickel et le manganèse abaissent le point de transformation au refroidissement, le manganèse agissant de façon plus active que le nickel.

La trempe augmente la résistance et la dureté des aciers, mais en même temps, elle diminue leur résilience et leur allongement. Le magnétisme suit une loi analogue à celles des caractéristiques mécaniques, en sorte qu'il existe également un point de transformation au magnétisme, qui correspond à une température variable avec la composition des aciers. Cette température est en général différente de celle qui correspond au changement des caractéristiques mécaniques.

Points critiques ou de transformation. — On détermine les *points critiques* des aciers au moyen de diverses méthodes, basées sur la variation brusque des propriétés du métal chauffé ou refroidi. Les plus employées sont les suivantes :

1° *Appareil Saladin*. — Cet appareil a pour but la mesure du dégagement de chaleur, qui accompagne la transformation des aciers. On chauffe, dans un même four électrique, un bloc de platine et un bloc de l'acier à étudier, puis on laisse refroidir lentement l'appareil. La température de chaque bloc est mesurée au moyen d'un pyromètre électrique. On fait réfléchir successivement un rayon lumineux sur les miroirs de deux galvanomètres dont l'un est relié au pyromètre du bloc de platine et l'autre monté en série avec les pyromètres des deux blocs. Le bloc de platine se refroidit régulièrement puisque ce métal est homogène et ne comporte pas de point critique. Les déviations du premier galvanomètre sont donc proportionnelles à la température ; celles du second galvanomètre indiquent uniquement les différences de température existant à chaque instant entre les deux blocs ; elles correspondent par conséquent aux dégagements de chaleur interne du bloc d'acier. On enregistre photographiquement ces déviations sous formes de courbes dont les ordonnées sont proportionnelles aux températures et les abcisses aux effets thermiques dus aux transformations internes de l'acier.

2° *Mesure des dilatations*. — La dilatation d'un acier subit une variation brusque lorsqu'on atteint les températures qui correspondent aux points de transformation. Cette variation est due à la contraction résultant de la dissolution des constituants du métal. En enregistrant photographiquement les dilatations d'une barre d'acier, on peut donc déterminer les points critiques.

3° *Résistivité*. — Il en est de même pour la résistance électrique des aciers. Si l'on mesure cette résistance au moyen d'un galvanomètre à miroir on pourra enregistrer photographiquement les variations brusques correspondant aux points critiques.

4° *Magnétisme*. — Les points de transformation relatifs aux propriétés magnétiques ne coïncident pas avec les précédents. On peut les déterminer facilement en constatant l'absence de toute attraction sous l'action d'un électro-aimant.

Revenu. — Si l'on chauffe un acier au-dessous de son point de transformation, traitement thermique appelé *revenu*, on modifie la structure interne des aciers, en groupant les constituants sous des aspects variés, auxquels on a donné les noms de : *sorbite*, *osmondite* et *troostite*.

La *sorbite* (figure 26) est la texture normale des aciers revenus.

La *troostite* (figure 24) correspond à une trempe incomplète, comme celle qui se produit à l'intérieur des grosses pièces trempées ; par suite de la chaleur conservée au cœur de ces pièces, il se produit un très faible revenu. La troostite se forme également lorsqu'on trempe un acier à trop basse température.

L'*osmondite* (figure 25) correspond à un revenu intermédiaire entre la sorbite et la troostite.

— 95 —

Le revenu diminue la fragilité des aciers, mais au détriment de leur dureté et de leur résistance. La variation de ces caractéristiques augmente avec la température du revenu.

Diagramme de Roozeboom. — Traçons la courbe de dilatation d'un acier extra-doux, en fonction des températures ; cette courbe présentera trois paliers a, b, c (figure 16), qui correspondent aux points critiques. Un acier mi-dur n'en présente que deux et un acier dur, un seul ; nous allons en voir la raison.

Établissons la courbe des points de transformation des aciers en fonction de leur teneur en carbone.

Nous obtiendrons le diagramme, dit de Roozeboom, représenté figure 17.

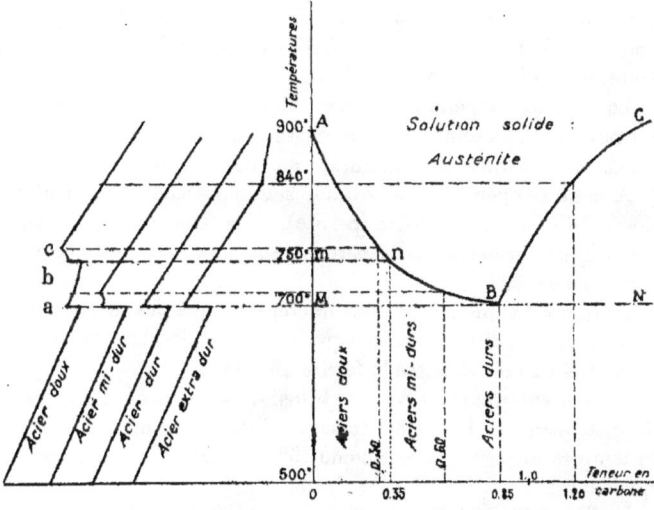

Fig. 16. — Courbes de dilatation.   Fig. 17. — Diagramme de Roozeboom.

Le premier point de transformation (a) est le même pour tous les aciers, il correspond à la température de séparation de la perlite.

Le point de transformation le plus élevé (c) correspond à la dissolution complète des constituants : ferrite et cémentite, l'un dans l'autre, pour former l'austénite.

La courbe A B C représente le lieu de ces points de transformation.

Enfin le point de transformation intermédiaire (b) correspond à la disparition du magnétisme : il est donné par la ligne brisée m n B C. On voit que cette ligne se confond avec la courbe A B C à partir du point n, correspondant à l'acier mi-doux contenant 0,35 % de carbone. C'est ce qui explique pourquoi ces aciers ne présentent que deux points critiques. Pour les aciers durs voisins de l'eutectoïde, les trois températures critiques se confondent et donnent un seul point de transformation.

Voyons, pour chaque nuance d'acier, les transformations subies sous l'effet d'un abaissement de température.

1° *Acier hypoeutectoïde*. — Tant que l'acier est à une température supérieure au point de transformation (c), donné par la courbe A B, les constituants : ferrite et cémentite forment une solution solide, l'austénite.

Lorsque la température descend au-dessous du point de transformation (c), la solution solide laisse déposer du fer et s'enrichit en carbone jusqu'à la température de 700°.

A cette température, la solution solide possède exactement la composition de l'eutectoïde (perlite). Si la température continue à s'abaisser, la perlite se sépare brusquement, en entraînant la ferrite en excès.

La figure 18 montre l'aspect micrographique des aciers hypoeutectoïdes recuits, après attaque à l'acide picrique, qui colore la perlite en noir et laisse la ferrite en blanc.

2° *Acier eutectoïde*. — Aucune transformation ne s'opère jusqu'à 700°, la ferrite et la cémentite sont à l'état de solution solide. A la température critique unique de 700°, la perlite se dépose brusquement.

La figure 19 montre l'aspect micrographique d'un acier eutectoïde recuit, attaqué à l'acide picrique. C'est un ensemble grisâtre, formé de lamelles juxtaposées.

3° *Acier hypereutectoïde*. — Au-dessus du point de transformation donné par la courbe B C, la cémentite et la ferrite sont à l'état de solution solide.

Au-dessous du point de transformation (c), la cémentite se dépose et la solution solide s'enrichit en fer jusqu'à la tempéra-

CONSTITUANTS DES MÉTAUX

Planche I

ACIERS. *Attaque* : Acide picrique.

Fig. 18
ACIER HYPOEUTECTOÏDE
(doux : C = 0,3 %)
Constituants { ferrite : fond blanc
perlite : taches noires

Fig. 19
ACIER EUTECTOÏDE
(dur : C = 0,85 %)
Constituant : perlite ; fond gris

Fig. 20
ACIER HYPEREUTECTOÏDE
(extra-dur : C = 1,2 %)
Constituants { perlite : fond noir
cémentite : aiguilles blanches

FONTES. *Attaque* : Polissage en bas relief.

Fig. 27
FONTE BLANCHE
Constituants : cémentite et perlite ;
fond gris

Fig. 28
FONTE GRISE
Constituants { cémentite et perlite :
fond gris
graphite : aiguilles noires

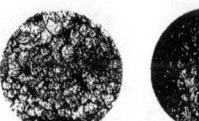
Fig. 21
ACIER DOUBLE EXTRA DOUX
(C = 0,1 %)
Constituant : ferrite

Fig. 22
ACIER À OUTILS
(trempé à l'air)
Constituant : austénite

Fig. 23
ACIER MI-DUR
(trempé à l'eau)
Constituant : martensite

BRONZES. *Attaque* : Chlorure de cuivre ammoniacal.

Fig. 29
BRONZE ORDINAIRE (85-15)
Constituants { a : taches brun foncé
b : fond blanc

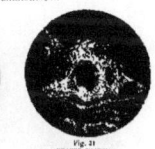
Fig. 30
BRONZE PHOSPHOREUX
Constituants { a : plages noires
b : fond blanc

Fig. 31
BRONZE MARTELÉ
Constituants { a : plages noires
b : fond blanc

MÉTAUX POUR COUSSINETS. *Attaque* : Polissage en bas relief.

Fig. 24
ACIER TREMPÉ
à temp. basse température
Constituant : troostite

Fig. 25
ACIER AU NICKEL-CHROME
trempé à l'huile à 800°, revenu à 400°
Constituant : osmondite

Fig. 26
ACIER NI-RICH
Trempé à l'eau à 850°, revenu à 650°
Constituant : sorbite

Fig. 32
BRONZE FERRIN (90-10)
Cristaux tendres : taches noires
Ciment dur : fond blanc

Fig. 33
ANTIFRICTION (plomb, antim., cuiv.)
Cristaux durs : taches blanches
Ciment plastique : fond noir

ture de 700°. A cette température, la solution solide a exactement la composition de l'eutectoïde (perlite).

En continuant le refroidissement, la perlite se dépose brusquement, en entraînant la cémentite en excès.

La figure 20 montre l'aspect micrographique d'un acier hypereutectoïde recuit, attaqué à l'acide picrique, qui colore la perlite en faisant ressortir la cémentite en fines aiguilles blanches.

On voit, par ces considérations, l'analogie complète des aciers avec les alliages formant des mélanges eutectiques.

La solution solide de ferrite et de cémentite commence à se former à 700°; elle n'est complète que lorsqu'on a atteint le point de transformation correspondant à la courbe A B C.

Conséquences pratiques : Pour tremper ou recuire un acier, il faut le chauffer au-dessus du point de transformation donné par la courbe A B C. Le diagramme de Roozeboom montre que cette température est plus basse pour les aciers durs que pour les aciers doux.

L'opération du revenu devra toujours être effectuée au-dessous de 700°.

La courbe des points de transformation (b), correspondant à la cessation du magnétisme, coïncide avec celle des points critiques (c) pour les aciers mi-durs et durs; on peut donc songer à déterminer les points de transformation, correspondant à une trempe correcte, en approchant un aimant de l'acier soumis au chauffage. Ce procédé n'est malheureusement pas d'un emploi commode, ni susceptible d'une grande précision ; c'est pourquoi il n'est pas employé.

Constituants des fontes. — Les fontes renferment les mêmes constituants que l'acier : *ferrite* et *cémentite*, mais le carbone peut de plus exister à l'état libre, c'est-à-dire sous forme de *graphite*, les fontes ayant une teneur en carbone supérieure à celle des aciers durs.

La proportion de cémentite sera supérieure à celle qui correspond à l'eutectoïde et on aura par suite toujours un agglomérat de perlite et de cémentite en excès.

Dans les fontes blanches, qu'on obtient grâce à un refroidissement rapide, tout le carbone se trouve à l'état de combinaison avec le fer, sous forme de cémentite. Au contraire, pendant le refroidissement lent qui donne naissance aux fontes grises, le carbone peut se séparer sous forme de graphite. Un polissage prolongé suffit à mettre en évidence le graphite des fontes grises (figure 28). Les fontes blanches présentent dans les mêmes conditions un aspect mamelonné, où les creux correspondent à la perlite et les bosses à la cémentite, celle-ci étant beaucoup plus dure que l'eutectoïde (figure 27). En résumé, les fontes blanches contiennent uniquement de la perlite et de la cémentite en excès, les fontes grises contiennent de la perlite, de la cémentite et du graphite libre.

Constituants des bronzes. — Le cuivre et l'étain forment un composé défini, de formule Cu^4Sn, qui correspond à une teneur de 38.4 % d'étain ; il existe donc seul dans le bronze ayant cette composition. Mais le cuivre et l'étain se dissolvent également l'un dans l'autre et forment une solution qu'on désigne par la lettre α et qui est saturée pour la teneur de 8 % d'étain. La solution α et le composé Cu^4Sn, appelé constituant η, forment un eutectoïde qui correspond à la teneur de 25 % d'étain et qu'on appelle constituant δ.

On trouve donc dans les bronzes recuits, suivant leur teneur en étain :

de 0 à 8 % — un seul constituant : solution α ;
de 8 à 25 % — deux constituants : solution α et eutectoïde δ ;
de 25 à 32 % — deux constituants : eutectoïde δ et composé η.

L'eutectoïde δ est décomposé par la chaleur vers 600° en deux constituants β et γ.

Si l'on trempe les bronzes à cette température, on fixe ces deux constituants qui caractérisent les bronzes trempés.

Les bronzes mécaniques tendres (82-18 à 84-16) prennent donc la trempe comme les aciers, mais cette propriété est peu utilisée industriellement. Il est à remarquer que la trempe augmente l'allongement des bronzes, c'est-à-dire les rend plus malléables à l'inverse de ce qui se produit pour les aciers.

La figure 29 montre l'aspect présenté par un bronze à 18 % d'étain, après attaque par le chlorure de cuivre ammoniacal.

Le constituant α est coloré en brun foncé, le constituant δ prend une coloration bleutée.

La comparaison des surfaces ainsi colorées permet à un œil exercé de déterminer la composition des bronzes, entre 75 et 92 % de cuivre, à 1 % près.

Le plomb, le phosphore et le silicium sont facilement mis en évidence par des réactifs appropriés (chlorure cuivreux ammoniacal et picrate de soude).

Le plomb donne après attaque des taches noires.

Le phosphore et le silicium ne sont attaqués par aucun réactif et donnent : le premier des points blancs, le second des plaques grisâtres. L'aspect des échantillons est très caractéristique (figures 30 et 31) et permet seul de reconnaître les bronzes phosphoreux ou siliceux, la teneur extrêmement faible du phosphore et du silicium, dans ces bronzes, rendant très difficile le dosage par voie chimique.

Constituants des laitons. — Les constituants des laitons sont analogues à ceux des bronzes, le zinc remplaçant l'étain.

La solution solide de zinc et de cuivre, appelée constituant α, correspond à la teneur 33 % de zinc.

La solution β correspond à la teneur 48 % de zinc.

La solution γ correspond à la teneur 60 % de zinc.

Le chlorure de cuivre ammoniacal colore la solution β en noir et laisse la solution α très légèrement colorée en jaune. Le rapport des surfaces ainsi teintées peut servir à fixer le titre du laiton ; l'égalité des aires correspond au titre 58 %.

Constituants des alliages industriels. — Les constituants sont ici très nombreux, et nous ne saurions les énumérer sans sortir du but de cet ouvrage. D'ailleurs leur étude n'offre guère d'intérêt qu'au point de vue spéculatif et n'a pas encore rencontré d'application pratique.

CHAPITRE V

TRAITEMENTS THERMIQUES

Les traitements thermiques sont d'une importance capitale au point de vue industriel puisque, ainsi que nous l'avons vu au chapitre précédent, ils donnent aux métaux des caractéristiques nouvelles, en changeant leur structure interne.

L'exécution correcte des traitements thermiques repose sur la connaissance des *points de transformation*. C'est pourquoi nous avons tenu à exposer les notions essentielles de métallographie, qui permettent seules de se rendre compte des conditions dans lesquelles se passent les phénomènes de trempe, recuit, et revenu.

Nous ne parlerons que du traitement des aciers ; les fontes et les bronzes étant rarement trempés et les autres métaux n'étant jamais traités dans la pratique.

Nous traiterons d'abord de la trempe, du recuit et du revenu qui sont les seuls traitements thermiques proprement dits. La cémentation comporte, en dehors du traitement thermique, un traitement chimique qui modifie la composition finale du métal ; nous l'étudierons à part.

GÉNÉRALITÉS

L'opération de la trempe consiste à chauffer un acier à une température supérieure à celle qui correspond à la fin de la transformation à l'échauffement (point de transformation : c), de façon à obtenir une solution solide des divers constituants du métal (austénite), puis à le refroidir brusquement de façon à gêner la séparation des éléments constitutifs de l'acier : ferrite et cémentite.

On cherche par ce moyen à maintenir à froid la structure interne que le métal possède à chaud. On n'y parvient jamais entièrement, comme nous l'avons vu au chapitre précédent, mais le refroidissement brusque tend à produire une augmentation de volume, par suite de la séparation partielle des éléments constitutifs de l'acier, qui commence dès qu'on descend au-dessous du point de transformation.

Cette dilatation, se produisant à une température où le métal ne possède plus la malléabilité qu'il offre aux températures élevées, produit une compression interne des molécules qui se traduit par une augmentation de dureté. De plus, les molécules sont maintenus ainsi dans un état d'équilibre instable qui rend le métal fragile et qui tend à se modifier sous diverses influences : vibration, chocs répétés, etc. C'est pourquoi l'acier trempé n'est pas indiqué pour la construction de pièces soumises à ces influences.

En général, on peut admettre que la trempe augmente la dureté et par suite la résistance de l'acier, mais diminue sa résilience et son allongement. Il devient plus tenace, mais en même temps plus fragile.

Nous avons vu que le point de transformation au refroidissement était toujours inférieur au point de transformation à l'échauffement.

La différence de température de ces deux points critiques dépend :

1° Dans une très faible mesure, de la température à laquelle l'acier a été chauffé; on peut dans la pratique négliger cette influence ;

2° De la rapidité avec laquelle le refroidissement est opéré ;

3° De la présence de certains métaux ; le nickel et le manganèse sont les plus actifs à ce point de vue.

On devra donc, pour les aciers au carbone, opérer un refroidissement brusque, en plongeant l'acier dans l'eau par exemple, afin d'abaisser le point de transformation au refroidissement. Au contraire, pour les aciers contenant une proportion importante de nickel ou de manganèse, la rapidité du refroidissement n'est pas nécessaire et influe peu sur le résultat obtenu. Nous avons dit que dans ce cas, le métal prenait la même dureté par trempe à l'huile ou à l'eau. Au delà d'un certain pourcentage de nickel ou de manganèse, la trempe à l'air suffit à donner les mêmes caractéristiques que la trempe à l'eau. Enfin le point de transformation peut être abaissé au point d'exiger l'emploi de l'air liquide pour réaliser la trempe et dans certains cas l'acier devient intransformable, même par ce procédé.

L'opération du revenu consiste à chauffer l'acier, trempé au préalable, à une température inférieure à celle qui correspond au début de la transformation à l'échauffement (point de transformation : a), c'est-à-dire 700°, pour la plupart des aciers.

Le revenu a pour but d'atténuer les effets de la trempe au point de vue de la fragilité ; la dureté et la résistance des aciers revenus diminuent en général d'autant plus que la température de revenu est plus élevée, la résilience et l'allongement varient en sens inverse. Mais les variations de ces caractéristiques mécaniques dépendent également de la composition chimique des aciers.

Les usines métallurgiques établissent pour chaque nuance d'acier les *courbes caractéristiques* de la charge de rupture, de la résilience et de l'allongement en fonction des températures de revenu.

Les figures 35, 36 et 37 réunissent les courbes caractéristiques de quelques aciers au carbone, au nickel et au nickel-chrome. Suivant l'application que l'on a en vue, on pourra choisir la température de revenu qui concilie une dureté suffisante avec une résilience acceptable, ou bien on adoptera la température donnant le maximum de résilience, etc.

Méthode pratique pour la détermination des points de transformation :

Si cependant on possédait un métal, sans avoir de renseignements précis sur sa température de trempe correcte, on pourrait la déterminer par le moyen suivant :

Prélever un certain nombre d'échantillons identiques et les tremper à des températures voisines de la température probable de trempe et différant entre elles de 25°. Biller ces échantillons (voir chapitre VIII) pour déterminer leur résistance et tracer la courbe des chiffres ainsi obtenus. Cette courbe, régulière tant qu'on n'aura pas atteint la température de trempe, passera par un maximum qui correspondra au point de transformation à l'échauffement de l'acier considéré (fig. 34).

L'**opération du recuit** est un revenu poussé au delà du point de transformation supérieur à l'échauffement : c, suivi d'un refroidis-

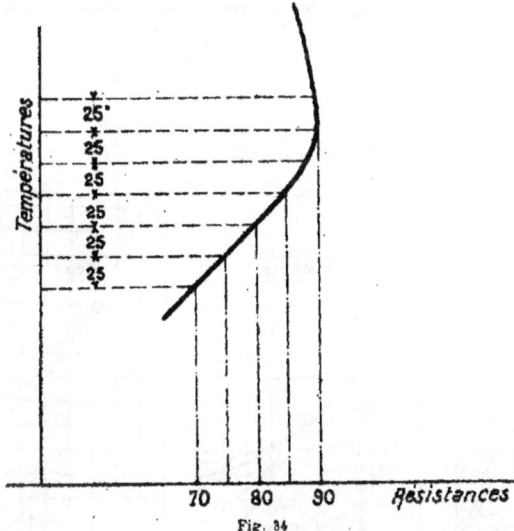

Fig. 34

sement suffisamment lent pour permettre la séparation complète des éléments constitutifs de l'acier. La vitesse de refroidissement variera beaucoup suivant la composition des aciers.

Elle pourra être relativement rapide pour les aciers doux au carbone et correspondra à une véritable trempe à l'air. Elle devra être beaucoup plus lente pour les aciers mi-durs et durs, et surtout pour les aciers au nickel et au manganèse.

Enfin pour les aciers qui trempent à l'air, on ne peut arriver à diminuer leur dureté, de façon à permettre l'usinage sans une usure très rapide des outils, que par un traitement appelé *adoucissement*.

C'est un revenu, poussé à son maximum, en chauffant l'acier légèrement au-dessous de son point de transformation inférieur à l'échauffement. Si en effet, on venait à le dépasser, le refroi-

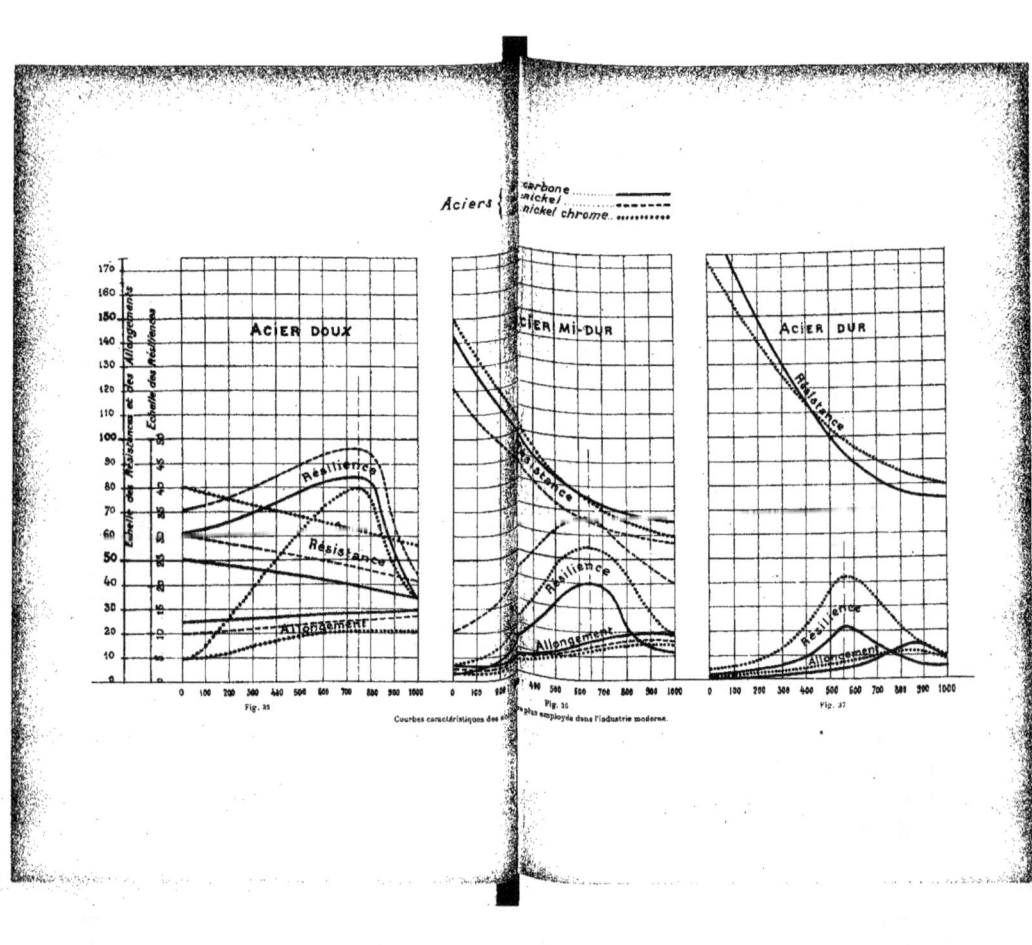

Courbes caractéristiques des aciers plus employés dans l'industrie moderne.

— 106 —

dissement provoquerait la trempe, quelle que soit la lenteur de l'opération.

Les courbes de la figure 38 mettent ce fait en évidence : la courbe de résistance qui donne aussi la dureté, monte brusquement dès qu'on dépasse la température de 650°, qui correspond au point de transformation inférieur à l'échauffement. Le minimum de dureté est donc atteint pour une température légèrement inférieure à ce point critique.

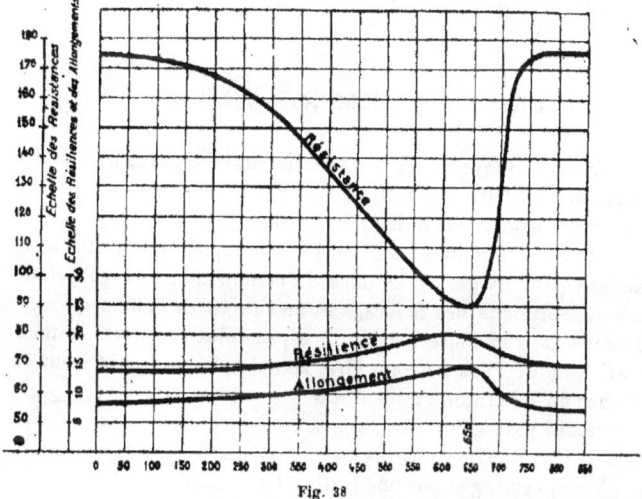

Fig. 38

Ces généralités étant établies, nous allons exposer en détail comment on effectue les opérations de trempe, de revenu et de recuit. Chacun de ces traitements thermiques comprend deux opérations distinctes :

1° *Chauffage.*
2° *Refroidissement.*

Les conditions essentielles à observer pour réussir ces opérations sont :

a) effectuer le traitement thermique à une température rigoureusement exacte ;
b) effectuer chaque opération à une vitesse convenable.

Ces deux facteurs dépendent : d'une part de la nature de l'acier, d'autre part des caractéristiques que l'on désire obtenir.

Quel que soit le traitement à effectuer, le chauffage s'opère toujours dans des *fours* ; nous étudierons donc tout d'abord ceux qui sont le plus employé industriellement.

D'autre part, la connaissance exacte des températures étant primordiale, nous décrirons les instruments et les procédés qui permettent la *mesure des températures*.

Les appareils étant connus, nous pourrons exposer les détails opératoires de leur emploi dans la pratique de chacun des traitements thermiques.

FOURS A TRAITEMENTS THERMIQUES

Les fours employés pour les traitements thermiques peuvent être classés en deux catégories :

Les *fours à flammes* et les *fours à bain*.

Les **fours à flammes** sont ceux où les pièces à traiter sont chauffées par des gaz enflammés, la combustion des gaz étant produite, soit dans des foyers, soit au moyen de brûleurs.

Les pièces sont placées dans un espace clos qui porte le nom de *laboratoire*. Elles peuvent être, soit simplement posées sur le plancher du laboratoire appelé *sole* — les fours sont alors dits : *fours à sole* — soit protégées contre l'action chimique des gaz par une sorte de caisse en terre réfractaire appelée *moufle* (fig. 39) — on appelle ces fours des *fours à moufle*.

Fig. 39. — Moufle.

Les **fours à bain** sont ceux où les pièces sont plongées dans un corps maintenu en fusion par un chauffage approprié.

Nous allons passer en revue successivement les fours de ces deux catégories.

I. — FOURS A FLAMMES.

1° **Feu de forge.** — Les outils à main : burins, mèches, bédanes..., peuvent être chauffés simplement dans un feu de forge. Mais ce procédé se prête mal à l'appréciation de la température des pièces. De plus, il répartit inégalement la chaleur, lorsque les pièces sont volumineuses. On peut régulariser le chauffage et soustraire les outils au contact des gaz, en les plaçant dans un tube de fer, servant de moufle.

Le chauffage au feu de forge n'est acceptable que pour les aciers au carbone, dont le traitement thermique est peu délicat, et pour les outils ou les pièces de formes simples et régulières. Il est à rejeter pour les outils de forme : fraises, tarauds, etc..., ainsi que pour les pièces volumineuses ou en acier spécial.

2° **Fours à gaz d'éclairage.** — Les fours de petites dimensions sont généralement chauffés au gaz d'éclairage, plus rarement au

Fig. 40. — Four à chambres superposées chauffé au gaz.

Fig. 41. — Four à traitements thermiques chauffé au gaz.

gaz pauvre. Ils peuvent être à sole ou à moufle et comportent souvent la possibilité d'employer l'un ou l'autre de ces modes de chauffage. Il suffit pour cela de rendre le moufle amovible.

Ces fours sont constitués par une caisse en tôlerie, revêtue intérieurement de terre réfractaire et chauffée par deux ou plusieurs brûleurs recevant à la fois du gaz d'éclairage et de l'air. En augmentant la pression de l'air par un ventilateur, on obtient les hautes températures (1200°) nécessaires au chauffage des outils en acier rapide qui, comme nous l'avons vu, doivent être portés aux environs de leur point de fusion.

D'une façon générale, les fours à gaz sont particulièrement désignés pour le traitement des outils, qu'ils soient en acier au carbone ou en acier spécial. Ils permettent un réglage précis et rapide de la température et répartissent uniformément la chaleur surtout si on fait usage du moufle. La figure 40 représente un four à gaz d'un type très répandu pour le traitement des outils en acier rapide.

Il existe également des fours à gaz d'éclairage de plus grandes dimensions, pouvant servir au traitement thermique de pièces quelconques (fig. 41). Les dispositions du laboratoire sont alors identiques à celles des fours à grille que nous allons étudier.

3° **Fours à grille**. — Ces fours sont construits en maçonnerie et peuvent avoir de très grandes dimensions ; ce sont presque toujours des fours à sole. Ils sont en général garnis extérieurement de plaques de fonte ou de tôleries pour diminuer le rayonnement et mieux conserver la chaleur. Le chauffage s'effectue au moyen d'un certain nombre de foyers à grille. Les flammes arrivent à une extrémité du laboratoire et sortent à l'autre extrémité pour gagner la cheminée. Il en résulte que la température de la sole est plus élevée du côté du foyer qu'au voisinage du carneau de fumée.

Le laboratoire peut comporter une ou plusieurs chambres juxtaposées ; des portes garnies de terre réfractaire et équilibrées par un contrepoids permettent l'introduction des pièces dans le four. En disposant une porte à chaque extrémité de la *sole*, on réalise le type de four dit : *roulant* ou *continu* (fig. 42).

Les pièces sont introduites par la porte la plus éloignée du foyer et poussées peu à peu vers l'autre porte au fur et à mesure que leur température augmente. On obtient par ce moyen un chauffage progressif tout en augmentant la capacité de production du four.

Un autre dispositif consiste à faire tourner la sole autour

d'un axe vertical ; la sole est alors circulaire et actionnée très lentement au moyen d'un moteur électrique. La vitesse de rota-

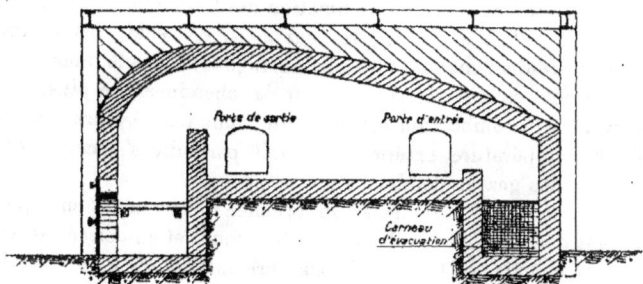

Fig. 42. — Four roulant à grille et à sole fixe.

tion est calculée de façon à porter les pièces à la température voulue pendant un tour complet de la sole. Ces fours sont appelés *fours tournants*.

Lorsque les pièces sont très lourdes, on a avantage à rendre la *sole mobile* en la montant sur des roues (fig. 36, page 113). Dès que les pièces ont atteint la température voulue, on fait rouler la sole sur des rails, jusque sous une grue ou un pont roulant qui permet une manutention facile des pièces. Le chargement se fait dans les mêmes conditions de facilité et on rentre la sole dans le four.

Les fours à grille sont des fours très imparfaits qui présentent de nombreux inconvénients.

Nous avons vu qu'ils ne donnent pas une température égale en tous les points de la sole. Par ailleurs, le réglage de la température se fait en agissant sur le tirage de la cheminée au moyen d'un papillon ; on ne peut, par ce moyen, faire varier rapidement l'allure de combustion et par suite la température du four. Il en résulte des pertes de temps lorsqu'on passe d'une nuance d'acier à une autre nuance, ou d'une opération de trempe à une opération de revenu par exemple. Enfin, les flammes étant constituées par des gaz incomplètement brûlés, contiennent des hydrocarbures qui peuvent agir chimiquement sur la surface des pièces.

Ces fours sont employés surtout pour les opérations de cémentation ou de recuit, ils peuvent à la rigueur servir pour la trempe et le revenu, mais on doit leur préférer pour cet usage les fours à gazogène.

Récupération. — La consommation des fours que nous venons d'étudier est très élevée ; les gaz sont, en effet, insuffisamment refroidis pendant leur court passage à travers le laboratoire et sortent encore très chauds par la cheminée. De plus, l'air servant à la combustion est introduit à une température voisine de la température extérieure et doit par suite s'échauffer aux dépens des gaz en combustion.

On a cherché à remédier au premier inconvénient en superposant deux chambres dans un même four, et en faisant servir les gaz chauds, sortant de la chambre inférieure, à chauffer la chambre supérieure (fig. 40, page 108). La chambre inférieure sert alors aux opérations de trempe, recuit ou cémentation, et la chambre supérieure aux opérations de revenu. On peut aussi, avec ces fours, chauffer les pièces en deux fois, en les faisant passer, d'abord dans la chambre supérieure, puis dans la chambre inférieure. Mais cette disposition ne peut s'appliquer qu'aux fours de faibles dimensions sous peine de nécessiter des engins spéciaux de manutention pour amener les pièces au niveau de la sole supérieure.

Dans certains fours à grille, on fait passer les gaz brûlés sous la sole, en sens inverse de leur premier parcours avant de les évacuer dans la cheminée.

Le meilleur procédé pour augmenter le rendement calorifique des fours consiste à utiliser les gaz chauds sortant du laboratoire au chauffage de l'air servant à la combustion. On remédie ainsi aux deux inconvénients que nous avons signalés. C'est le principe

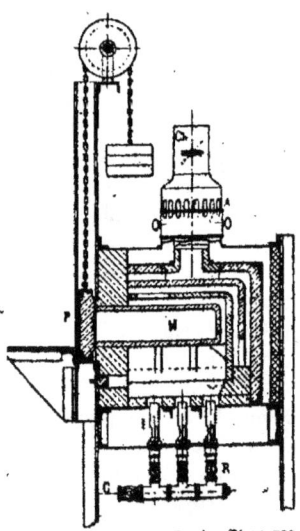

Fig. 43. — Four à moufle chauffé au gaz à récupérateur.

de la *récupération*, qui est appliqué dans la plupart des fours à gazogène mais qu'on peut également appliquer aux fours à grilles ou à gaz d'éclairage, en faisant circuler l'air et les gaz brûlés en sens inverses dans des canaux appropriés (fig. 43).

4° **Fours à gazogène**. — Pour avoir un rendement élevé du combustible, il faut brûler complètement les gaz produits par la combustion. Or la proportion d'air qui assure un tirage convenable du foyer est insuffisante pour brûler complètement les gaz produits. On est donc conduit à introduire une certaine quantité d'air supplémentaire dans le mélange gazeux sortant du foyer. La réalisation de ce principe est obtenue par les fours à gazogène. Ces fours comportent :

1° Une batterie de gazogènes, où le combustible est brûlé progressivement, pendant sa chute lente le long d'une grille inclinée. L'air nécessaire à la combustion ou *air primaire* est admis sous la grille et peut être réglé en ouvrant plus ou moins les portes du cendrier ;

2° Un four en maçonnerie, à sole ou à moufle, chauffé par des brûleurs rangés côte à côte, suivant la longueur du four et de chaque côté du laboratoire. En arrivant aux brûleurs, les gaz sont mélangés à une nouvelle quantité d'air, appelée *air secondaire*, qui assure une combustion complète. Le volume d'air secondaire arrivant aux brûleurs est réglé par des vannes spéciales. Les gaz brûlés s'échappent à une des extrémités du four et sont évacués vers la cheminée.

Pour augmenter le rendement des brûleurs, on récupère la plus grande partie de la chaleur que possèdent les gaz à leur sortie du laboratoire, en les utilisant pour chauffer l'air secondaire. On emploie à cet effet des *récupérateurs*, constitués par des empilages de briques en terre réfractaire, de forme spéciale, qui permettent de faire passer les gaz suivant des canaux verticaux et l'air secondaire suivant des canaux horizontaux (fig. 44 et 45). La consommation de combustible se trouve ainsi très réduite. Les fours à gazogène, outre qu'ils sont économiques, permettent de brûler toutes sortes de combustibles : anthracite, coke, etc. ; ils assurent un réglage précis et rapide de la température, puisqu'on peut agir directement sur les flammes, au moyen de l'air secondaire et des brûleurs ; on peut de plus modifier le

FOURS À GAZOGÈNE

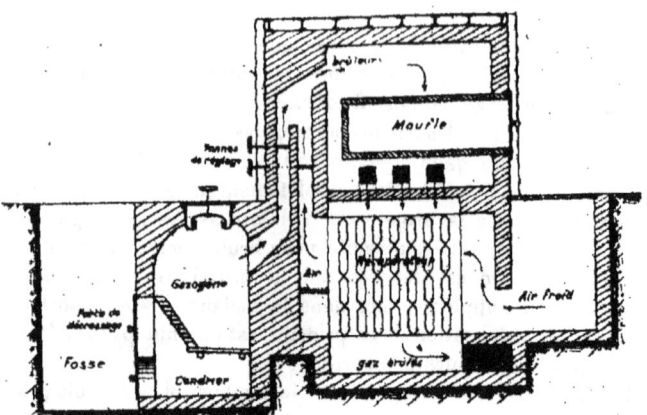

Fig. 44. — Four à moufle, à gazogène accolé et à récupérateur.

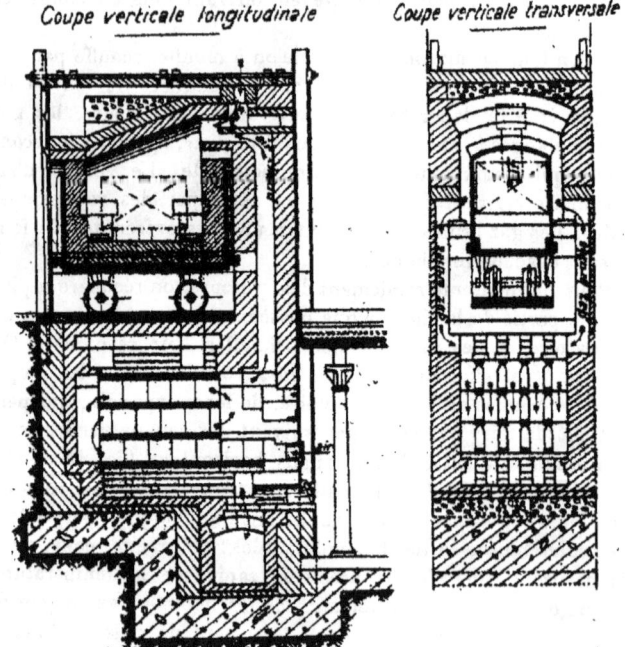

Fig. 45. — Four à sole mobile, à gazogène séparé et à récupérateur.

tirage et l'ouverture des cendriers pour l'admission de l'air primaire. Grâce à ces facilités de réglage, on peut obtenir une atmosphère neutre en même temps qu'une température constante et uniforme.

Les gazogènes peuvent être accolés au four (fig. 44), ou être établis en dehors du four (fig. 45). Dans ce cas, une batterie de gazogènes peut desservir plusieurs fours placés en des endroits différents.

Les fours à gazogène, de même que les fours à grille, peuvent être à sole mobile, à fonctionnement continu (four roulant ou four tournant), etc...

EN RÉSUMÉ, les fours de grandes dimensions employés pour les traitements thermiques peuvent comporter :

Au point de vue du chauffage :

— Des foyers à grille ou des gazogènes, ceux-ci pouvant être accolés ou séparés ;

— Des récupérateurs à empilages, à carneaux, à tuyauterie ; etc... ou de simples conduits d'évacuation des gaz brûlés ;

Au point de vue du laboratoire :

— Des moufles ou une sole, celle-ci pouvant être fixe, mobile, tournante, etc. ;

— Une ou plusieurs chambres accolées.

II. — FOURS A BAIN.

Les fours à bain comportent en principe :

1° Un récipient, contenant le corps en fusion dans lequel on plonge les pièces à traiter. Celles-ci sont placées sur des supports spéciaux, appropriés aux formes et aux dimensions des pièces ;

2° Un appareil de chauffage, destiné à fournir la chaleur nécessaire pour amener et maintenir en fusion le corps choisi pour le traitement thermique.

Bains. — Les corps employés pour constituer les bains varient avec la température à laquelle doit s'effectuer le traitement.

POUR LES REVENUS on emploie :

1° *L'huile de colza* jusqu'à 300°. La température peut être mesurée avec un thermomètre ordinaire à mercure ;

2° *Le plomb* de 350° à 650° ;

3° Un mélange d'*azotates de sodium et de potassium*.

On obtient, suivant les proportions du mélange, des températures de fusion variant de 280° à 335°; mais on peut chauffer ces sels sans inconvénient jusque vers 550°.

4° Un mélange de *chlorures de sodium et de potassium* ou de *baryum*. Les températures de fusion varient de 500 à 600°; on peut alors chauffer jusqu'à 650°, température maxima des revenus.

Pour la trempe et le recuit, on emploie :

1° Le *plomb* jusqu'à 900°; le point d'ébullition étant aux environs de 1000°, on aura à subir une perte appréciable de plomb pendant l'opération.

On évitera l'oxydation en recouvrant la surface du bain d'une couche de charbon de bois pulvérisé.

2° Un mélange de *chlorures de sodium et de potassium* ou de *baryum* jusqu'à 1000°. Toutefois, au delà de 800°, ces sels décarburent assez rapidement la surface des pièces.

Le bain de plomb a l'avantage de chauffer rapidement les pièces, à cause de sa grande conductibilité; il n'a aucune action chimique sur les aciers. Par contre, sa grande densité rend le four d'un maniement difficile et il n'est pas économique pour les opérations de trempe, à cause de son point d'ébullition relativement peu élevé.

Les bains de sels sont d'un emploi économique et commode jusqu'à 800°. Au delà de cette température, leur emploi est limité aux petites pièces, qui s'échauffent rapidement.

Les bains d'huile ne peuvent servir qu'à basse température.

Chauffage. — Le chauffage peut être effectué :

1° Au gaz d'éclairage, au gaz pauvre ou au goudron de houille au moyen de brûleurs appropriés. C'est le cas général pour les bains de sels et d'huile (fig. 46 et 47);

2° Au charbon, surtout pour les bains de plomb, ce métal étant fondu dans un creuset placé dans un foyer du type ordinaire (fig. 48);

3° Au moyen d'un courant électrique, pour les bains de sels.

C'est un procédé peu économique, à moins d'avoir une force hydraulique à sa disposition, mais on obtient alors une température extrêmement régulière.

— 116 —

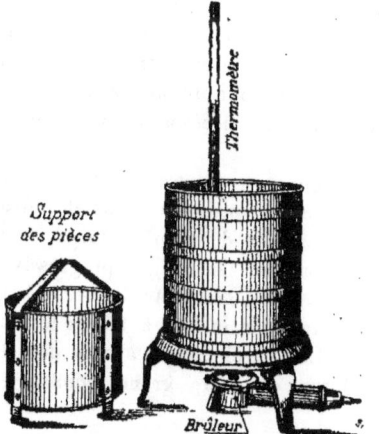

Fig. 46. — Four à bain d'huile, chauffé au gaz.

Fig. 47. — Four à bain de sels, chauffé au gaz.

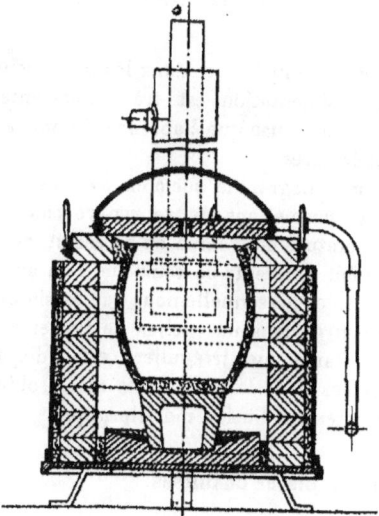

Fig. 48. — Four à bain de plomb.

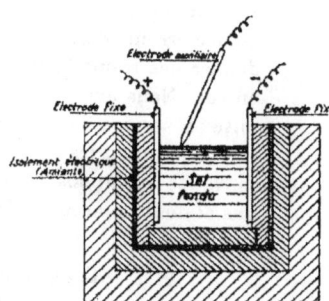

Fig. 49. — Four électrique à bain de sels.

Le four comporte deux parois conductrices et deux parois isolantes (fig. 49). Le courant électrique arrive aux électrodes, formées par les deux parois conductrices et le bain forme résistance. Les dimensions du four sont calculées pour obtenir par le passage du courant, à travers le bain, la chaleur nécessaire pour le maintenir en fusion (effet Joule).

Pour opérer la fusion elle-même, on se sert d'une électrode auxiliaire et on fait jaillir un arc, au voisinage d'une des électrodes fixes, tout près de la surface du bain. Celui-ci commence à fondre de proche en proche. On éloigne progressivement l'électrode auxiliaire jusqu'à fusion complète des sels. Cette opération étant longue et délicate, on a intérêt à laisser le four en fonctionnement permanent. Le four électrique à bain de sels n'est donc intéressant que lorsqu'on a un grand nombre de pièces à tremper.

DÉTERMINATION DES TEMPÉRATURES

La détermination exacte de la température dans les opérations de trempe, recuit, revenu, cémentation est très importante. Beaucoup d'insuccès n'ont pour cause que l'absence de moyen précis d'évaluation des températures.

Les quelques notions de métallographie que nous avons exposées au chapitre précédent, permettent de se rendre compte qu'une erreur, dans la température de trempe ou de recuit, peut donner des résultats tout à fait différents de ceux que l'on avait en vue. Nous avons pu constater personnellement que la simple mise en service d'un pyromètre, dans un atelier de traitement thermique dont les produits étaient fort irréguliers, a fait disparaître les variations constatées dans la qualité des aciers obtenus et dont on accusait injustement l'usine métallurgique.

Coloration des pièces chauffées.

Beaucoup d'ateliers se contentent de *l'appréciation de la couleur* des pièces chauffées, pour évaluer les températures de

TABLEAU 12

APPRÉCIATION DES TEMPÉRATURES

par la couleur des pièces chauffées

Revenu	Jaune très pâle	200°
	Jaune clair (paille)	220
	Jaune foncé (orangé)	240
	Brun pourpre (gorge de pigeon)	250°
	Brun rouge	260
	Violet	270
	Indigo	280
	Bleu foncé	300°
	Bleu clair	325
	Vert	350
	Gris noir	400°
Trempe, recuit et cémentation	Rouge sombre naissant	500°
	Rouge sombre plus avancé	550
	Rouge très sombre	600
	Rouge sombre	650
	Rouge sombre avancé	700
	Rouge sombre très avancé	750
	Rouge cerise naissant	800
	Rouge cerise sombre	850
	Rouge cerise	900
	Rouge cerise clair	950
	Rouge cerise très clair	1000
	Jaune orangé	1050
	Jaune	1100
	Jaune clair	1150
	Jaune très clair	1200
	Blanc	1300
	Blanc soudant	1400
	Blanc éblouissant	1500

trempe et de revenu. Ce procédé est en général suffisant pour le revenu des outils à main : burins, mèches, etc. ; mais il ne peut être admis pour la trempe, le recuit et la cémentation, que s'il est employé par un ouvrier exercé ayant une grande habitude des traitements thermiques. Il faut de plus que l'atelier où s'effectuent ces traitements soit assez sombre.

Les expériences méthodiques effectuées à ce sujet ont montré que certains professionnels, particulièrement bien doués, pouvaient apprécier une différence de températures de 50°. Il s'agit ici d'une sensibilité spéciale de l'œil, qui permet de distinguer de faibles nuances dans la gamme des colorations voisines du rouge, analogue à l'éducation de l'ouïe qui permet aux musiciens de saisir des intervalles musicaux inférieurs à un demi-ton.

Par contre, il est difficile à des gens non exercés de différencier deux pièces dont les températures diffèrent de 100°. Nous donnons au tableau 12 une échelle de correspondance des températures élevées et des colorations. La simple lecture de ce tableau montre la difficulté d'exprimer, par des noms de couleurs, la différence d'aspect présentée par des pièces chauffées à des températures déjà éloignées. En réalité, cette différence ne peut s'apprécier que par l'habitude, après de nombreuses opérations.

Le tableau 12 donne également la correspondance des températures et des couleurs de revenu. Celles-ci sont plus faciles à apprécier et donnent dans la plupart des cas une approximation suffisante de la température.

Il nous paraît toutefois indispensable de pourvoir chaque atelier de traitement thermique d'un pyromètre, si l'on veut être certain d'opérer correctement les traitements thermiques à haute température tels que la trempe, le recuit et la cémentation.

Pyromètres.

Il existe deux types de pyromètres :
1° Les pyromètres à contact ;
2° Les pyromètres à rayonnement.

Pyromètres à contact. — Ces pyromètres comportent deux appareils :
  a) Une canne pyrométrique, qu'on plonge dans le four, en pla-

çant autant que possible la soudure en contact avec les pièces chauffées ;

b) Un appareil électrique de mesure constitué par un galvanomètre très sensible, gradué expérimentalement comme nous l'indiquerons plus loin.

Le pyromètre LE CHATELIER, représenté fig. 50, utilise les courants thermoélectriques qui prennent naissance dans les conditions suivantes : si l'on chauffe à des températures différentes deux soudures constituées chacune par des métaux différents, il s'établit entre ces deux soudures une différence de potentiel, susceptible de produire un courant. Ce courant est d'autant plus intense que la différence de température est plus élevée.

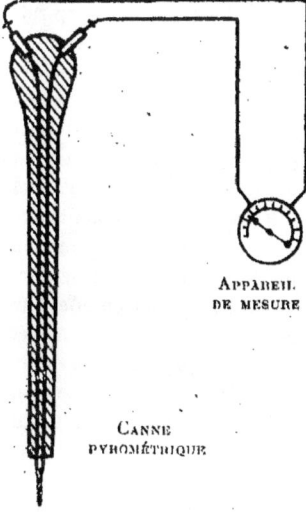

Fig. 50. — Pyromètre à contact.

La canne pyrométrique est constituée par un long tube en substance réfractaire : porcelaine ou silice fondue, traversé par deux fils conducteurs. Ces fils aboutissent à un *couple électrique* formé par deux fils soudés, dont l'un est en platine et l'autre en platine iridié ou rhodié, c'est-à-dire en alliage de platine et d'iridium, ou de platine et de rhodium[1]. Ce couple doit en effet être constitué par des métaux pouvant résister aux températures élevées ; c'est ce qui explique le choix de ces métaux rares.

Pour mesurer une température, on relie les deux fils conducteurs traversant la canne, au galvanomètre de mesure et on plonge la canne dans le four, en ayant soin d'amener le couple électrique en contact ou tout près des pièces chauffées. Le couple constitue la soudure chaude, la soudure froide étant formée par

---

[1]. Ces alliages contiennent généralement 10 % d'iridium ou de rhodium.

le contact des fils conducteurs avec les bornes du galvanomètre. Cette dernière soudure reste à température constante, c'est la température ambiante de l'atelier. Le courant produit sera donc proportionnel à la température du four et les indications du galvanomètre correspondent exactement à cette température.

Il existe un autre type de pyromètre à contact reposant sur un principe différent. Le couple électrique est remplacé par un fil de platine enroulé en spirale. La résistance d'un fil de platine variant avec sa température, il suffit de faire traverser la spirale, chauffée dans le four, par le courant d'une pile et de mesurer la résistance du circuit au moyen d'un voltmètre pour pouvoir évaluer la température.

Les pyromètres à contact sont d'un emploi commode. Lorsqu'on dispose d'une installation importante, comprenant plusieurs fours, on peut prévoir dans chaque four l'emplacement de la canne et relier, par une canalisation fixe, ces emplacements avec l'appareil de mesure ; la même canne peut alors servir pour tous les fours. Ces pyromètres présentent l'inconvénient de se dérégler avec le temps ; les propriétés du platine varient en effet lorsqu'il est soumis d'une façon prolongée à une température élevée. On évitera donc de laisser la canne dans le four. On ne la mettra en place que quelques instants avant l'opération de trempe ou de revenu, ou, de temps à autre, pour les opérations de recuit et de cémentation.

Si le nombre des opérations effectuées chaque jour est considérable, il est bon d'avoir une canne-étalon qui ne servira qu'à la vérification des cannes de service, par comparaison. Cette opération doit se faire au moins une fois par semaine. On chauffe progressivement, dans un bain métallique, les cannes de service en même temps que la canne étalon et on note simultanément, sur les appareils de mesure, les indications correspondant aux températures. On détermine ainsi les corrections à faire pour chaque appareil, d'après les résultats donnés par la canne-étalon. Une bonne pratique consiste à avoir des cadrans amovibles, qui sont établis chaque semaine pour chaque canne et collés sur le support de cadran des appareils de mesure.

Pour graduer la canne-étalon, on se servira des points de fusion connus de quelques corps, choisis de façon à obtenir des températures convenablement espacés le long de l'échelle thermique.

On peut employer les corps suivants :

Eau : point d'ébullition :		100°
Naphtaline : point de fusion :		220°
Plomb : point de fusion :		327°
Zinc :	— —	419°
Antimoine :	— —	630°
Chlorure de sodium :	— —	800°
Argent :	— —	961°
Cuivre :	— —	1083°

Ces divers corps sont fondus dans un creuset. On plonge la canne-étalon dans le liquide et on laisse refroidir. Lorsqu'on atteint le point de fusion, la température reste stationnaire, on note l'indication correspondante du galvanomètre.

Pyromètres à rayonnement. — Ces pyromètres sont basés sur l'application de la loi de Stephan, qu'on peut formuler ainsi :

La quantité de chaleur, rayonnée par un corps chaud sur un

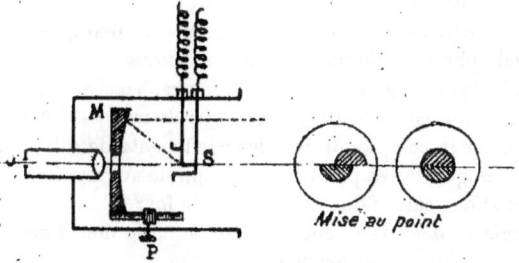

Fig. 51. — Pyromètre à rayonnement. (Télescope de Féry.)

corps froid, est proportionnelle à la quatrième puissance de la température absolue du corps rayonnant.

Il existe deux types de ces pyromètres.

Le télescope de Féry, représenté fig. 51, se compose essentiellement :

a) d'une lunette à miroir sphérique, munie d'un dispositif de mise au point, qui permet de condenser la chaleur rayonnée sur un élément sensible ;

b) d'un appareil de mesure constitué par un galvanomètre très sensible.

L'élément sensible est un couple électrique, analogue à celui du pyromètre Le Chatelier. Mais on n'est pas obligé d'employer des métaux rares, la température prise par le couple n'étant pas celle du four, mais étant simplement proportionnelle à celle-ci. On utilise en général le fer ou le cuivre et le métal *constantan*, alliage formé par des poids égaux de cuivre et de nickel

Ce couple est relié au galvanomètre par deux fils souples. La mise au point de la lunette a pour but de placer le couple au foyer du miroir, quelle que soit la distance de l'appareil au four. Elle s'effectue au moyen d'un bouton moleté agissant sur le miroir. Un oculaire permet d'apercevoir la pièce chauffée ou les parois du four, à travers une ouverture pratiquée au centre du miroir. Tant que la mise au point n'est pas correcte, on voit dans l'oculaire deux demi-cercles décalés. On règle la position des miroirs de façon à obtenir un cercle parfait (fig. 51).

Il existe des lunettes pyrométriques pour lesquelles aucune mise au point n'est nécessaire, tant qu'on ne s'approche pas trop du four. Il suffit pour cela de prévoir un tube assez long ; le principe de la constance de la mise au point est analogue à celui des appareils photographiques appelés *détectives*.

L'autre type de pyromètre à radiation est à lecture directe. L'élément sensible est constitué par une spirale trimétallique. Les trois métaux qui la composent ont des coefficients de dilatation différents. Lorsque la température de la spirale augmente, sous l'effet des radiations calorifiques émises par le four ou la pièce chauffée, la spirale se déroule et entraîne une aiguille dont l'extrémité se déplace sur un cadran gradué.

Les pyromètres à radiation présentent sur ceux à contact les avantages suivants ;

1° Ils permettent de déterminer la température de plusieurs points du four et de chaque pièce ; il suffit de viser, à cet effet, l'endroit exact dont on veut mesurer la température ;

2° Ils ne sont pas soumis aux températures élevées du four et, de ce fait, ne se dérèglent pas aussi vite que les pyromètres à contact.

Par contre, ils ne peuvent être employés lorsque le chauffage se fait dans un bain et, de plus, ils sont un peu moins précis qu'un pyromètre à contact bien réglé.

Montres et sels fusibles.

En dehors des pyromètres, il existe une méthode approchée, mais peu coûteuse d'évaluer les températures. Elle consiste à se servir de *montres fusibles*. On appelle montres de petits cônes ou cylindres dont la composition est établie de façon à fondre à une température déterminée.

Les montres de Seger qu'on trouve dans le commerce, sont faites en pâte céramique. Elles sont peu précises, mais suffisamment exactes dans certains cas : recuit et cémentation, par exemple.

On peut généraliser le procédé, en établissant soi-même des mélanges de sels, dont on placera une petite quantité sur les pièces chauffées. Lorsque la fusion se produit, le sel glace la surface des pièces, indiquant ainsi la température. Il est nécessaire toutefois de prendre une précaution préalable, qui consiste à décrépiter les sels en les chauffant avant leur emploi, jusqu'à ce qu'ils ne donnent plus de projections en éclatant. Le tableau 13 donne la composition de mélanges pouvant servir, soit pour les opérations de trempe et de recuit, soit pour celles de revenu.

Combustion du bois.

En frottant un morceau de peuplier bien sec sur une pièce chauffée, on observe divers phénomènes qui se produisent à des températures déterminées : le bois glisse d'abord sans offrir de résistance appréciable (*bois glissant*); puis il émet des fumées (*bois fumant*), à une température plus élevée il donne des étincelles (*bois étincelant*) et finit par s'enflammer (*bois flambant*).

Ce procédé est surtout utilisé par les constructeurs de ressorts. Le tableau 13 donne la correspondance des températures et des phénomènes que nous venons de décrire.

PRATIQUE DE LA TREMPE

Nous avons décrit les fours que l'on peut employer pour effectuer l'opération de la trempe et les appareils ou procédés qui permettent de déterminer la température atteinte par ces

TABLEAU 13

APPRÉCIATION DES TEMPÉRATURES

I — par la combustion du bois (peuplier sec)

Revenu	Bois glissant	400°
	Bois fumant	450
	Bois étincelant	500°
	Bois flambant	550

II — par la fusion des sels

Revenu	Azotite de sodium	280°
	Azotate de potassium	335
	Azotate de baryum 1 partie / Azotate de calcium 1 partie	555°
	Bromure de potassium 3 parties / Chlorure de sodium 7 parties	625°
	Chlorure de potassium 3 parties / Chlorure de sodium 2 parties	665°
	Iodure de potassium	680°
Trempe, recuit et cémentation	Bromure de potassium	730°
	Chlorure de potassium	775
	Chlorure du sodium	800
	Sulfate de potassium 3 parties / Sulfate de sodium 7 parties	825°
	Carbonate de sodium	850°
	Sulfate de potassium 1 partie / Sulfate de sodium 1 partie	865°
	Sulfate de sodium	880°
	Chlorure de baryum	955
	Sulfate de potassium	1070

fours ou par les pièces elles-mêmes. Examinons maintenant comment doit être pratiquée la trempe pour obtenir des résultats certains.

La trempe comprend, comme d'ailleurs tout traitement thermique, deux phases distinctes :

1° *Chauffage* ;
2° *Refroidissement*.

Nous allons indiquer les précautions à prendre au cours de chaque phase.

Chauffage. — Lorsqu'on chauffe une pièce d'acier, on franchit successivement trois zones :

1° de 0 à 350°, il existe une *zone de fragilité* résultant de la ductilité relativement faible des métaux à ces températures.

L'influence de cette zone est plus sensible pour les aciers durs que pour les aciers doux. On devra par suite chauffer très lentement les aciers carburés au début de la première phase.

2° de 350° à 700°, on traverse la *zone* dite *des revenus*, bien que certains aciers soient revenus au-dessous de 350°.

Cette zone peut être franchie plus rapidement que la première, sans inconvénient.

3° Au delà de 700° et jusqu'au point de transformation supérieur à l'échauffement, dont la température dépend de la nature du métal, on se trouve dans la *zone de transformation* où les constituants de l'acier entrent en solution solide.

Il faut laisser à ces constituants le temps de se dissoudre : la durée de la transformation dépend de la grosseur des pièces et de la teneur en carbone de l'acier. Mais par ailleurs, si l'on maintient trop longtemps le métal dans cette zone, il se forme de gros grains d'austénite qui rendent le métal fragile. Cette tendance à la cristallisation augmentant avec la température, il faudra séjourner le moins de temps possible à la température maxima, en augmentant au besoin le temps de passage aux températures inférieures.

Le schéma de la figure 52 indique les temps moyens de passage dans chaque zone, pour les pièces de moyenne grosseur employées le plus couramment dans l'industrie.

Pour éviter un échauffement trop rapide des pièces, dans la première zone, il faut avoir soin de les placer dans un four suffisamment refroidi au préalable.

— 127 —

Les variations de températures, correspondant à une conduite correcte des chauffages, sont faciles à obtenir lorsqu'il s'agit de fours de petites dimensions, chauffés au gaz d'éclairage. Elles exigent plus de temps pour des fours de grande capacité en

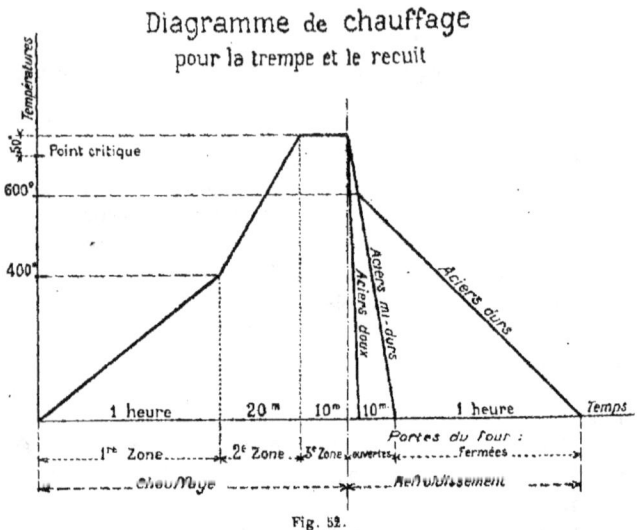

Fig. 52.

maçonnerie, mais peuvent toutefois être effectuées dans des conditions pratiquement admissibles, pour les pièces de grosseur moyenne, si les fours sont chauffés au gaz d'éclairage, ou au moyen de gazogènes. Par contre, elles peuvent être impossible à réaliser dans certains cas : fours à grille, pièces de petites dimensions, etc...

On aura alors recours : soit aux fours continus (roulants ou tournants) soit à des chauffages successifs. Nous avons vu qu'il existe des fours à deux étages qui permettent d'effectuer le chauffage en deux opérations. Si l'on n'emploie pas de four de ce type, on pourra prévoir un *four à revenu*, qui servira pour chauffer les pièces à traiter, avant leur introduction dans le *four à tremper*.

De toutes façons, il faut éviter de mettre une pièce froide, en acier dur, dans un four chauffé aux températures de trempe, comme c'est le cas en particulier pour les fours à bain de sels ou de plomb. Le refroidissement du bain étant forcément assez long, on chauffera les pièces au-delà de 400°, dans un four de revenu, avant de les plonger dans le bain.

Température de trempe. — Cette température doit être légèrement supérieure au point de transformation. Il est donc indispensable de connaître les points critiques des aciers que l'on veut tremper. On chauffera les pièces à une température excédant de 50 à 100° le point critique à l'échauffement. Les métallurgistes indiquent toujours dans leur catalogue les températures de trempe des aciers spéciaux; on devra s'y conformer strictement. Pour les aciers au carbone, on utilisera le diagramme de ROOZEBOOM qui donne les points de transformation des diverses nuances de ces aciers. On adopte généralement les températures de trempe suivantes :

Aciers doux   ($R < 40$ K°) : 950°
— mi-durs ($R = 40$ à 65 K°) : 850°
— durs   ($R > 65$ K°) : 800°

On pourra employer pour l'estimation de ces températures les sels fusibles suivants :

Aciers doux : Chlorure de baryum,
— mi-durs : Carbonate de sodium,
— durs : Chlorure de sodium.

Les aciers rapides doivent être chauffés à 1200°, c'est-à-dire jusqu'à ce que le métal commence à entrer en fusion.

D'une façon générale, il vaut mieux chauffer à trop haute température qu'à une température insuffisante.

Si en effet on n'atteint pas le point de transformation à l'échauffement, la solution solide des constituants de l'acier ne se produisant pas, on n'obtient aucun effet de trempe.

En chauffant à température trop élevée, on risque de brûler le métal, mais on peut éviter facilement ce danger en restant très peu de temps à la température maxima. La trempe est en effet indépendante de la durée du séjour au-dessus du point de transformation, si la vitesse de chauffage au-dessous de cette température a permis aux constituants de se dissoudre en majeure partie. C'est ce qui se produit pour les traitements thermiques effectués au moyen des fours : les pièces de grosseur moyenne se mettent assez lentement en équilibre de température avec la chambre du four, pour n'exiger qu'un séjour très court à la température de trempe.

Dans les bains, au contraire, les pièces atteignent rapidement leur température maxima, la transmission de chaleur se faisant au contact d'un liquide et non des gaz. On devra par suite laisser les pièces pendant un temps suffisant pour obtenir la transformation complète de l'acier. Mais la température peut dans ce cas être réglée exactement, et on ne court aucun risque de brûler les pièces, si la température du bain est celle qui correspond à la trempe.

RÈGLE PRATIQUE :

Les pièces peuvent être retirées d'un four à flammes dès qu'elles ont atteint la température voulue. Lorsque l'on se sert d'un four à bain, on devra régler la durée de l'immersion d'après le volume des pièces à traiter.

Refroidissement. — La vitesse de refroidissement, ainsi que nous l'avons dit, doit être très grande pour les aciers au carbone; elle peut être diminuée pour ceux qui contiennent du nickel ou du manganèse, d'autant plus que la teneur de ces deux métaux est plus élevée.

Elle dépend de plus de la grosseur des pièces. C'est ainsi qu'un fil d'acier, simplement refroidi à l'air, peut être trempé plus sec qu'un lingot trempé dans l'eau froide.

La détermination de la vitesse de refroidissement convenant à chaque cas ne peut se faire qu'expérimentalement.

Or la vitesse de refroidissement dépend :
de la chaleur spécifique du LIQUIDE DE TREMPE ;
de sa conductibilité thermique;
du volume du BAIN DE TREMPE ;
de sa température.

On peut donc, en employant des liquides et des bains de trempe appropriés, faire varier dans les limites voulues la vitesse de refroidissement.

LIQUIDES DE TREMPE

Les liquides de trempe peuvent être classés dans l'ordre suivant, au point de vue de la vivacité de la trempe :

1° Eau acidulée par l'acide sulfurique (à la température ambiante : en général 15°);
2° Eau ordinaire (à la température ambiante);
3° Eau chaude (de 15° à 60°);
4° Eau de chaux;
5° Pétrole;
6° Eau bouillante (100°);
7° Huile de colza;
8° Suif fondu;
9° Eau salée saturée bouillante;
10° Plomb fondu;
11° Azotates alcalins fondus;
12° Chlorures alcalins fondus.

On appelle *trempes vives*, celles qui sont effectuées dans un bain d'eau acidulée ou ordinaire; les autres trempes sont appelées *trempes douces*.

On peut activer le refroidissement par des corps autres que des liquides, en vue de réaliser des trempes très douces. Les procédés les plus employés sont les suivants :

a) *Trempe à l'air.* — Elle consiste à refroidir les pièces dans un courant d'air, obtenu par un ventilateur ou une conduite d'air comprimé. C'est ce procédé qui est employé pour tremper les outils en acier rapide. On peut, pour les outils de forme, tels que les fraises, régulariser le refroidissement, pour éviter toute déformation assymétrique, en faisant tourner la pièce sous un jet d'air, au moyen d'un moteur électrique. Si l'on veut obtenir une trempe encore moins énergique, on se contentera d'abandonner les pièces à l'air ou même d'ouvrir les portes du four.

b) *Trempe par contact.* — On utilise la conductibilité thermique des métaux, pour absorber la chaleur des pièces à tremper. Ce genre de trempe est employé pour la fonte, en ménageant dans les moules des parois métalliques, qui refroidissent brusquement le métal, au moment de la coulée, et durcissent la surface des pièces. On l'emploie également pour certains aciers au nickel-chrome, trempant à l'air ; les pièces sont alors posées à plat sur un marbre, de façon à éviter le plus possible les déformations.

BAINS DE TREMPE

Le volume des bains de trempe doit être calculé, en général, pour ne pas permettre au liquide de prendre une température trop élevée, en s'échauffant au contact des pièces.

Si le bain est de volume réduit, la vitesse de refroidissement diminue rapidement, par suite de l'échauffement du liquide. Toutefois, ce procédé peut être utilisé pour adoucir la trempe. On choisira, dans ce cas, un bain de trempe dont le volume sera fonction du poids de la pièce à tremper : par exemple, on peut prendre un poids d'eau égal à une fois, deux fois le poids de la pièce.

Les trempes vives ont pour inconvénient principal de risquer de provoquer des *tapures*, lorsqu'on trempe des pièces épaisses. On appelle « tapures », des déchirures du métal provenant d'une inégalité de refroidissement des diverses parties de la pièce.

Procédés à employer pour éviter les tapures.

On évitera les tapures, d'une façon générale, en agitant la pièce dans le liquide pendant le refroidissement, afin de renouveler le contact de l'eau et d'assurer une action identique du liquide sur toute la surface extérieure de la pièce.

Les bains à volume restreint, mentionnés plus haut, assurent un refroidissement rationnel des pièces présentant des inégalités d'épaisseur. Les *parties minces* se refroidissent rapidement et sont trempées entièrement au début de l'immersion, dans un liquide à température peu élevée. Les *parties épaisses*, au contraire, refroidissent plus lentement ; l'eau s'échauffe progressivement et la trempe, diminuant de vivacité, ne risque pas de produire des tapures.

Pour les pièces creuses (obus), on peut employer la *trempe par jet et aspersion*, qui régularise le refroidissement, en amenant le liquide simultanément au contact des surfaces intérieures et extérieures des pièces. On assure de plus une circulation continue du liquide de trempe, qui conserve sensiblement la même température pendant l'opération.

On peut encore éviter les tapures en retirant les pièces du bain, avant leur refroidissement complet, lorsqu'elles ne possèdent plus qu'une quantité de chaleur susceptible de porter leur température vers 150°. L'eau s'évapore rapidement à la surface des pièces, sous l'effet de la chaleur interne, et la température s'égalise dans toute la masse.

Le temps de séjour dans l'eau, pour obtenir ce résultat, dépend du volume des pièces ou, plus exactement, du rapport du volume à la surface extérieure des pièces.

Enfin on emploie, pour tremper les pièces minces, des bains à liquides superposés. On étend, par exemple, une couche d'huile de 10 centimètres de hauteur sur la surface d'un bain d'eau ordinaire. Les pièces subissent au passage de la couche d'huile une trempe douce, immédiatement suivie d'une trempe vive, mais la progression ainsi réalisée diminue les chances de tapures.

PRATIQUE DU REVENU

Les deux opérations de chauffage et de refroidissement s'effectuent, pour le revenu, dans des conditions générales analogues à celles de la trempe.

Seules les températures sont plus basses. Le point de transformation inférieur des aciers étant à 700°, on n'opère pas de revenu au-dessus de 650°.

Donnons quelques détails sur les particularités des opérations de revenu.

Chauffage. — Il s'effectue dans les fours que nous avons décrits, en tenant compte des divers cas qui peuvent se présenter dans la pratique :

a) *Pour les petites pièces*, on emploiera les fours à gaz d'éclairage, et surtout les fours à bains.

Le bain d'huile sera employé pour les revenus faibles jusqu'à 300°; les bains de sels pour les revenus plus poussés. Les azotates alcalins peuvent servir de 300 à 550° et les chlorures alcalins de 500 à 650°. On obtient donc toute la gamme des températures de revenu en prévoyant :

   1 bain d'huile
   1 bain d'azotates alcalins,
   1 bain de chlorures alcalins.

Le bain de plomb peut également être employé ; il présente l'avantage de chauffer rapidement les pièces grâce à sa conductibilité élevée. C'est le revenu dit au *plomb*.

b) *Pour les pièces de grandes dimensions*, on se servira de fours en maçonnerie, à sole ou à moufle.

Lorsque le nombre de pièces à traiter est important, il y a avantage à prévoir un four spécial pour la trempe et un deuxième pour le revenu. Le four de revenu peut servir, dans ce cas, à chauffer préalablement les pièces à tremper, en vue d'éviter les tapures qui se produisent, comme nous l'avons vu, lorsqu'on franchit trop rapidement la zone de fragilité de 0 à 400°.

c) *Chauffage par conductibilité*. On peut opérer le revenu par conductibilité, lorsque les pièces à traiter doivent avoir une dureté différente en divers points de leur longueur. C'est le cas en particulier de certains outils et de certains arbres de transmission. Nous nous contenterons d'indiquer deux exemples :

1ᵉʳ EXEMPLE. — *Trempe et revenu des burins, bédanes, mèches, etc.*

La trempe et le revenu de ces outils peuvent être effectués en une seule opération. On chauffe les outils à la température de trempe et on ne plonge dans l'eau que l'extrémité *ab* (fig. 53) qui doit être durcie pour pouvoir pénétrer les métaux à travailler.

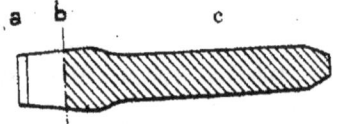

Fig. 53. — Revenu d'un burin.

La partie *bc* reste donc au rouge sombre. On sort l'outil de l'eau et on frotte la partie *ab* avec une pierre ponce, pour pouvoir mieux observer la couleur de revenu. La chaleur conservée par la partie bc se transmet par conductibilité à la partie ab qui prend successivement toutes les couleurs indiquées au tableau 12.

Lorsque la couleur désirée est obtenue, on plonge l'outil entièrement dans l'eau ; le traitement thermique est terminé.

La partie ab a été trempée à bonne température et revenue par conductibilité. La partie bc s'étant refroidie à l'air, au-dessous de son point de transformation, n'a pas pris la trempe.

2e EXEMPLE. — *Revenu de certains arbres de transmission.*

Certains arbres de transmission doivent posséder une résilience et un allongement élevés, pour pouvoir absorber par torsion, sans se briser, les à-coups et les chocs subis par la transmission. C'est le cas des arbres de commande des roues d'automobiles et des organes de machines-outils.

D'autre part, une des extrémités de ces arbres est emmanchée, par un carré ou un hexagone, dans un engrenage démultiplicateur. Cette extrémité doit être très dure et très résistante, pour ne pas être déformée sous l'influence de l'augmentation de pression unitaire qui se produit au moment des chocs et des à-coups. On peut refouler cette extrémité pour augmenter la surface de l'emmanchement, mais on crée ainsi un changement de section qui constitue une amorce de rupture comme nous l'avons vu au chapitre Ier.

Un procédé rationnel consiste à faire revenir, à des températures différentes, l'extrémité servant à l'emmanchement et le corps de l'arbre.

Il suffit pour cela de plonger, après trempe, le corps de l'arbre dans un bain de plomb, en laissant hors du bain l'extrémité servant à l'emmanchement. Le corps de l'arbre prend rapidement la température du bain de plomb, qu'on règle de façon à correspondre au revenu donnant le maximum de résilience. L'extrémité servant à l'emmanchement n'est chauffée que par conductibilité ; on observe les variations de couleur qu'elle subit. Lorsque la température voulue est atteinte, on arrête l'opération en plongeant l'arbre tout entier dans un bain d'eau ou d'huile suivant le métal employé.

Température de revenu. — Cette température dépend : soit de la dureté que l'on veut conserver à la pièce, soit de la résilience que l'on désire obtenir. Dans le premier cas, la température de revenu sera assez basse; dans le second, au contraire, elle devra être suffisamment élevée. Les courbes caractéristiques des aciers, en fonction des températures de revenu (fig. 35, 36 et 37, p. 104), serviront à déterminer la température la meilleure, dans chaque cas.

La température sera estimée, en général, d'après la couleur des pièces, qui donne pour le revenu une approximation suffisante. On se servira d'un pyromètre pour les aciers spéciaux qui exigent une plus grande précision.

Durée du chauffage. — La transformation interne, qui s'opère par le revenu, est d'autant plus rapide que la température est plus élevée. On devra donc maintenir assez longtemps les aciers aux basses températures, correspondant aux faibles revenus, pour que la transformation soit complète. Au-dessus de 400°, il suffit de quelques minutes pour les pièces de moyenne grosseur.

Refroidissement. — On a toujours avantage à refroidir rapidement les aciers après revenu. Pour certains aciers au nickel-chrome, cette condition est même indispensable, comme nous l'avons dit au chapitre II, si l'on ne veut pas rendre les aciers cassants. Les pièces seront plongées dans l'eau froide aussitôt le revenu opéré.

PRATIQUE DU RECUIT

Le recuit des aciers peut avoir des buts très différents. On peut se proposer en effet :

1° Soit de détruire la trempe ou le revenu ;
2° Soit de régénérer un acier écroui;
3° Soit de régénérer un acier brûlé.

Il comporte toujours deux opérations : chauffage et refroidissement, que nous étudierons séparément.

Chauffage. — Le chauffage des pièces à recuire s'effectue dans les divers types de fours que nous avons décrits à propos de la trempe; mais la conduite de l'opération, surtout en ce qui concerne la température maxima à atteindre, varie suivant la nature du recuit à obtenir

Recuit proprement dit. — Lorsqu'il s'agit de faire disparaître les effets de la trempe ou du revenu, le chauffage doit être pratiqué exactement comme s'il s'agissait d'une trempe. La température de chauffage sera de 50 à 100° supérieure au point de transformation à l'échauffement.

Régénération des aciers écrouis. — Lorsqu'on veut régénérer un acier, écroui par suite d'un des effets mécaniques que nous avons énumérés : étirage, emboutissage, vibrations, etc..., il suffit de chauffer l'acier à la température qui amène les constituants du métal en solution solide, pour détruire l'effet de l'écrouissage. Cette température est précisément celle qui correspond à une trempe correcte. L'opération demande un certain temps pour s'effectuer complètement. On devra donc maintenir les pièces à la température maxima d'autant plus longtemps que le grain est plus grossier. On ne risque aucune cristallisation par ce chauffage prolongé, si la température est correcte. On voit donc qu'il est important : d'une part, de connaître exactement la température de recuit qui varie avec la nature de l'acier, d'autre part, d'avoir des moyens précis d'estimer cette température ; un pyromètre est l'instrument le plus commode à tous les points de vue. Nous insistons sur ce point, car on peut, en recuisant des pièces écrouies, à trop haute température, obtenir un métal ayant une texture cristalline grossière et par suite tout aussi fragile que s'il n'avait pas été recuit. C'est ce qui explique les insuccès rencontrés souvent dans la pratique du *recuit de régénération*.

Régénération des aciers brulés. — L'opération du recuit est ici plus délicate et dépend de la température maxima à laquelle l'acier a été porté pendant l'opération de façonnage à chaud qui a provoqué la brûlure du métal : forgeage, matriçage, estampage, etc... Pour mieux se rendre compte des phénomènes qui peuvent se passer, nous nous reporterons au diagramme d'équilibre représenté figure 54. La courbe A B C n'est autre que le diagramme de Roozeboom. Au-dessus de cette courbe les constituants de l'acier sont en solution solide, au-dessous ces constituants se séparent pour former l'eutectoïde perlite, avec une proportion variable du constituant en excès : cémentite ou ferrite. Si nous considérons, au contraire, les températures très élevées, l'acier passera à l'état liquide. La ligne P R S, marque la limite de la zone de l'acier liquide. Au-dessous de cette ligne, l'acier se solidifie partiellement, comme nous l'avons vu à l'étude des alliages, l'acier étant un alliage fer-carbone ou même un alliage plus complexe. On aura donc un mélange, partie solide, partie liquide, jusqu'à la ligne P, C, R, qui marque la limite de cette zone intermédiaire.

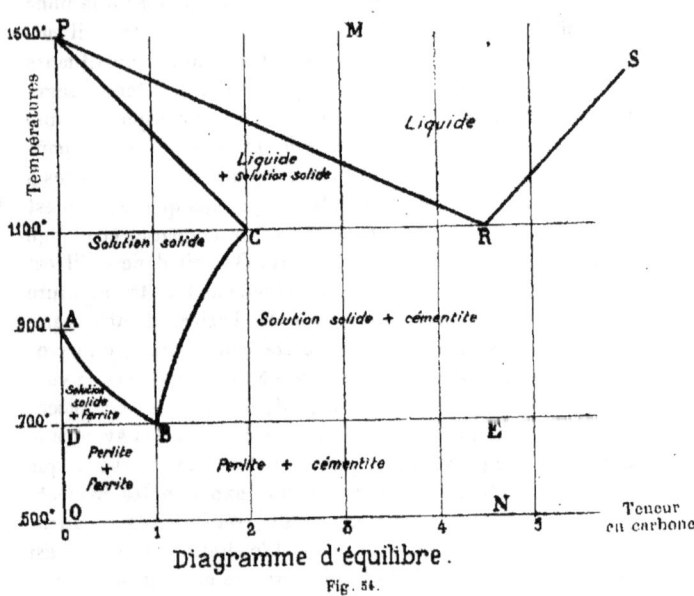

Diagramme d'équilibre.
Fig. 54.

En résumé, nous pouvons avoir les états suivants :
1º Zone : M P R S : acier liquide ;
2º » : P C R : mélange d'acier liquide et d'acier solide ;
3º » : A B C P : acier solide, uniquement formé par la solution solide de ses constituants ;
4º » : D A B C R E : acier solide, formé par un mélange de solution solide et d'un constituant partiellement séparé : cémentite ou ferrite ;

5° » : D B E N O : acier solide formé par un agglomérat des constituants du métal :
cémentite ou ferrite et perlite.

La régénération devra être conduite différemment, suivant la zone atteinte pendant l'opération ayant produit la brûlure du métal.

1er Cas. — L'acier n'a pas dépassé la 3e zone : le chauffage sera conduit comme pour l'opération de trempe. Il suffira de maintenir le métal à une température légèrement supérieure au point de transformation à l'échauffement, pendant un temps d'autant plus long que la pièce est plus volumineuse et que la température atteinte, pendant le façonnage à chaud, a été plus élevée, c'est-à-dire que le grain est plus gros.

2e Cas. — L'acier a été chauffé dans la 4e zone. Le métal est devenu hétérogène, par suite de la fusion partielle de certaines régions de la pièce.

La régénération devra alors être faite en deux opérations :

1° On chauffe d'abord l'acier à une température légèrement inférieure à celle qui correspond à la ligne P C R, de façon à obtenir une solution solide homogène. Le métal sera maintenu un temps suffisant à cette température élevée. On obtiendra ainsi une texture à gros grains qu'il faudra affiner par une deuxième opération ;

2° On chauffe l'acier à sa température de trempe, c'est-à-dire légèrement au-dessus de son point de transformations à l'échauffement, donné par la ligne A B C.

Le grain sera affiné et on obtiendra un acier non fragile.

3e Cas. — Le métal a été chauffé dans la 4e zone, pendant assez longtemps pour qu'il se produise des dégagements gazeux.

On ne peut opérer la régénération que par forgeage, pour souder les poches formées dans le métal.

Si le métal s'est de plus oxydé, cette soudure ne peut se faire et le mal est irrémédiable. Ce cas est heureusement fort rare.

En résumé : I. — Les aciers *écrouis à froid* par étirage, laminage, emboutissage, etc..., sont très fragiles s'ils n'ont été recuits. Nous avons vu des barres d'acier doux étiré qui se brisaient en tombant à terre. Ces aciers seront régénérés par un recuit, effectué à la température correspondant à la trempe correcte.

II. — Les aciers *écrouis à chaud* par forgeage, estampage, etc... sont d'autant plus fragiles que la température a été plus élevée et la déformation plus grande, pendant l'opération de façonnage. Lorsque la température atteinte aura été très élevée, on ne pourra régénérer le métal qu'en opérant deux recuits :

1° Un recuit prolongé à une température assez élevée, en vue de rendre le métal homogène ;

2° Un recuit à la température correspondant à une trempe correcte, destiné à affiner le grain du métal.

Refroidissement. — L'opération du recuit a toujours pour but final de donner au métal le minimum de fragilité ; or la vitesse de refroidissement a une influence considérable à ce point de vue. La vitesse à adopter dépend uniquement de la nature du métal traité.

Aciers au carbone. — Le diagramme représenté figure 52, p. 127, indique les vitesses acceptables pour les aciers au carbone.

Les aciers doux et extra-doux doivent être refroidis rapidement, la ferrite ayant une grande propension à cristalliser pendant le refroidissement.

Un refroidissement lent à l'air rend par suite les aciers doux très fragiles. Le minimum de vitesse admissible est la trempe à l'air, dite *recuit à la volée*, qui consiste à saisir les pièces avec une pince, pour les sortir du four et à les agiter dans l'air, en vue d'accélérer le refroidissement.

On peut, dans beaucoup de cas, tremper ces aciers dans l'eau, sans inconvénient, puisqu'ils ne prennent pas la trempe.

Les *aciers mi-doux et mi-durs* seront refroidis, les portes du four ouvertes et en dehors de toute boîte de chauffage.

Les *aciers durs et extra-durs* seront refroidis, d'abord comme les aciers mi-durs, c'est-à-dire les portes du four ouvertes, jusque vers 600°. On fermera alors les portes du four, pour franchir plus lentement la zone de fragilité, de 400° à la température ambiante, les aciers durs étant très sensibles à l'influence de cette zone.

Aciers spéciaux. — Les aciers qui trempent à l'air, par suite de leur teneur en nickel ou en manganèse, ne peuvent être usinés facilement, après un recuit destiné à faire disparaître l'écrouissage dû au forgeage, par exemple, que si l'on opère le refroidissement de la façon suivante : on atteindra rapidement une température légèrement inférieure au point critique au refroidissement, pour empêcher la cristallisation, puis on réchauffera la pièce au-dessous et très près du point de transformation à l'échauffement, pour opérer le revenu maximum ; enfin on refroidira rapidement à l'air. C'est, en résumé, une *trempe à l'air*, suivie d'un *adoucissement*. Le diagramme de la fig. 55 schématise la conduite de l'opération.

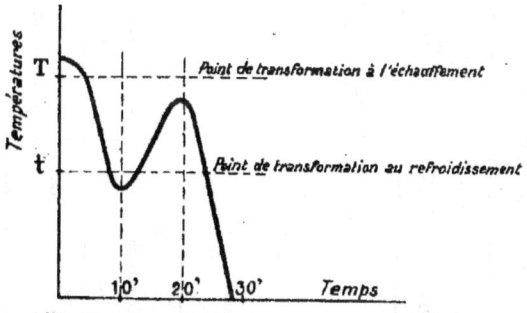

Fig. 55. — Diagramme de refroidissement. (Adoucissement.)

Le tableau 14 donne tous les renseignements concernant les traitements thermiques des aciers au carbone et des aciers spéciaux les plus employés dans l'industrie.

CÉMENTATION

Nous comprenons sous le nom de cémentation, les opérations qui réunissent à la fois : un *traitement thermique* et un *traitement chimique*.

On peut se proposer deux transformations chimiques complètement opposées :

a) Soit carburer un acier doux, c'est la *cémentation carburante* ou cémentation proprement dite ;

b) Soit décarburer une fonte, c'est la *cémentation oxydante*, qui donne un produit se rapprochant des aciers par ses caracté-

TABLEAU 14

Traitements thermiques des principaux aciers

Aciers	Charge de rupture à l'état recuit ou réchauffement	Point critique supérieur	Température de trempe correcte	Trempe à employer	Charge de rupture du métal trempé	Traitement correspondant au minimum de fragilité	Résilience correspondante	Traitement donnant l'adoucissement maximum
au carbone								
doux	30 à 40 k.	925° à 815°	950°	à l'eau	45 à 65 k.	Trempé à l'eau et revenu à 650° puis refroidi dans l'eau	> 25	Recuit
mi-doux	40 à 55	815 à 755	850	id.	65 à 100		25 à 18	
mi-durs et durs	55 à 75	755 à 710	800	id.	100 à ...		18 à 10	
au nickel								
à 2 %	40 k.	790°	850°	à l'eau	55 k.	Trempé à l'eau à 150	> 25	Recuit
à 5 %	50	730	850	id.	110			
au nickel chrome								
1er groupe doux	50°	730°	850°	à l'eau salée saturée bouillante ou à l'huile	60 k.	Trempé à l'eau salée saturée bouillante et revenu à 650° puis refroidi dans l'eau	18	Recuit
mi-durs	55 à 75	725	800		85 à 100		15 à 22	
durs	90	740	800	à l'air à l'huile à 250° au plomb à 350	120		13	
2e gr. durs	110	725	850	à l'air	130		18	Trempé à l'eau et revenu à 650° puis refroidi très lentement à l'eau
—	130	725	850	à l'air	190		18	

ristiques et appelé pour cette raison, ainsi que nous l'avons déjà dit, *fonte malléable*.

L'opération de la cémentation consiste, en principe, à chauffer le métal à transformer au contact d'une poudre carburante ou oxydante, de composition appropriée, qu'on appelle *cément*.

Les pièces de métal sont enfermées dans des pots métalliques remplis de poudre de cément.

Ces pots sont empilés dans des fours à sole ; ils doivent être hermétiquement clos pour empêcher toute action des gaz du foyer ou des gazogènes sur le cément et sur les pièces. La durée du chauffage est toujours très longue, la transformation chimique étant forcément lente.

A. — CÉMENTATION CARBURANTE

Généralités. — La cémentation carburante a pour but de transformer la surface extérieure d'une pièce d'acier doux en acier dur, susceptible de durcir par la trempe. On obtient ainsi divers avantages :

a) Si toute la pièce était en acier dur, on obtiendrait par la trempe un métal fragile, à moins d'opérer un revenu qui diminuerait alors la dureté superficielle ;

b) Une pièce en acier cémenté risque moins de taper à la trempe qu'une pièce entièrement en acier dur ;

c) La cémentation permet d'obtenir des pièces ayant à la fois une dureté superficielle très grande et une résilience élevée, grâce à la partie centrale ou *âme* qui, n'ayant subi aucune transformation, est constituée par de l'acier doux.

Il existe toutefois un inconvénient, c'est que la résistance de l'âme est quelquefois trop faible pour résister aux efforts auxquels la pièce est soumise. On remédie à ce défaut en choisissant un acier doux au nickel ou au nickel-chrome qui possède une résistance plus grande que l'acier de cémentation au carbone.

On ne peut cémenter un acier mi-dur au carbone dans le but d'obtenir une couche externe plus dure, car la trempe n'étant suivie d'aucun revenu, l'âme de la pièce prendrait la trempe tout comme la zone extérieure et deviendrait extrêmement fragile.

On peut au contraire, cémenter certains aciers mi-durs au nickel parce qu'ils possèdent, même trempés, une résilience suffisante.

La cémentation n'a pas lieu par réaction directe du carbone et du fer; elle se produit par l'intermédiaire de certains gaz. Les céments doivent par suite être susceptibles de produire des gaz doués de propriétés carburantes; les plus importants sont l'oxyde de carbone et le cyanogène, corps composé, formé par la combinaison du carbone et de l'azote. Le cyanogène possède une action beaucoup plus active que l'oxyde de carbone.

Il existe par suite deux catégories de céments : les uns ne renfermant que des composés du carbone, les autres contenant des corps azotés.

L'épaisseur de la couche cémentée dépend :
de *la durée de la cémentation*,
de *la température de chauffage*,
de *la nature du métal*,
de *la composition du cément*.

Lorsqu'on casse une pièce cémentée, on distingue facilement à l'œil nu une discontinuité d'aspect entre la zone carburée et la partie non transformée. La teneur en carbone va en augmentant de la ligne de démarcation de ces deux zones jusqu'à la périphérie, mais la loi de la variation peut être *rapide* ou *lente*, suivant l'énergie du cément employé.

Pour obtenir une couche cémentée de faible épaisseur (quelques centièmes de millimètres) tout en ayant une surface extérieure très carburée, on emploiera un cément énergique renfermant des corps azotés.

Ce genre de cémentation est surtout employé pour durcir des pièces de petites dimensions ayant à subir un faible frottement (calibres de vérification par exemple); le cément est alors constitué par du prussiate de potassium ou du cyanure de potassium, qui renferment du cyanogène.

Lorsqu'on contraire on veut obtenir une couche cémentée plus épaisse (de 1 à 2 mm.) capable de résister pendant longtemps à un frottement énergique (engrenages, etc.), on devra employer des céments peu énergiques à base de charbon de bois.

Avec un cément trop énergique, en effet, toute la zone cémentée serait très carburée et risquerait de s'écailler. Les conditions à réaliser consistent, au contraire, en une augmentation progressive et régulière de la teneur en carbone, allant de la périphérie vers le centre.

La vitesse de cémentation dépend, d'autre part, de la nature du métal; elle est plus faible pour les aciers au nickel que pour les aciers au carbone. Le chrome et le manganèse augmentent au contraire la vitesse de cémentation.

I. — CÉMENTATION RAPIDE

La cémentation rapide des petites pièces, dont nous avons parlé plus haut, se fait d'une façon très simple :

Cémentation au cyanure. — On plonge les pièces dans un bain de cyanure de potassium fondu et maintenu à la température de 850°; on trempe à l'eau froide, dès que les pièces ont atteint cette température.

Cémentation à la poudre. — Les pièces, décapées et chauffées au préalable à 800°, sont frottées avec une poudre spéciale à base de prussiate ou de cyanure de potassium, mélangé à du cuir torréfié, du bichromate de potassium, etc. L'opération est répétée plusieurs fois, puis on procède à un dernier chauffage à 850° et on trempe à l'eau froide.

II. — CÉMENTATION LENTE

Chauffage. — Tous les types de fours peuvent être employés pour la cémentation lente, à condition qu'ils permettent de maintenir une température très régulière. Les variations de température produisent des irrégularités de cémentation qui tendent à faire écailler la couche cémentée après trempe.

Suivant le nombre et les dimensions des pièces à cémenter, on emploiera des petits fours à moufles chauffés au gaz d'éclairage ou des fours à sole, soit à foyers, soit à gazogènes.

La température des fours de cémentation doit être très élevée : 900° à 1050°. L'examen du diagramme de Roozeboom montre en effet que le point de transformation supérieur des aciers doux est aux environs de 900°. Au-dessus de cette température on obtient une solution solide des constituants de l'acier : ferrite et cémen-

Planche II

ACIERS CÉMENTÉS

ASPECT DES CASSURES APRÈS TREMPE

Fig. 56

ACIER DOUX AU CARBONE
simple trempe

Fig. 57

ACIER DOUX AU CARBONE
double trempe

Fig. 58

ACIER DOUX AU CARBONE
cémentation profonde
simple trempe

Fig. 59

ACIER DOUX A 2 °/₀ DE NICKEL
double trempe

tite; or la diffusion du carbone dans l'intérieur du métal est beaucoup plus facile dans la solution solide qu'à travers les constituants séparés.

Les pièces à cémenter sont placées dans des boîtes aussi petites que possible; on évite ainsi les pertes de temps résultant du chauffage d'une masse trop considérable de cément. Il est nécessaire cependant d'avoir une épaisseur de cément d'au moins 1 centimètre autour de chaque pièce. On protège les parties qui ne doivent pas être cémentées par de la terre réfractaire, en maintenant au besoin cette terre par un manchon en tôle.

On peut également employer du cordon d'amiante, enroulé très serré autour des parties à protéger. Un procédé très efficace consiste à déposer, sur les parties qui ne doivent pas subir la cémentation, une couche de cuivre par électrolyse. Enfin on peut encore prévoir une surépaisseur des parties devant rester non cémentées et enlever cette surépaisseur à la machine-outil avant d'effectuer la trempe, mais ce procédé est coûteux.

Les couvercles des boîtes de cémentation doivent être lutés à la terre glaise pour assurer l'étanchéité et empêcher que le charbon du cément ne soit brûlé par les gaz du four. On peut sans inconvénient introduire les boîtes dans le four déjà chaud, la couche de cément assurant un échauffement progressif.

La température sera mesurée au moyen d'un pyromètre. Pour apprécier l'épaisseur de la couche cémentée, on peut introduire dans chaque boîte une *éprouvette de réglage*, consistant en une tige de même métal que les pièces, terminée par un anneau (fig. 60). Cette tige traverse le couvercle de la boîte et plonge dans le cément. Lorsqu'on juge que la durée de la cémentation doit être suffisante pour obtenir

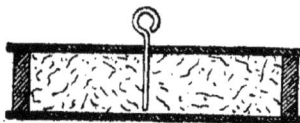

Fig. 60. — Éprouvette de réglage.

l'épaisseur désirée, on retire l'éprouvette, on la trempe, puis on la casse, et l'épaisseur est déterminée par un simple examen. Suivant le résultat obtenu, on continuera ou non l'opération.

On peut en général compter *une heure* par *dixième de millimètre* d'épaisseur de couche cémentée, pour les aciers au carbone; pour les autres aciers, on se basera sur les opérations précédentes.

Indépendamment de l'éprouvette de réglage, on placera, dans chaque boîte, une *éprouvette de vérification*, constituée par un barreau, de même métal que les pièces, et ayant même épaisseur que celles-ci.

Lorsqu'on le peut, il est préférable de sacrifier une pièce, qui sert alors d'éprouvette de vérification.

L'éprouvette de vérification doit être trempée en même temps que les pièces. Elle permet de juger de la perfection du résultat obtenu.

Refroidissement. — La cémentation est une opération de longue durée à haute température. Nous avons vu qu'un tel traitement thermique a pour effet de faire cristalliser l'acier doux, en donnant un métal à gros grain, très fragile. Ce métal doit être régénéré pour perdre sa fragilité : c'est le but de la double trempe, qui doit être employée lorsqu'on veut obtenir des pièces résistant aussi bien aux chocs qu'aux efforts statiques.

Double trempe. — L'acier cémenté se compose de deux métaux différents :

1° L'âme, constituée par de l'acier doux, dont la température de transformation est aux environs de 900°;

2° La partie carburée, transformée en acier dur, dont la température de transformation n'est que de 750°.

La partie centrale, ayant cristallisé pendant l'opération de cémentation, peut être régénérée après refroidissement complet des pièces, par un recuit à 950° suivi d'une trempe à l'eau pour éviter toute cristallisation.

La partie carburée se trouve ainsi trempée à trop haute température et doit être trempée à nouveau à l'eau à 800°.

Les pièces sont maintenues très peu de temps à cette température, afin de ne pas faire cristalliser à nouveau l'âme de la pièce.

Tel est le principe de la *double trempe* qui est en réalité un recuit de régénération suivi d'une trempe.

Simple trempe. — L'inconvénient de ce traitement est d'exiger beaucoup de temps ; aussi se contente-t-on, souvent, d'une seule trempe. La simple trempe est admissible, si elle est effectuée à 950°, après refroidissement complet des pièces et si la couche cémentée ne dépasse pas 2/10 de millimètres.

La partie centrale, non transformée, est alors régénérée et la surface externe est suffisamment durcie pour la plupart des applications.

Mais si l'on trempe les pièces à 800°, en vue d'augmenter la dureté superficielle, on ne régénère pas l'âme des pièces qui restent très fragiles et se brisent sous l'action des chocs ou des vibrations répétées.

Lorsque la couche cémentée doit être épaisse, la trempe à 950° présente elle-même des inconvénients ; elle donne une texture grossière à la zone carburée, qui a tendance à s'écailler et à taper. Il faut, dans ce cas, recourir obligatoirement à la double trempe.

Trempe directe. — Pour gagner du temps, on va quelquefois jusqu'à tremper les pièces cémentées en les sortant des boîtes de cémentation, sans les laisser refroidir.

Ce traitement simplifié présente de nombreux inconvénients : la température de la pièce n'étant pas uniforme, il se produit des déformations importantes et de plus, les pièces ainsi trempées sont fragiles et s'écaillent à l'usage. Par contre, on obtient une surface plus dure qu'avec la simple trempe ou la double trempe. L'explication de ce fait est très simple. Pendant le refroidissement lent de la pièce, il se produit une migration du carbone de l'extérieur vers l'intérieur, comme nous le verrons, plus en détail, en étudiant la cémentation oxydante. Cette migration diminue légèrement la teneur en carbone de la couche extérieure, ce qui donne des pièces un peu moins dures, mais elle régularise la gradation de la teneur en carbone entre l'extérieur et l'intérieur, ce qui diminue la tendance à l'écaillage de la couche cémentée. La trempe directe ne peut par suite être employée que pour des pièces devant résister à l'usure, mais ne recevant pas de chocs.

En résumé, le refroidissement après cémentation peut être conduit suivant trois procédés différents :

1° Trempe à l'eau froide des pièces retirées des boîtes de cémentation, quand elles sont encore chaudes (*trempe directe*).

Ce traitement ne convient qu'aux pièces non soumises aux chocs ;

2° Refroidissement des pièces dans leurs boîtes de cémentation, puis chauffage à 950° et trempe à l'eau froide (*simple trempe*).

Ce traitement convient aux pièces cémentées sur une profondeur inférieure à 2/10 de millimètres ;

3° Refroidissement des pièces dans leurs boîtes de cémentation, puis chauffage à 950° suivi d'une trempe à l'eau, enfin deuxième chauffage à 800° suivi également d'une trempe à l'eau (*double trempe*).

Ce traitement est le seul correct pour les cémentations profondes ; il est le meilleur dans tous les cas.

Remarque : il faut éviter, comme nous l'avons vu faire, de ne chauffer, en vue de la trempe, que les parties cémentées d'une pièce dont certaines régions ont été protégées pendant la cémentation. Ces régions ont subi une cristallisation qui ne disparaît que par la trempe à 950°. Lorsqu'on emploie la double trempe on peut se dispenser de tremper ces régions à 850°, mais toute la pièce doit subir le recuit de régénération.

Cette remarque ne s'applique évidemment pas au cas où une partie seulement de la pièce a été chauffée pendant la cémentation (fusée d'essieu par exemple) ; la partie demeurée en dehors du four ne subit alors aucune transformation interne.

Céments. — Les céments peuvent être classés en trois catégories :

1° *Les céments lents*, destinés à donner des épaisseurs de cémentation de 1 à 2 m/m. Ils sont à base de charbon, qui donnera naissance à l'oxyde de carbone, véhicule gazeux produisant la cémentation.

On trouve dans le commerce des céments tout préparés. On peut à bon compte en préparer d'excellents.

Le plus employé est le suivant :

>   Carbonate de baryte......   40
>   Charbon de bois pulvérisé. 60.

Le vieux cément peut resservir en remplaçant le charbon brûlé.

On emploie également le mélange ci-après :

>   Chlorure de sodium (sel marin). 10
>   Charbon de bois pulvérisé.....   90.

2° *Les céments moyens*, pouvant donner rapidement une épaisseur de cémentation de quelques dixièmes de millimètre.

On se sert ici de matières azotées : cuir torréfié, corne brûlée, etc., contenant des corps carburés azotés, susceptibles de produire du cyanogène, mais mélangées à des corps carburés non azotés, tels que le charbon de bois, la suie, la sciure de bois, et à des matières inertes : sel marin, etc...

Voici quelques formules de ces mélanges :

Suie	1 k.
Sel marin................	0 k. 100
Cuir torréfié	0 k. 500
Charbon de forge	0 k. 500
Cuir torréfié............	0 k. 500
Sel marin	0 k. 100
Sciure de bois...........	1 k. 500.

3° *Céments rapides*. — Ces céments ne permettent d'obtenir qu'une couche cémentée de très faible épaisseur : 1/100 à 1/10 de millimètre.

On emploie surtout le prussiate de potasse en poudre, seul ou mélangé à du cuir torréfié, du charbon de bois, du bichromate de potassium, du sel ammoniac, etc...

La formule suivante est très employée :

Cuir torréfié.............	1 k.
Prussiate.................	0 k. 200
Sciure de bois............	1 k.

Signalons qu'on peut cémenter également l'acier au moyen de gaz carburés, tels que le gaz d'éclairage ou les vapeurs de pétrole. Il faut alors une installation spéciale. Ce procédé est employé pour cémenter les plaques de blindage des navires cuirassés (métal Harveyé).

Essais des céments. — Pour se rendre compte des qualités d'un cément, on procède par comparaison, en prenant pour base d'appréciation un cément connu.

Les caractéristiques les plus importantes à déterminer sont les suivantes :

Vitesse de cémentation : Deux pièces, placées chacune dans un tube rempli : l'un du cément à essayer, l'autre du cément connu, sont chauffées ensemble pendant le même temps.

On trempe et on casse ces deux pièces pour pouvoir comparer les épaisseurs de cémentation.

Température de cémentation. — On déterminera la température optima de cémentation en plaçant quatre éprouvettes dans des tubes portés respectivement à 800, 900, 1000 et 1100° et remplis du cément à essayer.

On mesurera les épaisseurs de cémentation obtenues au bout d'un même temps de chauffage.

Aciers de cémentation. — Les *aciers doux* au carbone, au nickel et au nickel-chrome sont seuls employés couramment pour la fabrication des pièces cémentées. L'acier à 2 % de nickel est l'acier le plus réputé, par suite de ses caractéristiques de résistance, de dureté, de résilience et d'allongement. On peut toutefois cémenter certains aciers mi-durs au nickel et au nickel-chrome, lorsqu'on recherche une âme très résistante tout en étant peu fragile.

On trouvera à l'appendice (page 224 et suivantes) toutes indications utiles en ce qui concerne les aciers de marques courantes.

B. — CÉMENTATION OXYDANTE

Généralités. — La cémentation oxydante a pour but de décarburer les pièces en fonte, de façon à obtenir un métal malléable, dont les propriétés se rapprochent de celles de l'acier. Le produit obtenu prend le nom de *fonte malléable*. Il bénéficie à la fois des avantages de la fonte, en ce sens qu'il peut être coulé et de ceux de l'acier, puisque la cémentation oxydante le rend *ductile*.

On peut fabriquer en fonte malléable des pièces de forme compliquée, pour un prix minime. Ces pièces seraient trop fragiles en fonte et très difficiles à exécuter en acier.

On ne se propose pas, comme dans le cas de la cémentation carburante, de limiter l'action du cément à une mince couche extérieure, mais on cherche au contraire à décarburer les pièces jusqu'à cœur, de façon à avoir un métal aussi homogène que possible.

Il en résulte deux conditions essentielles :

1° Les pièces à décarburer doivent être de faible épaisseur ;

2° L'*opération doit durer plusieurs jours.*

A part ces deux restrictions fondamentales, la pratique de la cémentation oxydante présente de grandes analogies avec celle de la cémentation carburante.

Les pièces sont placées dans des pots hermétiquement fermés et remplis de cément. Ces pots sont chauffés dans des fours quelconques, à sole fixe ou mobile, à grille ou à gazogènes. Étant donnée la longue durée de l'opération, les fours sont généralement de grandes dimensions.

Le cément est formé par un mélange d'oxydes de fer : minerai pauvre (sesquioxyde de fer; $Fe^2 O^3$), battitures (oxyde magnétique de fer : $Fe^3 O^4$) et d'une matière basique : chaux, magnésie, etc.

Toutefois ces céments ne sont pas employés en Amérique, où l'on se contente de remplir les pots de cémentation avec un corps inerte : sable, chaux. La transformation se produit cependant dans ces conditions, malgré l'absence de tout corps susceptible de fournir de l'oxygène pour brûler le carbone de la fonte.

Il existe par suite deux théories de la cémentation. La première, qui correspond à l'opération telle qu'elle est pratiquée en Europe, admet un cheminement de gaz oxydants, provenant de l'action des oxydes de fer, sur le carbone de la fonte (oxyde de carbone).

Ces gaz décarburent le métal de proche en proche dans des conditions identiques à celles de la cémentation carburante.

La deuxième théorie nie l'action désoxydante des oxydes de fer constituant le cément et explique la transformation de la fonte en fonte malléable, par une simple rétrogradation des constituants vers les éléments les plus simples, savoir : le fer et le carbone, autrement dit ferrite et graphite.

On constate, en effet, en chauffant un morceau de fonte pendant très longtemps, que le carbone a tendance à se séparer du fer à haute température, pour donner naissance à des aciers de plus en plus doux, renfermant entre leurs molécules un réseau de carbone libre.

On peut s'en rendre compte en examinant une coupe d'un barreau en fonte malléable dont la décarburation n'a pas été poussée très loin : on rencontre successivement des couches de ferrite, caractérisant le fer doux ; de ferrite mélangée de perlite, caractérisant les aciers mi-durs ; de perlite pure, caractérisant les aciers durs ; de perlite mélangée de cémentite, caractérisant les aciers sauvages ; enfin de perlite mélangée de cémentite et de graphite caractérisant les fontes.

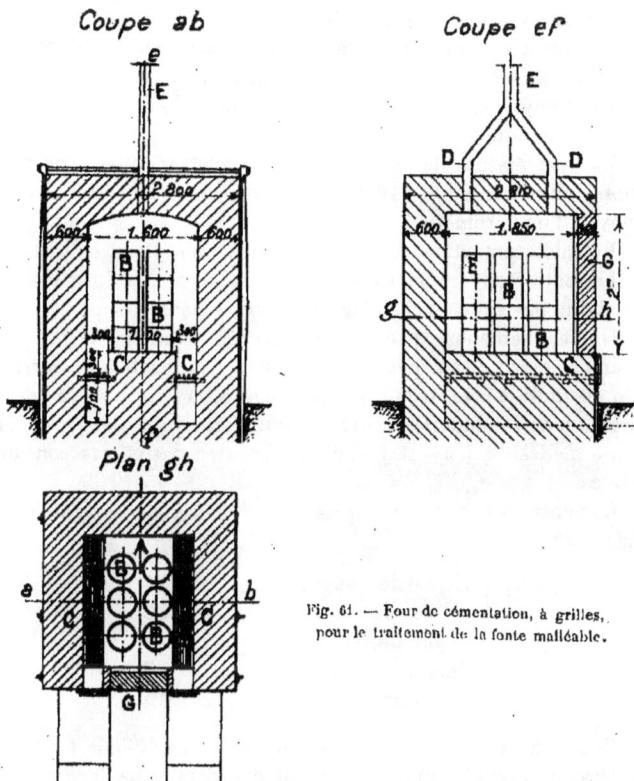

Fig. 61. — Four de cémentation, à grilles, pour le traitement de la fonte malléable.

Mais les métaux ainsi obtenus ont un allongement inférieur à celui des aciers correspondants, ayant même charge de rupture; par suite de leur texture spéciale due à la présence du carbone libre.

Il est donc incontestable qu'on peut obtenir de la fonte malléable par simple transformation interne, sans action de corps extérieurs, mais la présence d'un cément oxydant rend l'opération plus rapide.

Chauffage. — Tous les fours peuvent convenir, mais ils devront être de grandes dimensions, pour assurer une production pratiquement acceptable (fig. 61).

La durée de l'opération varie suivant l'épaisseur des pièces, leur teneur en carbone et l'activité du cément.

On compte six jours et six nuits, soit 144 heures pour les pièces courantes.

La température doit être maintenue, aussi régulière que possible, aux environs de 1000°; on la mesurera de préférence au moyen d'un pyromètre.

Refroidissement. — Le refroidissement doit être très lent.

La fonte étant transformée en acier doux, le métal est devenu cristallin par suite du chauffage prolongé à haute température.

On peut l'améliorer par un recuit de régénération à 950°, suivi d'une trempe à l'eau, pour éviter toute cristallisation de ferrite. On ne pratique ce recuit que pour les pièces mécaniques délicates, dans la plupart des cas on peut s'en passer, les pièces en fonte malléable n'ayant jamais à supporter des efforts considérables.

Céments. — Voici quelques compositions de céments oxydants :

I { Hématite rouge.......... 50
    Chaux 50

II { Oxyde de fer magnétique.. 80
     Graphite................ 5
     Magnésie calcinée........ 15

Fontes à employer. — Le carbone est plus difficile à oxyder à l'état de graphite libre qu'à l'état de carbure de fer (cémentite). Les fontes blanches sont par suite préférables aux fontes grises. On se sert le plus souvent d'un mélange de ces deux types de fontes, c'est-à-dire de fontes truitées.

La teneur en carbone sera d'environ 2 à 3 %, celle du silicium ne devra pas dépasser 0,8 % pour ne pas précipiter le carbone à l'état de graphite.

On ne peut ici songer à compenser la présence du silicium par celle du manganèse, car ce dernier corps retient le carbone et génerait par suite la décarburation.

Le soufre et le phosphore devront être éliminés le plus possible, car ils rendent la fonte malléable cassante et difficile à forger. La teneur maxima admissible est de 0,1 à 0,2 %.

Lorsque les pièces à obtenir sont épaisses, on emploiera des fontes peu carburées pour réduire la durée de l'opération de décarburation.

Au besoin, on mélangera, aux fontes blanches ou truitées, des ribblons d'acier doux ou de fer.

Enfin on peut exécuter en fonte malléable des pièces durcissant par la trempe, pour pièces de machines agricoles, par exemple. Dans ce cas, on introduira, dans la fonte ordinaire, une proportion plus ou moins importante de ferromanganèse.

DEUXIÈME PARTIE

ESSAIS DES MÉTAUX

Nous avons étudié dans la première partie les divers métaux employés dans l'industrie ; nous allons maintenant exposer les méthodes d'essais qui permettent de vérifier leurs qualités. Au point de vue qui nous occupe, les propriétés les plus importantes sont les *caractéristiques mécaniques*. Ces caractéristiques dépendent, comme nous l'avons dit, à la fois de la *composition chimique* des métaux et de leur *structure interne*.

On se contente le plus souvent de déterminer les caractéristiques mécaniques des métaux, afin de s'assurer qu'ils possèdent bien les qualités requises pour l'emploi auquel on les destine. Mais dans certains cas, il peut être utile de connaître leur composition chimique ou leur structure interne ; cette connaissance est nécessaire, en particulier, pour fixer les conditions exactes dans lesquelles doivent s'opérer les traitements thermiques : trempe, recuit, revenu, cémentation ; elle permet de vérifier certaines propriétés spéciales, telles que l'inoxydabilité ; enfin elle peut seule mettre en évidence les causes des divergences que l'on constate parfois entre les caractéristiques prévues et celles mesurées : défaut des métaux, impuretés, etc...

Nous dirons d'abord comment on détermine la composition chimique des métaux par l'*analyse chimique*, puis nous verrons comment on se rend compte de leur structure interne par l'*examen métallographique*. Nous parlerons ensuite en détail des *essais physiques des métaux* qui servent à mesurer leurs caractéristiques mécaniques.

CHAPITRE VI

ANALYSE CHIMIQUE

La composition des métaux industriels se détermine par l'analyse chimique.

Bien qu'il n'entre pas dans le cadre de cet ouvrage d'exposer dans le détail les manipulations chimiques qui permettent de doser les corps simples entrant dans la composition des métaux, nous avons pensé qu'il était utile de dire quelques mots des diverses méthodes d'analyses employées dans les laboratoires, afin de renseigner les constructeurs sur leur valeur relative et, par suite, sur le crédit qu'ils peuvent accorder aux résultats qui leur sont communiqués. Par ailleurs, certains dosages sont si faciles que, sans monter un laboratoire complet, beaucoup d'industriels auraient avantage à se procurer les quelques accessoires nécessaires, afin de pouvoir déterminer la teneur des éléments les plus importants des alliages qu'ils emploient.

Comme nous l'avons dit, les métaux industriels sont des corps composés, formés par le mélange ou la combinaison de métaux (au sens chimique du mot) et de métalloïdes.

On distingue en chimie :

L'analyse qualitative qui sert à déterminer le nombre et la nature des corps simples qui entrent dans la composition de l'échantillon considéré et *l'analyse quantitative* qui sert à fixer les proportions de chacun de ces corps simples.

L'analyse qualitative sert rarement dans l'industrie, parce qu'on connaît, en général, les éléments constitutifs du métal qu'on a commandé aux usines métallurgiques. Le problème se réduit par suite, le plus souvent, à déterminer le pourcentage exact de chacun des corps simples dont la réunion forme le métal à étudier. On a recours pour cela à l'analyse quantitative. Toutefois, dans certains cas, on peut avoir à rechercher la présence d'impuretés et quelquefois même de certains corps pouvant être introduits par fraude ou par erreur dans le métal que l'on étudie. Certains alliages industriels sont livrés sans aucun renseignement sur leur composition, il est alors nécessaire de déterminer cette composition par une analyse qualitative avant de procéder à l'analyse quantitative.

L'**analyse qualitative** consiste en principe à dissoudre le métal dans un acide ou un mélange d'acides et à rechercher au moyen de réactifs appropriés, dans la solution ainsi obtenue, les précipités ou colorations qui caractérisent les divers métaux et métalloïdes.

L'**analyse quantitative** est plus compliquée. Le processus général de l'opération est le suivant :

1° *Échantillonnage.* Le métal à essayer doit se présenter sous forme de poudre ou de copeaux fins, obtenus au tour ou à la machine à percer. Il est très important d'avoir un échantillon représentant la composition moyenne du métal à analyser. S'il s'agit d'un lingot de grandes dimensions, on perce des trous de profondeurs différentes, en divers points de sa surface extérieure, l'un d'eux doit pénétrer jusqu'au centre du lingot ; on recueille les copeaux ainsi obtenus. S'il s'agit d'une pièce longue, on prélève des copeaux en divers points de sa longueur. Enfin s'il s'agit d'un lot de pièces, on prélève des échantillons sur un certain nombre de pièces. Dans tous les cas, on mélange intimement les poudres ou copeaux obtenus, puis on prélève un ou plusieurs échantillons de 1 à 5 grammes.

2° *Attaque du métal* par un acide ou mélange d'acides convenables, de façon à dissoudre le corps simple que l'on veut doser. Mais il arrive le plus souvent qu'on ne peut le dissoudre seul et que plusieurs corps se trouvent en présence dans la solution obtenue.

3° *Séparation* du corps simple que l'on veut doser, au moyen de réactifs appropriés. Un certain nombre des corps simples constituant le métal étant dissous dans le liquide acide, on peut isoler celui que l'on veut doser : soit à l'état gazeux, soit à l'état solide. On choisit en général cette dernière méthode. On peut alors ;

a) soit précipiter le corps simple à doser à l'état de sel insoluble,

b) soit précipiter tous les autres corps simples et ne conserver que le corps à doser en dissolution.

4° *Dosage* du corps simple ainsi isolé.

Le dosage peut s'opérer de trois façons :

a) Par la *méthode pondérale*,

b) Par la *méthode volumétrique ou titrimétric*,

c) Par la *méthode électrolytique*.

La *méthode pondérale* est la méthode classique des laboratoires ; elle demande beaucoup de temps, de soins et d'expérience ; elle ne peut guère être suivie avec précision que par des chimistes de profession. Aussi peu d'industries posséderaient aujourd'hui un laboratoire de chimie, si des procédés de dosage plus simples n'avaient été mis en application dans la pratique.

La *méthode volumétrique* et la *méthode électrolytique* sont, à proprement parler, les seules méthodes réellement industrielles. Elles permettent de faire effectuer des dosages par des jeunes gens ou par des femmes, sans aucune compétence chimique. La durée des dosages est de plus très réduite dans le cas de la méthode volumétrique. Les dosages électrolytiques sont plus longs, mais ils n'exigent aucune surveillance et peuvent être entrepris en grand nombre à la fois.

Nous nous contenterons d'exposer le principe de ces trois méthodes.

a) **Méthode pondérale.** — Le corps à doser est séparé des autres corps, par précipitation ; on filtre le liquide, de façon à recueillir le précipité (fig. 62). Celui-ci est lavé soigneusement, afin d'éliminer toute trace de la solution, puis séché à l'étuve. On place le filtre, recouvert du précipité sec, dans un four à moufle pour incinérer le papier du filtre. Il ne reste plus alors que le précipité qui est pesé et donne par un calcul facile le poids du corps simple rentrant dans le poids total du métal essayé.

Le papier à filtre doit être très pur, de façon à brûler complètement, en ne laissant qu'un poids de cendre insignifiant. On pèse souvent des milligrammes de précipité, le poids de cendres doit être par suite de l'ordre d'une fraction de milligramme. Dans certains cas, on ne peut incinérer le filtre parce que le précipité se décomposerait sous l'influence de la chaleur ; on emploie alors la *méthode dite du filtre taré*. A cet effet, on prend deux filtres de poids égaux au milligramme près. On les place chacun sur un entonnoir, et chaque fois qu'on verse un liquide quelconque sur celui qui sert à recueillir le précipité, on effectue la même opération sur l'autre filtre. Les deux filtres sont passés à l'étuve pendant le même temps et on effectue la pesée par différence, en plaçant un filtre dans chacun des plateaux de la balance. Comme les deux filtres sont toujours au même état, par suite des précautions prises, ils ont forcément le même poids au moment de la pesée, quelles que soient les conditions de température, d'hygrométrie, d'attaque par les acides, etc.

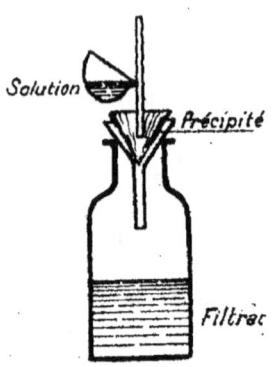

Fig. 82. — Dosage pondéral.

Le corps à doser peut être isolé à l'état gazeux ; on dissout le gaz obtenu dans un réactif liquide approprié et on pèse ce liquide, avant et après le passage du gaz qui renferme le corps à doser. Le poids de ce corps est établi par le calcul.

b) **Méthode volumétrique ou titrimétrie.** — Comme on vient de le voir, la méthode pondérale nécessite des opérations toujours délicates : filtrage, étuvage, incinération, pesée, qu'on ne peut confier qu'à des chimistes expérimentés.

L'analyse industrielle doit pouvoir être confiée à des employés n'ayant reçu aucune instruction spéciale. Aussi la méthode volumétrique doit-elle être substituée à la méthode pondérale toutes les fois que la chose est possible.

Elle consiste en principe dans les opérations suivantes :

1° Le corps simple à doser est isolé, de préférence par précipitation, de tous les autres corps ;

2° On prépare une solution titrée d'un réactif susceptible de précipiter le corps simple que l'on veut doser ;

3° On détermine le volume de solution titrée nécessaire pour précipiter entièrement le corps simple à doser.

— 160 —

Une solution est dite *titrée*, lorsqu'on connaît exactement la proportion du réactif dissous, par rapport au liquide dissolvant ; par exemple : une solution titrée de chlorure de sodium à 1 %, renferme 1 gramme de sel par 100 centimètres cubes d'eau.

Pour précipiter entièrement le corps simple à doser, il faudra une quantité de réactif d'autant plus grande que la liqueur filtrée renfermera un poids plus considérable de ce corps simple.

Il suffit de connaître le volume de la solution titrée employé pour avoir, par un calcul facile, le poids du corps simple que l'on cherche.

Pratique de l'opération. — La liqueur titrée est versée dans une burette Margueritte (figure 63), graduée et fermée à sa partie inférieure par un robinet en verre. On note le volume initial. On place le vase contenant la liqueur filtrée et le précipité sous cette burette.

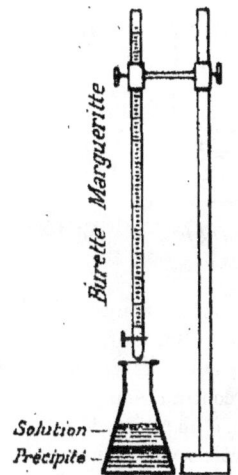

Fig. 63. — Dosage volumétrique.

On ouvre le robinet de façon à laisser couler le réactif goutte à goutte et on agite pour faciliter la réaction. Pour connaître l'instant précis où le corps simple à doser est entièrement précipité, on a soin de verser quelques gouttes d'un réactif appelé *indicateur*, qui se colore sous l'effet d'un excès extrêmement faible de liqueur titrée. A ce moment, on note le volume final restant dans la burette.

La différence du volume initial et du volume final permet de calculer le poids du corps simple contenu dans l'échantillon essayé.

Cette opération simple et rapide doit être faite par un aide soigneux, mais il n'est pas nécessaire qu'il possède des connaissances spéciales.

c) **Méthode électrolytique.** — Cette méthode ne s'applique qu'au dosage des métaux, à l'exclusion des métalloïdes. Elle consiste à déterminer le poids de chaque métal, existant dans la solution liquide, par électrolyse, en se plaçant dans des conditions de concentration, d'acidité et d'ampérage telles qu'un seul métal soit électrolysé.

On sait qu'en faisant passer un courant électrique dans une solution saline, le métal se dépose sur la cathode, c'est-à-dire sur la plaque reliée au pôle négatif. En déterminant l'augmentation de poids de la plaque servant de cathode, on connaîtra directement le poids du métal cherché.

Il suffit pour cela d'un matériel extrêmement simple. Les électrodes sont constituées (fig. 64) : la cathode par un panier de platine, l'anode par une spirale en fil de platine, entourant le panier servant de cathode.

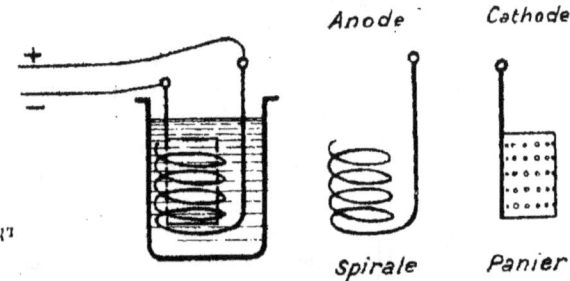

Fig. 64. — Dosage électrolytique.

On doit naturellement employer du courant continu. Si l'usine est alimentée uniquement par du courant alternatif, on se servira soit d'un petit convertisseur constitué par un moteur asynchrone entraînant une génératrice à courant continu, soit de piles électriques. Le voltage est réglé, au moyen d'un rhéostat, entre deux et quatre volts. L'ampérage joue un rôle très important ; il doit donner un dépôt adhérent, constitué par des grains fins. L'intensité correspondant à ce résultat varie suivant le métal à doser.

Les conditions de séparation des métaux, par électrolyse, ont été étudiées d'une manière très précise par M. Hollard. On se reportera à ses ouvrages pour les détails de ces opérations. On peut effectuer un grand nombre de dosages simultanément, si l'on dispose d'un nombre suffisant d'anodes et de cathodes en platine. L'électrolyse n'exige aucune surveillance.

Pour s'assurer que le métal est complètement déposé, on ajoute un peu d'eau dans la liqueur. Le niveau du liquide monte et au bout d'un quart d'heure, on vérifie que la partie supérieure de la tige de platine, reliée au panier, n'a pas changé de coloration. L'électrolyse est alors complète.

On lave le panier et son dépôt métallique à l'eau, à l'alcool et à l'éther; on passe à l'étuve et on pèse. L'augmentation de poids du panier donne le poids du métal électrolysé. La méthode électrolytique s'applique surtout au *cuivre*, au *nickel* et à *l'antimoine*.

L'analyse des laitons est extrêmement simple par ce procédé : le cuivre se dépose sur la cathode et le plomb sur l'anode, sous forme de bioxyde de plomb. Le zinc s'obtient par différence.

Nous allons décrire très succinctement, à titre documentaire, les méthodes d'analyses les plus employées industriellement, pour le dosage des corps simples entrant dans la composition des métaux. La composition des aciers et des fontes peut être déterminée presque entièrement par la méthode volumétrique. Il n'y a guère d'exception que pour le silicium, qu'on dose par la méthode pondérale et pour le nickel, qui est presque toujours dosé par la méthode électrolytique. Les bronzes, laitons et alliages divers exigent l'emploi de la méthode pondérale pour doser certains corps, mais leur teneur en cuivre est toujours déterminée par électrolyse.

FER ET SES COMPOSÉS

A. — MÉTAUX

Dosage du fer (*Méthode volumétrique*). — Le fer des aciers et des fontes se calcule par différence, après détermination des autres corps simples. On peut toutefois le doser directement. On procède alors par comparaison avec un échantillon de fer pur. On choisit à cet effet le fil de clavecin, dont 1 gramme renferme en moyenne 0 gr. 997 de fer chimiquement pur.

Attaque. — L'échantillon (1 gr. environ), pesé au préalable, est dissous dans l'acide chlorhydrique.

On ajoute un peu de bicarbonate de soude pour créer une atmosphère d'acide carbonique.

Dosage. — On emploie le permanganate de potasse en solution titrée. Tant que le fer se précipite, le liquide reste jaune ; une goutte de permanganate en excès colore le liquide en rose. On note le volume de permanganate employé : V.

On procède de même avec 1 gr. de fil de clavecin et on note le volume V' employé. Dès lors, le poids du fer contenu dans l'échantillon sera : $0{,}997 \dfrac{V}{V'}$.

Dosage du silicium (*Méthode pondérale*). — Le silicium est dosé par la méthode pondérale, à l'état de silice insoluble, parce que, dans ce cas particulier, la méthode pondérale est très facile à appliquer.

Attaque. — L'échantillon (1 gr. environ) est pesé, puis attaqué par un mélange d'acides sulfurique et azotique qui oxyde tous les métaux que contient l'échantillon.

Le silicium donne de la silice soluble. Pour la rendre insoluble on évapore au bain de sable jusqu'à siccité, puis on redissout tous les métaux dans de l'eau chaude, acidulée par de l'acide chlorhydrique. Le liquide est filtré et la silice reste sur le filtre.

On sèche le filtre à l'étuve et on incinère au four à moufle. La silice entraîne toujours un peu d'oxyde de fer, qu'on élimine, par une fusion avec du carbonate de soude ; il faut pour cela que l'incinération soit faite dans une capsule de platine et non de porcelaine. La silice est précipitée à nouveau par l'acide chlorhydrique et rendue insoluble par évaporation à siccité. On filtre, on passe à l'étuve et on incinère. La silice est alors pesée et le silicium correspondant est déterminé par le calcul.

Dosage du manganèse (*Méthode volumétrique*).

Attaque. — L'échantillon (1 gr. environ) est attaqué par l'acide azotique qui oxyde tous les métaux qu'il renferme. On évapore à siccité, pour rendre la silice insoluble ; on dissout les autres oxydes dans l'eau chaude, acidulée par l'acide chlorhydrique. On filtre pour séparer la silice. On peroxyde les sels de fer et de manganèse, contenus dans la solution filtrée, par le chlorate de potasse ; puis on ramène le précipité de fer et d'aluminium au minimum, par l'oxyde de zinc. Le bioxyde de manganèse est recueilli à l'état de précipité, puis dissous à chaud dans une solution d'oxalate de potassium.

Dosage. — On se sert d'une solution de permanganate de potassium qui précipite le manganèse. Une goutte de réactif en excès colore le liquide en rose.

Dosage du nickel.

a) *Méthode électrolytique.*

Attaque. — On attaque l'échantillon d'acier par un mélange d'acides sulfurique, chlorhydrique et azotique. On évapore à siccité et on filtre pour séparer la silice.

Dosage. — On précipite le fer par l'ammoniaque et on électrolyse le liquide, qui contient le nickel sous forme de sulfate de nickel ammoniacal.

b) *Méthode volumétrique.*

Attaque. — On dissout l'échantillon d'acier dans l'acide azotique et on neutralise par l'ammoniaque, jusqu'à obtention d'un léger trouble d'oxyde de fer. On verse alors dans la solution un volume donné de cyanure de potassium en solution titrée. On précipite le fer par un excès d'ammoniaque et on filtre. On ajoute au filtrat un volume connu d'une solution titrée d'azotate d'argent. Le nickel passe à l'état de cyanure double de nickel et d'argent.

Dosage. — On emploie une solution titrée d'iode, dissous dans l'iodure de potassium. La fin de la réaction est connue par un indicateur : l'empois d'amidon, qui se colore en violet dès que l'iode est en excès.

Dosage du chrome (*Méthode volumétrique*).

Attaque. — On dissout l'échantillon d'acier dans l'acide azotique. On oxyde le chrome par le permanganate de potassium qui donne du chromate de potassium, avec précipitation de bioxyde de manganèse. On filtre pour séparer ce précipité.

Dosage. — On se sert d'une solution titrée de sulfate de fer, qui réduit le chromate de potassium. L'opération se fait ici par différence. On ajoute un excès de la solution de sulfate de fer et on dose cet excès par une solution titrée de permanganate de potassium. Une expérience préalable fait connaître le volume de la solution de permanganate de potassium, nécessaire pour oxyder la solution titrée de sulfate de fer. Une goutte de permanganate en excès donne une coloration rose.

B. — MÉTALLOÏDES

Dosage du carbone.

Le dosage du carbone est celui qui présente le plus de difficultés : d'une part, à cause de la faible teneur de ce métalloïde dans les aciers et même les fontes, d'autre part, parce que le seul composé qui permette le dosage est l'acide carbonique. Ce corps ne pouvant être isolé qu'à l'état gazeux, impose des méthodes spéciales ; nous allons indiquer les plus employées.

I. — *Procédés par oxydation*. — Le moyen le plus simple de faire passer le carbone à l'état d'acide carbonique, consiste à faire brûler l'échantillon d'acier dans un courant d'oxygène. On procède en général de la façon suivante :

1° *Méthode de* NOLLY. — L'échantillon d'acier est placé dans une coupelle en amiante, maintenue au centre d'un ballon de verre (figure 65). Un tube t amène de l'oxygène sous pression, au-dessus de la nacelle. Le fond du ballon contient un volume connu d'une solution titrée de soude. On amorce la combustion par un arc électrique, au moyen de deux fils conducteurs aboutissant près de la coupelle. L'acier brûle alors grâce au jet d'oxygène et l'acide carbonique produit se dissout dans la soude. Il faut avoir soin d'agiter le flacon pendant la combustion.

Dosage (*Méthode volumétrique*). — On dose le volume de la

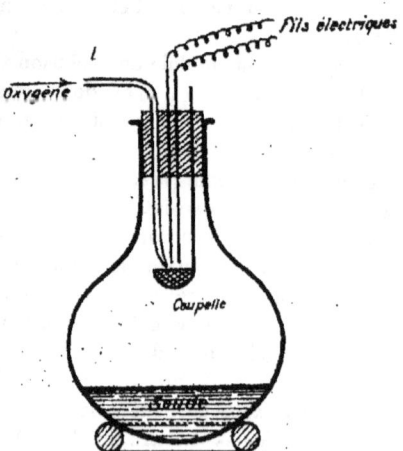

Fig. 65. — Dosage du carbone. Appareil de Nolly.

solution titrée de soude, non transformée en carbonate de soude, par une solution titrée d'acide oxalique. On utilise le phénolphtaléine comme indicateur : coloré en rouge par la soude, il se décolore sous l'action d'un excès d'acide.

2° *Méthode de* VIBORGH.

Attaque. — On attaque l'échantillon par le chlorure de cuivre ammoniacal, qui agit sur le fer, mais non sur le carbone. Les acides au contraire, en attaquant le fer, dégagent de l'hydrogène naissant qui forme avec le carbone des hydrocarbures.

Le fer réduit le chlorure de cuivre, pour donner du protochlorure de cuivre qu'on dissout dans l'acide chlorhydrique.

On filtre sur un tampon d'amiante, calciné et lavé à l'acide chlorhydrique ; on recueille ainsi le carbone.

Dosage (*Méthode pondérale*). — Le dosage s'effectue au moyen d'un appareil assez compliqué (fig. 66). L'amiante contenant le carbone est placée dans un ballon ; on oxyde à chaud par l'acide chromique, en présence de l'acide sulfurique qu'on verse par un entonnoir à robinet de verre. Le carbone donne du gaz carbonique qui est absorbé par une lessive de potasse caustique, contenue dans un tube de Mohr.

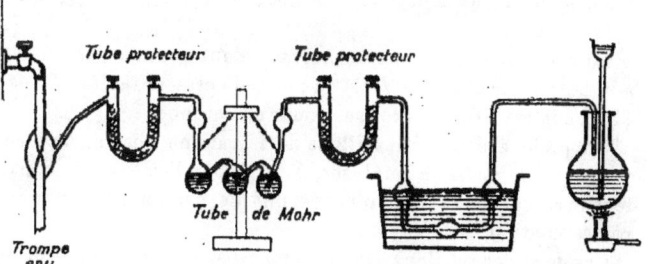

Fig. 66. — Appareil pour le dosage du carbone par l'acide chromique.

Mais il faut prendre de multiples précautions pour obtenir des résultats exacts, étant donné le faible volume d'acide carbonique recueilli. D'abord il y a lieu d'éviter tout entraînement de vapeur d'eau, qui se condenserait dans le tube de Mohr et fausserait la pesée. A cet effet, on place avant cet appareil :

Un tube réfrigérant plongeant dans l'eau froide ;

Un tube sécheur en U rempli de chlorure de calcium.

Ces tubes successifs créent une résistance considérable au

passage du gaz carbonique, ce qui oblige à créer une dépression dans tout l'appareil, au moyen d'une trompe à eau.

Pour éviter toute rentrée de vapeur d'eau, provenant de cette trompe, on place un deuxième tube sécheur en U, rempli de chlorure de calcium, entre la trompe et le tube de MOHR.

Le tube de MOHR est pesé avant et après l'opération, on obtient ainsi le poids d'acide carbonique produit et par calcul le poids du carbone.

II. — *Méthode comparative dite d'EGGERTZ.*

Les méthodes précédentes nécessitent un matériel compliqué et exigent beaucoup de temps. On peut, dans la pratique industrielle, avoir recours à une méthode moins précise, mais plus rapide et surtout beaucoup plus facile à employer.

On se procure d'abord une collection d'échantillons *d'aciers-types*, dont la teneur en carbone a été déterminée par l'une des méthodes précédentes.

Ces teneurs en carbone devront être échelonnées, par exemple de $0,1\%$ en $0,1\%$, de façon à avoir des poudres d'aciers correspondant à des teneurs en carbone de $0,1\%$, $0,2\%$, $0,3\%$, $0,4\%$, etc...

La résistance de l'acier à analyser étant connue par un essai à la bille (voir chapitre VIII) on peut, d'après le tableau 3, page 44, connaître à $0,1\%$ près sa teneur en carbone.

On prélève deux échantillons de 1 gramme chacun, l'un constitué par le métal à analyser, l'autre par l'acier-type dont la teneur en carbone est la plus voisine de celle ainsi déterminée par estimation.

Ces deux échantillons sont attaqués par l'acide chlorhydrique en solution titrée à 50%. On verse les deux liqueurs obtenues dans deux tubes de verre gradués et on achève de remplir celui qui correspond à l'acier-type avec de l'eau distillée.

Les deux tubes sont placés dans une sorte de boîte en bois, fermée par un verre dépoli, qui permet d'examiner simultanément les deux tubes par transparence. On ajoute de l'eau distillée dans le tube correspondant à l'acier à analyser, jusqu'à ce que les teintes des deux tubes soient identiques. On note alors le volume total de liquide de chaque tube gradué et on admet que les teneurs en carbone sont inversement proportionnelles aux volumes mesurés. Cette méthode est empirique ; elle n'est suffisamment exacte que pour les aciers au carbone et à condition que les deux aciers que l'on compare aient des teneurs en carbone peu différentes. Elle a l'avantage d'être rapide et d'un emploi facile.

Dosage du soufre (*Méthode volumétrique*).

Attaque. — L'échantillon (5 à 10 grammes) est attaqué par l'acide chlorhydrique, qui donne avec le fer de l'hydrogène naissant, lequel se combine au soufre pour produire de l'acide sulfhydrique qui se dégage à l'état gazeux.

On fait barboter le gaz acide sulfhydrique dans un volume connu d'acétate de zinc, en solution titrée. On obtient un précipité de sulfure de zinc.

Dosage. — L'excès d'acétate de zinc est dosé par une solution titrée d'iode, dissous dans l'iodure de potassium. L'indicateur est, dans ce cas, comme nous l'avons déjà vu, l'empois d'amidon.

Dosage du phosphore (*Méthode volumétrique*).

Attaque. — On attaque l'échantillon (1 à 10 grammes) par l'acide azotique, puis on ajoute du molybdate d'ammonium, qui donne un précipité de phosphomolybdate d'ammonium.

Ce précipité est recueilli sur un filtre et repris par un volume connu d'une solution titrée de soude.

Dosage.

On dose l'excès de soude par une solution titrée d'acide oxalique. L'indicateur employé est le phénolphtaléine.

Nous avons voulu montrer, par ce court résumé, qu'on peut remplacer la méthode pondérale par la méthode volumétrique dans la plupart des analyses relatives aux aciers et aux fontes.

CUIVRE ET SES COMPOSÉS

L'analyse d'un bronze ou d'un laiton s'effectue en général par la méthode pondérale, sauf pour quelques métaux qu'on peut doser directement par électrolyse. C'est le cas, en particulier, du cuivre, métal le plus important de ces alliages.

L'analyse complète des bronzes et des laitons comporte plusieurs séries d'opérations, qui doivent s'effectuer dans un ordre déterminé, pour pouvoir isoler chacun des corps simples. Ces analyses sont, par suite, assez délicates; nous en donnerons simplement une idée en indiquant l'ordre des opérations.

PREMIÈRE SÉRIE D'ANALYSES

Attaque. — L'échantillon (1 gramme environ) est attaqué par l'acide azotique qui fait passer l'étain à l'état d'acide métastannique insoluble. Les autres métaux sont dissous.

Dosage de l'étain. — On filtre pour recueillir le précipité d'acide métastannique, on incinère et on pèse. Le calcul donne la teneur en étain.

Dosage du plomb. — On le dose à l'état de sulfate de plomb. La liqueur filtrée précédente est attaquée par l'acide sulfurique qui précipite le sulfate de plomb. On filtre, on incinère et on pèse. On déduit le poids du plomb par calcul.

Dosage du cuivre. — On le dose à l'état de sulfure de cuivre. La liqueur filtrée précédente est traitée par l'hydrogène sulfuré qui précipite le sulfure du cuivre. On filtre, on incinère, en ajoutant du soufre en excès pour être sûr d'avoir du sulfure cuivreux et non cuivrique. On pèse et on calcule le poids du cuivre.

Dosage du zinc. — On le dose à l'état d'oxyde de zinc. La liqueur filtrée précédente est additionnée d'ammoniaque et traitée par le sulfhydrate d'ammoniaque qui précipite le zinc à l'état de sulfure. On filtre, on incinère, puis on dissout dans l'acide chlorhydrique. On fait passer le zinc à l'état d'oxyde de zinc en traitant la liqueur par le carbonate de soude. On filtre à nouveau, on incinère et on pèse.

DEUXIÈME SÉRIE D'ANALYSES

Attaque. — Un deuxième échantillon (1 gramme environ) est attaqué par l'acide azotique qui oxyde le phosphore et le fait passer à l'état d'acide phosphorique. Les métaux sont dissous, sauf l'étain, qui est passé à l'état d'acide métastannique.

Le cuivre et le plomb sont précipités par l'hydrogène sulfuré, à l'état de sulfures. La liqueur filtrée contient le phosphore, l'aluminium, le zinc et le manganèse.

Dosage du phosphore. — On précipite le phosphore par le

molybdate d'ammoniaque. Le précipité de phosphomolyhdate d'ammoniaque ainsi obtenue est séché et pesé. La teneur en phosphore s'obtient par le calcul.

Dosage du fer et de l'aluminium. — La liqueur filtrée précédente est traitée par l'acétate de soude qui précipite l'aluminium et le fer à l'état d'oxydes. On filtre, on incinère, puis on redissout le fer dans l'acide chlorhydrique. On le dose par la méthode exposée à l'analyse des aciers. L'aluminium se calcule par différence.

Dosage du manganèse. — La liqueur filtrée contient le zinc et le manganèse. On oxyde le manganèse par le brome, en présence de l'ammoniaque. On filtre et on calcine le précipité obtenu. Le manganèse passe alors à l'état d'oxyde salin. On pèse et on détermine la teneur en manganèse par le calcul.

ALLIAGES INDUSTRIELS

L'analyse des alliages industriels est encore plus délicate que celle des bronzes et des laitons. Les opérations doivent se suivre dans un ordre donné, pour permettre la séparation des nombreux corps simples qui constituent ces alliages. L'ordre des opérations varie d'ailleurs suivant leur composition.

On recherche d'abord, par une analyse qualitative, les métaux formant l'alliage. La marche à suivre dans chaque cas et les opérations à effectuer ne peuvent être déterminées qu'en ayant recours à des connaissances de chimie très complètes.

Toutefois la méthode électrolytique permet de doser facilement quelques-uns des métaux que l'on a intérêt à connaître.

CHAPITRE VII

EXAMEN MÉTALLOGRAPHIQUE

Nous avons vu que les qualités d'un métal dépendent, non seulement de sa composition chimique, mais également de sa structure interne.

Pour se rendre compte de la structure interne des métaux, on est obligé d'employer plusieurs méthodes différentes, dont chacune a un but bien défini. Ces méthodes sont les suivantes :

1º Examen superficiel ;
2º Aspect des cassures ;
3º Macrographie ;
4º Micrographie.

1º EXAMEN SUPERFICIEL

Lorsqu'un acier présente des défauts importants : manque de matière (soufflures), corps étrangers (scories), etc..., ceux-ci apparaissent le plus souvent à la surface des pièces. Un simple examen superficiel à l'œil nu, ou de préférence à la loupe, permettra donc de connaître ces défauts.

Cet examen ne peut évidemment pas donner l'assurance que le métal est sain ; il permet, cependant, d'éliminer une fraction importante des pièces défectueuses et, étant donnée sa simplicité, constitue un procédé de vérification susceptible de rendre de précieux services.

L'examen superficiel doit être fait : à la réception des matières premières, puis après façonnage des pièces brutes (forgeage, laminage, fonderie, etc...) ; et au cours des diverses opérations d'usinage ; enfin sur les pièces finies. Certains défauts non apparents sur les pièces brutes, se révèlent en effet dès que l'usinage a mis à nu la région où le défaut se trouve localisé.

DÉFAUTS DES MÉTAUX

Les principaux défauts des métaux, susceptibles d'être révélés par un examen superficiel, sont les suivants :

Soufflures. — Ce sont des trous, produits dans le métal par l'inclusion des gaz qui se dégagent au moment de la coulée des lingots et des pièces de fonderie. Ils peuvent, dans certains cas, être très étendus en profondeur, alors qu'on n'aperçoit qu'un trou de faible diamètre à la surface (figure 67) ou, au contraire, être très nombreux et de peu d'étendue ; on les appelle alors des *piqûres*.

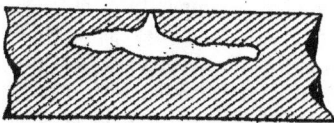

Fig. 67. — Soufflure très étendue.

Retassure. — C'est le vide central qui se forme au milieu d'un lingot, par suite du retrait du métal, pendant le refroidissement dans le moule de coulée (figure 68). On est obligé, pour éliminer la retassure, de sacrifier une partie du lingot, en le coupant au-dessous de ce défaut. C'est ce qu'on appelle *étêter* le lingot.

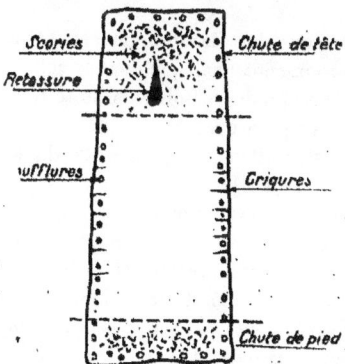

Fig. 68. — Lingot d'acier.

Scories. — Ce sont de petits grains de silicates ou d'oxydes provenant : les premiers, de parcelles de sable ou de laitier, entraînées par le métal pendant la coulée ; les seconds, de l'oxydation du métal au contact de l'air, pendant le trajet du four de fusion au moule ou à la lingotière.

Dans le cas des lingots d'acier, ces impuretés se rassemblent à la partie haute et à la base du lingot, par différence de densité. On s'en débarrasse en coupant le sommet et la base du lingot sur une certaine hauteur. On obtient ainsi des *chutes de tête et de pied*, dont l'importance doit varier suivant : la nature du métal, les procédés de fabrication employés et le degré de pureté qu'on désire obtenir.

On trouve des traces de scories et même une partie de la retassure, dans les pièces fabriquées, lorsque les chutes ont été insuffisantes ou le métal particulièrement impur, lorsque la coulée a été faite à trop haute ou trop basse température, etc.

Gouttes froides ou grains durs. — Ce sont des parcelles de métal, beaucoup plus dures que le métal environnant, qui proviennent : soit d'un phénomène de trempe partielle, produit par le contact de parties du moule restées froides ; soit de la séparation de certains constituants très durs, tels que le *carborandum* ou carbure de silicium, qui résulte de la combinaison du carbone et du silicium contenus dans les fontes.

Ces défauts risquent d'ébrécher les outils au moment de l'usinage et doivent être enlevés au burin, avant le montage des pièces sur les machines-outils. On appelle *diamants*, les grains durs de très faibles dimensions.

Criques ou criqûres. — Ce sont des fissures provenant de déchirures du métal. Elles se produisent : soit pendant le refroidissement des lingots ou des pièces fondues, soit à la suite d'un forgeage effectué à trop basse température.

Ce défaut est plus grave que les soufflures ; il peut s'étendre en profondeur et est toujours difficile à déceler.

Tapures. — Ce sont des fissures produites pendant la trempe du métal, par suite d'un retrait trop brusque ou inégal. Elles entraînent forcément le rebut des pièces présentant ce défaut.

Pailles. — Ce sont des portions de métal non soudées à la masse et qui proviennent de décollements produits, le plus souvent, par les opérations de laminage ou d'étirage. Ces décollements se produisent dans le sens du laminage ou de l'étirage et se présentent sous l'aspect de lamelles fibreuses, ce qui leur a valu leur nom. Ils peuvent également résulter d'un forgeage à trop basse température, qui n'a pu souder entre elles les diverses couches de métal.

RÉPARATION DES DÉFAUTS DES MÉTAUX

On peut, dans la plupart des cas, sauver les pièces présentant les défauts énumérés ci-dessus, grâce à l'emploi de certains procédés de réparation que nous allons exposer.

Sondage. — Il est indispensable, avant toute réparation, de sonder soigneusement le défaut, afin d'en connaître l'étendue exacte.

Comme nous l'avons dit, certaines *soufflures*, qui paraissent peu importantes en surface, s'étendent profondément à l'intérieur de la pièce. On effectuera le sondage avec un fil de fer, recuit pour le rendre souple; au besoin on pratiquera une saignée au burin ou un trou au foret, pour mettre à découvert toute l'étendue de la soufflure. Les criqûres et les pailles, qui s'étendent le plus souvent en profondeur, seront soudées au bédane fin, jusqu'à ce que l'on rencontre le métal sain. La fente très faible, que présente une criqûre à la surface des pièces, sera mise en évidence en blanchissant le métal à la lime ou à la toile émeri. La fissure se détache alors, sous forme d'une fine ligne noire, sur le fond brillant du métal. Le sondage au bédane laisse subsister ce fond brillant et permet de suivre la criqûre en profondeur.

Réparation. — Les soufflures ou criqûres, peu importantes en étendue, et dont la profondeur est inférieure à la passe d'usinage, peuvent être négligées, puisqu'elles disparaîtront au cours des opérations de fabrication.

Les soufflures plus étendues peuvent, dans certains cas, être bouchées: soit par *soudure*, soit par simple *obturation*, en remplissant la cavité avec de la soudure d'étain ou du mastic de fonte; soit enfin par *soudure autogène*. Il y a là une question d'appréciation de la part du constructeur. Pour certaines pièces délicates, aucune réparation ne doit être tentée; pour certaines autres, la soudure autogène peut restituer à la pièce une résistance suffisante, mais ce procédé de réparation crée des tensions intérieures, si l'on ne chauffe qu'une région isolée de la pièce. La soudure autogène ne doit être faite qu'après un chauffage convenable de toute la pièce, et le refroidissement devra être très lent.

La soudure autogène peut être opérée : soit au chalumeau, soit au moyen de l'arc électrique, en fondant des baguettes de métal dans la cavité qui constitue le défaut à réparer. Le chalumeau employé peut être oxhydrique ou acétylénique.

Ce procédé réussit surtout pour les pièces en tôle, en acier coulé ou en bronze ; il est assez dangereux lorsqu'il s'agit de pièces de fonte. On doit lui préférer dans ce cas *la soudure à la poche*, qui consiste à couler du métal fondu, dans un moule préparé spécialement, comme l'indique la figure 69. Le métal fondu ramollit la surface de la pièce à l'endroit de la coulée et, après refroidissement, on a une masselotte parfaitement adhérente qu'il ne reste plus qu'à buriner.

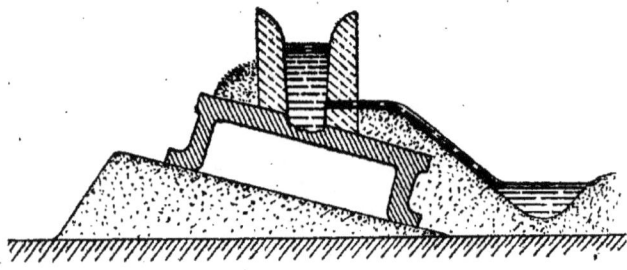

Fig. 69. — Soudure à la poche.

S'il s'agit d'un carter, dont la seule qualité à exiger est l'étanchéité, on peut se contenter d'obturer la soufflure avec de la soudure à l'étain ou du mastic de fonte, suivant le métal de la pièce. Le mastic de fonte présente l'avantage de s'appliquer à froid, condition essentielle pour les pièces en fonte mince, par exemple, ou présentant des épaisseurs inégales.

Les compositions les plus employées sont les suivantes :

Mastic ordinaire :

    Soufre . . . . 5 gr.
    Limaille de fer . . . . . . 300 »
    Sel ammoniac . . . . 20 »
    Vinaigre . . . . 10 »
    Eau . . . . 50 »

Mastic résistant à la chaleur :

    Soufre.................... 10 gr.
    Sel ammoniac............. 10 »
    Limaille de fonte........ 500 »

Mastic résistant à l'humidité :

    Soufre.................... 10 gr.
    Sel ammoniac............. 20 »
    Limaille de fonte........ 500 »

On peut encore rapporter une pièce soigneusement ajustée et tenue par des vis à tête noyée.

Ces réparations à froid évitent le danger des tensions intérieures qu'on n'évite jamais complètement par la soudure.

On peut réparer les pièces brutes présentant des *pailles* ou des *criques*, en sondant soigneusement ces défauts au bédane ou au burin pneumatique et en forgeant ou laminant à nouveau la pièce, de façon à souder les lèvres de la fente ainsi pratiquée.

Mais lorsque les pièces sont usinées, ces défauts entraînent forcément le rebut.

Essai de résonance. — Le son permet de déceler certains défauts des métaux et en particulier les criques, les tapures, les pailles, etc...

C'est ce qui explique la précaution prise par les Compagnies de chemin de fer, de faire essayer les essieux de wagons aux principaux arrêts des trains, en les frappant avec un marteau.

2° ASPECT DES CASSURES

L'examen superficiel ne renseigne que sur les défauts qui apparaissent à l'extérieur des pièces. Pour se rendre un compte plus exact de la structure interne, il est nécessaire de rompre le métal et d'examiner l'aspect des cassures produites.

On profitera d'abord des essais de traction, de choc, etc., qui permettent d'examiner le grain du métal. Au besoin, on rompra un certain nombre de pièces, en pratiquant une saignée au burin

MICROGRAPHIE   Planche III

ATTAQUE : Acide picrique.   ATTAQUE : Picrate de soude.   ATTAQUE : Chlorure de cuivre ammoniacal

Fig. 70
ACIER HYPEREUTECTOÏDE
Constituants { perlite : fond noir
               cémentite : aiguilles blanches

Fig. 71
ACIER HYPEREUTECTOÏDE
Constituants { perlite : fond gris
               cémentite : aiguilles noires

Fig. 76
BRONZE ORDINAIRE (84-16)
Constituants { a : taches brun foncé
               b : fond blanc

Fig. 77
LAITON ORDINAIRE (90-10)
Constituants { a : taches jaune clair
               b : fond noir

Fig. 72
FONTE BLANCHE
Constituants { cémentite : fond blanc
               perlite : taches grises

Fig. 73
FONTE BLANCHE
Constituants { cémentite : fond noir
               perlite : taches blanches

Fig. 78
BRONZE PHOSPHOREUX
Constituants { a : taches noires
               b : fond blanc

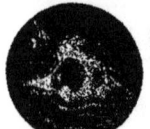
Fig. 79
BRONZE PLAQUÉ
Constituants { a : plages noires
               b : fond blanc

Fig. 74
FONTE GRISE
Constituants { cémentite : taches blanches
               perlite : fond gris
               graphite : aiguilles noires

Fig. 75
FONTE GRISE
Constituants { cémentite : taches noires
               perlite : fond blanc
               graphite : aiguilles noires

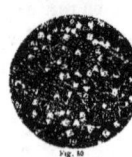
Fig. 80
ANTIFRICTION AU CUIVRE
Étain, antimoine, cuivre (90-8-2)

Fig. 81
ANTIFRICTION AU PLOMB
Plomb, étain, antimoine (77-15-8)

ASPECT DES CASSURES

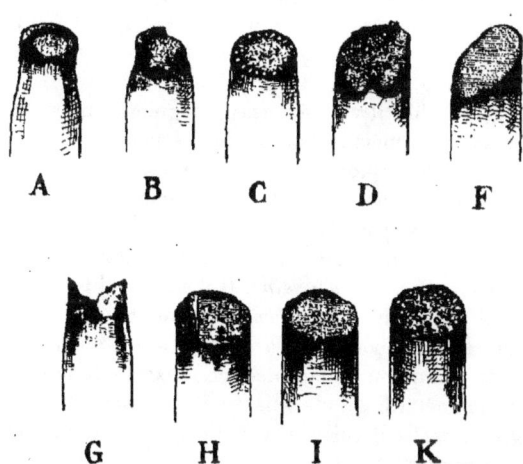

Fig. 82. — Cassures-types (vues sous un angle de 45°).

Type A : Cassure en forme de coupelle régulière, à bords brillants et fond terne. Caractérise les métaux doux de qualité supérieure.

Type B : Cassure en forme de coupelle irrégulière ou incomplète. Caractérise les métaux doux de bonne qualité.

Type C : Cassure plane et normale à l'axe, à grains fins et ternes, entourés d'un collier de grains brillants. Caractérise les métaux doux de qualité ordinaire.

Type D : Cassure rappelant celle du bois pourri. Caractérise le fer brûlé ou sulfureux.

Type F : Cassure en sifflet. Caractérise les métaux présentant des soudures.

Type G : Cassure à plusieurs sifflets. Caractérise les métaux défectueux présentant des pailles, soufflures, gouttes froides, etc.

Type H : Cassure plane, normale à l'axe, à grains brillants et traversée par une paille. Caractérise le fer pailleux.

Type I : Cassure plane normale à l'axe, à grains fins et sans striction. Caractérise les métaux durs de bonne qualité (fonte, acier moulé, bronze et acier durs).

Type K : Cassure plane normale à l'axe, à gros grains brillants. Caractérise l'acier doux brûlé ou écroui, mais se rencontre aussi dans les métaux très durs.

ou à la scie, pour diminuer la section, de manière à pouvoir effectuer la rupture au moyen d'une masse ou d'un marteau.

L'examen de la *texture sur cassure* constituait autrefois un moyen d'appréciation de la qualité des métaux et figurait dans les cahiers des charges. Les cassures étaient appréciées par comparaison avec des *cassures-types* désignées au moyen des lettres de l'alphabet (fig. 82, page 177).

Ces types, établis il y a déjà assez longtemps, ne suffisent pas à classer tous les métaux fournis de nos jours à l'industrie par les usines métallurgiques ; c'est ainsi que certains aciers spéciaux, en particulier les aciers à outils extra-rapides, ont une cassure à aspect soyeux ou porcelanique.

Une distinction générale très ancienne classait les aciers en aciers à *nerfs* et aciers à *grains*. Il n'en est plus tenu compte aujourd'hui : le même acier peut avoir une cassure à nerfs ou à grains suivant la façon dont la rupture a été opérée. Seule la grosseur du grain donne une idée assez exacte de la qualité des métaux : un métal à grains fins étant supérieur à un métal à grains grossiers. Ce dernier est généralement l'indice d'un métal brûlé ou écroui.

3° MACROGRAPHIE

La macrographie — qu'il ne faut pas confondre avec la micrographie que nous étudierons plus loin — constitue un moyen d'investigation simple, véritablement industriel, susceptible de fournir des indications très utiles, d'une part sur les défauts des métaux, d'autre part sur leur structure interne. Ce procédé consiste à attaquer, par un mordant, une section polie du métal à essayer. L'examen de la région attaquée se fait à la loupe.

Nous allons exposer en détail la pratique de l'opération et donner quelques exemples des renseignements qu'elle peut fournir.

Polissage. — On pratique une section de la pièce, dans la région à examiner, au moyen d'une scie à métaux ou d'une meule très fine (pour les aciers très durs). On dégrossit ensuite la surface au moyen d'une meule émeri ou au carborandum, puis de limes

MACROGRAPHIE

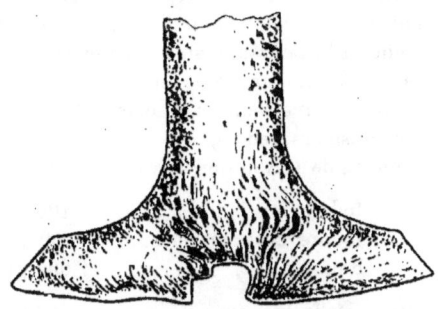

Fig. 83.

Attaque : Acide sulfurique dilué.
Examen : Lignes de déformation du métal indiquant un matriçage à trop basse température; bords présentant de nombreuses piqûres.

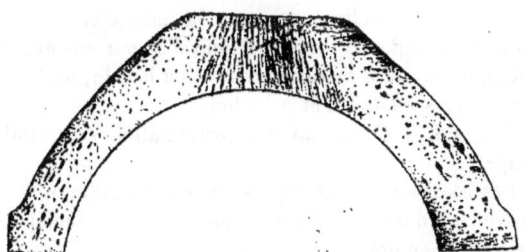

Fig. 84.

Attaque : Solution d'iode dans l'iodure de potassium.
Examen : Nombreuses scories localisées par régions, lignes d'étirage du métal indiquant un forgeage à trop basse température.

fines. On continue le polissage par des papiers d'émeri de plus en plus fins, posés à plat sur une plaque de verre, en ayant soin de croiser les traits. On termine par le n° 000.000. Le polissage peut être achevé au moyen de disques de drap ou de feutre, montés sur un lapidaire tournant à 1.000 tours par minute, et saupoudrés de potée émeri 000.000 ou de rouge d'Angleterre extra-fin, mais en général le polissage au papier émeri est suffisant.

Attaque. — L'attaque de la surface se fait :

soit au moyen d'une solution d'acide sulfurique à 20 %; l'opération dure plusieurs heures,

soit au moyen de la solution suivante :

$$\begin{array}{ll} \text{Iode} & 100 \text{ gr.} \\ \text{Iodure de potassium} & 200 \text{ gr.} \\ \text{Eau} & 1.000 \text{ gr.} \end{array}$$

L'opération s'effectue dans ce cas en quelques secondes. Il suffit de verser quelques gouttes de la solution sur la section polie du métal et de surveiller le résultat, comme s'il s'agissait d'un développement photographique. Trop prolongée, l'attaque noircit toute la surface ; au contraire, si l'action dure trop peu de temps, on n'obtient aucune indication. On arrête l'action de la solution iodée en plongeant la pièce dans l'eau. En cas d'insuccès, il suffit de polir à nouveau la surface et de procéder à une nouvelle attaque. Il faut avoir soin d'opérer sur une surface polie exempte de toute matière grasse. Au besoin, on la nettoiera par des lavages à l'alcool et à l'éther.

Examen. — On examine la section attaquée à l'œil nu ou à la loupe.

Les scories et autres impuretés se colorent en noir. Les fissures provenant d'un décollement des fibres du métal apparaissent également en noir.

La coloration ainsi produite par l'attaque macrographique met en évidence beaucoup de défauts qui seraient invisibles sans attaque. C'est ainsi par exemple qu'on reconnaît facilement par la macrographie les apports de pièces (gougon destiné à masquer une soufflure) ; le contour apparait sous forme d'une fine ligne noire. Les pièces prises dans un lingot d'acier insuffisamment été et renfermant par suite une portion de la retassure, présenteront à l'examen macrographique des lignes noires, correspondant aux fibres rapprochées mais non soudées au façonnage.

Enfin, en prolongeant l'attaque, on peut se rendre compte de la disposition des fibres du métal. Le forgeage, le matriçage, le laminage peuvent être conduits de façons très différentes et donner naissance à des pièces de résistances très variables. Un crochet d'attelage, un rivet, un rail, une soupape, peuvent se rompre sous l'action d'un effort très inférieur à celui qui est prévu, si les fibres sont arrachées, rompues ou même simplement trop torturées au cours du façonnage. La macrographie fournit de précieuses indications à ce point de vue, et mérite de devenir d'un emploi de plus en plus fréquent dans l'industrie.

Nous donnons, fig. 83 et 84, deux reproductions d'épreuves macrographiques effectuées : l'une sur une soupape matricée à trop basse température et présentant des décollements des fibres du métal, l'autre sur une pièce forgée également à trop basse température et fissurée, par suite, dans la région qui doit subir l'effort de flexion maximum. De plus, les piqûres superficielles de la figure 83 montrent que le métal a été brûlé au cours du chauffage et les nombreuses scories de la figure 84 indiquent un métal de mauvaise qualité ou prélevé trop près des extrémités du lingot.

4° MICROGRAPHIE

Tous les examens précédents étant effectués à l'œil nu ou à la loupe, ne peuvent faire connaître la constitution intime des métaux. Seule la micrographie permet de distinguer les constituants étudiés au chapitre IV et de se rendre compte de leurs proportions respectives et de leur répartition.

La méthode micrographique consiste à observer au microscope une surface polie et attaquée du métal à essayer ; mais le polissage devra être poussé beaucoup plus loin que pour la macrographie, et l'attaque devra être moins brutale, pour mettre en évidence les éléments extrêmement petits du métal.

Polissage. — Il sera effectué, tout d'abord, exactement comme pour un échantillon macrographique : dégrossissage à la meule et à la lime, polissage progressif au papier émeri ; mais on terminera obligatoirement par le polissage à la meule en drap, en se servant d'alumine extrêmement ténue, en suspension dans l'eau.

Cette alumine peut être obtenue de la façon suivante : on broie au mortier de l'alumine, préparée en calcinant de l'alun ammoniacal dans un creuset. Lorsqu'on a obtenu une poudre impalpable, on en met 15 grammes dans un litre d'eau, on laisse déposer 1/4 d'heure et on siphonne le liquide qui surnage. Le dépôt est inutilisable et sera broyé à nouveau. Le liquide siphonné est laissé en repos pendant 4 heures. On siphonne à nouveau et le dépôt obtenu sera recueilli. On l'appelle *alumine de 4 heures*.

En opérant de nouveaux siphonnages, à intervalles de temps plus prolongés, on obtient l'alumine de 16 heures, puis celle de 3 jours. L'alumine de 4 heures suffit au polissage des métaux durs, l'alumine de 16 heures est préférable pour les métaux tendres, tels que les bronzes et les laitons, enfin l'alumine de trois jours n'est employée que pour les métaux mous, tels que le plomb, ou dans certains cas particuliers.

Ces diverses préparations sont projetées sur la meule en drap à l'état de suspension dans l'eau distillée, au moyen d'un injecteur.

Méthode pratique *pour la préparation de poudre d'alumine pouvant servir au polissage des échantillons micrographiques.*

Le procédé indiqué ci-dessus est très long ; on peut obtenir rapidement de la poudre d'alumine, suffisamment fine pour être utilisée directement, en employant la méthode suivante :

On introduit, dans un flacon de verre, de la poudre d'aluminium et quelques centimètres cubes de mercure. On agite le tout. Il se forme de l'amalgame d'aluminium. On verse alors de l'eau sur cet amalgame et on agite à nouveau. L'eau attaque l'aluminium de l'amalgame, en donnant de l'alumine moléculaire extrêmement divisée. La réaction s'effectue avec une vive effervescence et un grand dégagement de chaleur. Il faut agir avec précaution pour ne pas briser le flacon. On laisse déposer l'alumine, qui est assez fine pour servir au polissage des échantillons micrographiques.

Attaque. — La surface polie présente un certain relief, si on prolonge suffisamment le polissage et si le métal n'est pas trop dur : c'est l'attaque dite en *bas relief*. Mais on met plus facilement en évidence les constituants des métaux, au moyen de réactifs chimiques, dont les plus employés sont les suivants :

A. — ACIERS ET FONTES

1° *Acide picrique.* — En solution alcoolique à 5 %.
Durée de l'attaque : 5 à 40 secondes.
La ferrite et la cémentite restent blanches.
La perlite, la troostite et la sorbite se colorent en gris plus ou moins foncé.
La martensite reste blanche (fig. 70, 72, 74, planche III).

2° *Picrate de soude.* — La ferrite et la cémentite n'étant pas colorées par l'acide picrique, on aura recours pour les distinguer à l'attaque au picrate de soude, qui colore en noir la cémentite, en laissant la ferrite parfaitement blanche (fig. 71, 73, 75).

On emploie la solution suivante :

Soude caustique......	25 gr.
Acide picrique........	2 —
Eau................	100 —

Les figures 70 et 71 montrent les aspects présentés par un acier hypereutectoïde attaqué par l'acide picrique et par le picrate de soude.

Les figures 72, 73, 74, 75 montrent de même les différences d'aspect de la fonte blanche et de la fonte grise, attaquées par ces deux réactifs.

B. — BRONZES

1° *Chlorure cuivreux ammoniacal.*
Colore la solution α en brun. — Ne colore pas les solutions δ, β et γ.

2° *Perchlorure de fer.*
Colore les solutions α, η et β. — Ne colore pas les solutions δ et γ.

3° *Picrate de soude.*
Colore la solution δ en noir. — Ne colore pas les solutions α et γ.

C. — LAITONS

Chlorure cuivreux ammoniacal et perchlorure de fer.
Colorent la solution α en jaune brun clair et β en noir.

Les figures 76 et 77 sont des micrographies de bronze tendre à 84/16 et de laiton à 60/40.

Les figures 78 et 79 montrent l'aspect spécial, très caractéristique, des bronzes phosphoreux et siliceux.

Les figures 80 et 81 mettent en évidence la structure interne de deux métaux antifriction différents.

Examen. — On emploie, pour l'examen micrographique, des appareils spéciaux dont le plus répandu est l'appareil Le Chatelier (fig. 85). Il se compose d'un microscope M, disposé de façon à permettre : soit l'observation directe, soit la photographie des échantillons. La surface polie est placée en E et est éclairée au moyen d'un prisme à réflexion totale r_1 et d'un système de lentilles (L et O) et de diaphragmes (D^1, D^2), la source lumineuse pouvant être : soit une lampe électrique Nernst, soit la lumière solaire réfléchie au moyen d'un miroir. Les rayons lumineux

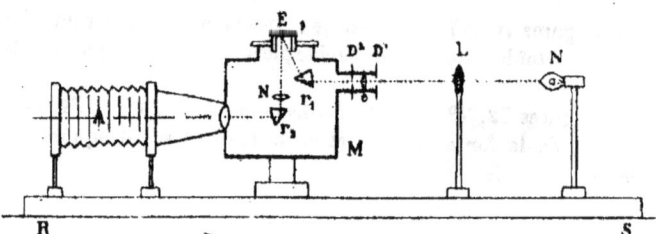

Fig. 85. — Appareil micrographique *Le Chatelier*.

émanant de la surface polie, ainsi éclairée obliquement, sont reçus sur un prisme à réflexion totale r_2, et dirigés : soit sur l'oculaire placé sur un des côtés de l'appareil, perpendiculairement au plan de la figure, soit sur l'objectif d'un appareil photographique A.

Les diverses parties de l'appareil sont supportées par une règle RS de façon à permettre les diverses mises au point nécessaires. Grâce à l'éclairage oblique, on peut se rendre compte du relief produit par le polissage, en même temps que des colorations provenant de l'attaque des réactifs employés.

CHAPITRE VIII

ESSAIS PHYSIQUES DES MÉTAUX

I. — ESSAIS MÉCANIQUES

Les essais mécaniques ont pour but de déterminer les *caractéristiques des métaux*, c'est-à-dire :
La limite élastique : E,
L'allongement proportionnel : a,
La charge de rupture : R,
L'allongement total pour cent : A,
La striction : Σ,
La résilience : ρ,
La dureté superficielle : Δ.

On prélève, à cet effet, des *éprouvettes*, soit sur les lingots, soit sur les pièces brutes, avant ou après traitement thermique, soit, enfin, sur les pièces finies et on leur fait subir des essais statiques ou dynamiques au moyen de machines spéciales que nous allons passer en revue successivement.

Il faut avoir soin de prélever les éprouvettes dans le sens des efforts que doit supporter la pièce à essayer. Lorsque cette pièce est soumise à des efforts composés (flexion et torsion par exemple), on ne peut se rendre un compte exact de la ténacité du métal qu'en prélevant deux éprouvettes, l'une suivant l'axe de la pièce, l'autre normalement à cette direction. On trouve ainsi des résultats sensiblement différents, surtout pour les pièces étirées, laminées, etc...

ÉPROUVETTES

Les éprouvettes de traction consistent en barreaux prismatiques ou cylindriques, de section constante sur la majeure partie de leur longueur et terminés à leurs deux extrémités par des renflements de forme appropriée aux mâchoires des machines à essayer. Ces renflements sont de plusieurs types ; le type généralement adopté pour les tôles consiste en un plat P, percé d'un trou dans lequel on passe un axe A, qui traverse également les mâchoires de la machine (fig. 86).

ÉPROUVETTES DE TRACTION

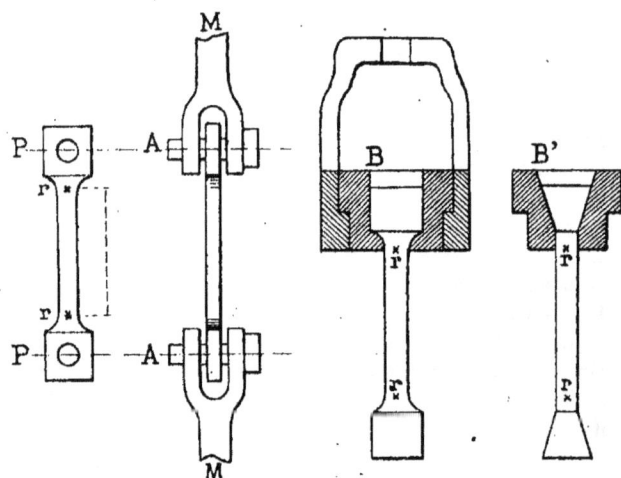

Fig. 86. — Éprouvettes plates. Fig. 87. — Éprouvettes cylindriques.

Les éprouvettes cylindriques sont terminées par des renflements cylindriques ou coniques (fig. 87) qu'on assujettit dans une bague amovible B ou B', montée dans les mâchoires de la machine à essayer. Les renflements cylindriques peuvent être filetés ; dans ce cas, les mâchoires reçoivent des bagues taraudées dans lesquelles on visse les extrémités de l'éprouvette. La longueur de la partie à essayer est marquée par deux repères constitués par deux coups de pointeaux r.

Nous avons vu que l'allongement d'un barreau de métal, soumis à un effort statique, est proportionnel à la longueur de ce barreau et inversement proportionnel à sa section. Pour obtenir des résultats comparables, on ne devra donc employer que des barreaux géométriquement semblables.

Or la loi de similitude s'applique ici très simplement et se réduit à la condition $\frac{L^2}{S}$ = constante; L étant la longueur observée du barreau et S sa section. La valeur adoptée pour cette constante est : 66,666.

L'éprouvette la plus employée est le barreau cylindrique, dit *éprouvette d'artillerie*, de 13 mm. 8 de diamètre (correspondant à une section de 150 mm. carrés) et de 100 mm. de longueur entre repères.

Si les dimensions de la pièce à essayer ne permettent pas de prélever une éprouvette de diamètre supérieur à 10 mm., on adoptera le diamètre de 9 mm. 8 correspondant à une section de 75 mm. carrés ; la longueur sera dès lors :

$$L = \sqrt{75 \times 66{,}67} \text{ soit 70 mm. 7.}$$

Le tableau 15 donne les dimensions à adopter pour les éprouvettes d'essais, à prélever dans des tôles de diverses épaisseurs, par application de cette formule.

TABLEAU 15

Épaisseur des tôles	Largeur de l'éprouvette	Section de l'éprouvette	Longueur entre repères
4	15	60	63,2
5	15	75	70,7
6	15	90	77,4
7	15	105	83,6
8	15	120	89,4
9	15	135	94,8
10	15	150	100,0
11	13,5	148,5	100
12	12,5	150	100
13	11,5	149,5	100
14	10,7	149,8	100
15	10	150	100
16	9,3	148,8	100
17	8,7	147,9	100
18	8,3	149,4	100
20	7,5	150	100
22	6,8	149,6	100
25	6	150	100

Nota. — Pour les épaisseurs supérieures à 15 mm., on peut adopter des éprouvettes cylindriques.

Les éprouvettes de compression ont la forme de prismes droits ou de cylindres, de hauteur inférieure à deux fois la plus petite dimension transversale, de façon à éviter le flambage (fig. 88). Les mâchoires consistent en de simples surfaces planes, qui peuvent être quadrillées pour empêcher le glissement latéral de l'éprouvette.

Les éprouvettes de torsion sont toujours des cylindres, de longueur assez grande par rapport au diamètre, de façon à obtenir des déformations mesurables. Les fils métalliques et les arbres de transmission sont seuls essayés à la torsion.

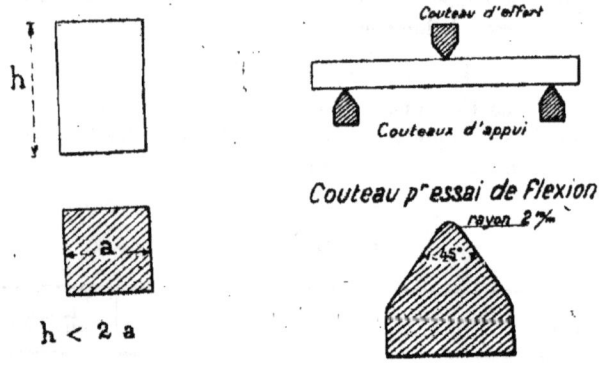

Fig. 88. — Éprouvette de compression.   Fig. 89. — Éprouvette de flexion.

Les éprouvettes de flexion sont des prismes à section généralement carrée ou rectangulaire, de dimensions très variables, suivant la destination des pièces à essayer (fig. 89). Les cahiers des charges indiquent ces dimensions, ainsi que la distance des couteaux d'appui sur lesquels repose l'éprouvette pendant l'essai.

L'effort est, en général, appliqué au milieu de cette distance au moyen d'un couteau. Les couteaux sont des lames triangulaires d'acier trempé de grande dureté, dont l'arête d'appui présente un léger arrondi, de façon à ne pas cisailler le métal de l'éprouvette.

Les fontes sont en général essayées à la flexion au moyen d'un appareil spécial, créé par Monge, qui sera décrit plus loin. Les éprouvettes sont constituées dans ce cas, par des barreaux coulés, de section carrée, ayant 40 mm. de côté.

Les éprouvettes de choc varient suivant que l'on veut effectuer un essai de traction ou de flexion ; elles peuvent être entaillées ou non. Aucune règle n'a été jusqu'ici adoptée à ce sujet, mais les éprouvettes les plus généralement employées sont les barreaux entaillés de Charpy, de Frémont et de Mesnager, dont les dimensions sont données par la figure 90 et qui sont destinés à des essais de flexion au choc.

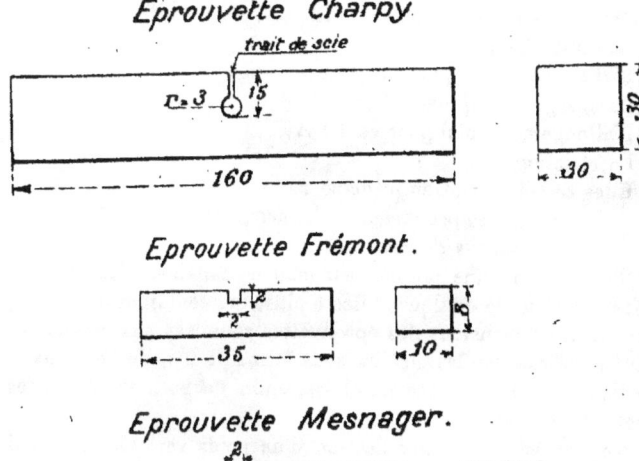

Fig. 90. — Eprouvettes de choc.

Les éprouvettes de traction au choc sont identiques à celles de traction ordinaire, à renflements filetés.

MACHINES A ESSAYER LES MÉTAUX

Nous distinguerons :

A. *Les machines statiques à essayer les métaux*, qui servent à déterminer les caractéristiques statiques ;

B. *Les moutons*, qui servent à essayer les métaux dynamiquement. Ils permettent de déterminer la résilience, seule caractéristique dynamique employée dans la pratique industrielle, ainsi que nous l'avons vu ;

C. *Les machines à essayer la dureté superficielle des métaux.*

A. — MACHINES STATIQUES

Ces machines servent à déterminer les caractéristiques des métaux sous l'effet des efforts statiques, c'est-à-dire :

La limite élastique : E,
L'allongement proportionnel : a,
La charge de rupture : R,
L'allongement total pour cent : A,
La striction : Σ.

Elles se composent en principe :
    d'organes producteurs d'efforts,
    d'appareils de mesure.

Il existe toute une gamme de machines, capables d'exercer des efforts variant de quelques kilos à plusieurs centaines de tonnes, suivant les dimensions des éprouvettes soumises aux essais. On peut ainsi essayer les métaux sous forme de fils, de barreaux à section circulaire ou rectangulaire, enfin de poutres complètes prêtes à l'emploi.

L'effort est obtenu par l'action d'un poids variable, lorsqu'il s'agit de fils ; au moyen d'une vis et d'engrenages démultiplicateurs dans la majorité des cas ; enfin, grâce à l'emploi d'une presse hydraulique, on a pu réaliser des machines de très grande puissance.

L'éprouvette étant soumise progressivement à un effort croissant, on mesure à chaque instant l'allongement correspondant. Les allongements cessent d'être proportionnels aux efforts lorsqu'on atteint la limite élastique E. A ce moment l'allongement augmente considérablement, si l'on maintient l'effort constant ; il en résulte que le fléau de la balance tombe ou que l'aiguille du manomètre reste stationnaire, suivant le type d'appareil employé. Le quotient de l'allongement, correspondant à la limite élastique, par la longueur initiale du barreau, donne la valeur de l'allongement proportionnel : a.

— 191 —

Enfin l'éprouvette se rompt ; la tension par millimètre carré, exercée à cet instant, correspond à la charge de rupture R.

Les *appareils de mesure* employés pour la mesure des efforts et des allongements sont très variables. Les plus employés sont les suivants :

Mesure des efforts. — Pour les machines de très faible puissance, l'effort étant exercé au moyen de poids, la mesure se fait directement.

La figure 91 représente la disposition la plus simple d'une machine à essayer les métaux, sous forme de fils, par exemple. Le fil-éprouvette étant pincé dans les mâchoires A et B, l'effort est obtenu au moyen d'un levier L, par le déplacement du curseur C, dont la position mesure l'effort.

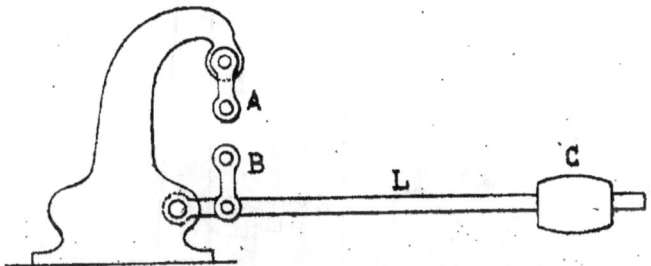

Fig. 91. — Machine à essayer les métaux, à levier simple.

Lorsqu'on a recours a un dispositif à vis, l'effort se mesure en général au moyen d'une bascule, analogue à celles qui servent à effectuer les pesées. Un fléau horizontal porte un curseur mobile dont le déplacement correspond, grâce à une multiplication convenable obtenue par des leviers, à un effort plus ou moins considérable.

La figure 92 représente une machine à essayer les métaux d'un type assez répandu. L'éprouvette d'essai est placée entre les mâchoires A et B dont l'une, B, peut se déplacer verticalement au moyen d'un écrou E qui se visse sur la partie filetée de la tige T. Cet écrou est mû, soit à bras, soit à l'aide d'un moteur électrique ou d'une transmission, par l'intermédiaire d'un certain nombre d'engrenages démultiplicateurs. La mâchoire A est reliée

— 192 —

à des leviers qui transmettent l'effort, supporté par l'éprouvette d'essai, à une bascule P, dont le fléau porte un curseur C.

Un aide agit sur l'écrou E, de façon à augmenter progressivement l'effort, tandis qu'un autre aide déplace le curseur C, de façon à équilibrer à chaque instant l'effort ainsi obtenu.

Lorsqu'on atteint la limite élastique E, l'allongement n'étant plus proportionnel à l'effort, il faudrait visser l'écrou d'une quan-

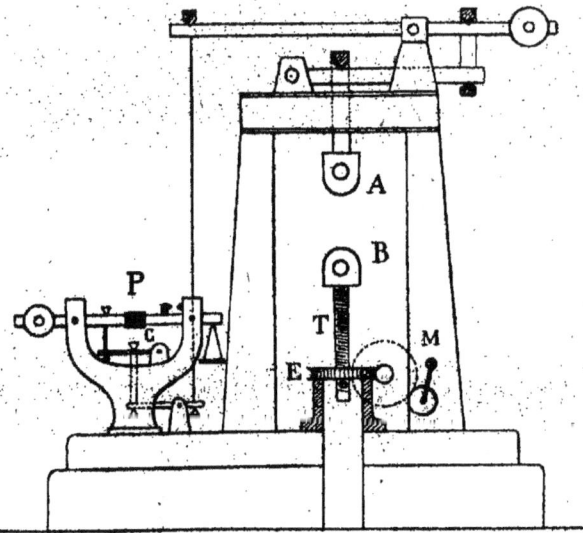

Fig. 92. — Machine à essayer les métaux à vis, type vertical.

tité assez considérable pour maintenir l'effort constant. Comme l'opérateur ne peut prévoir ce moment, le fléau de la balance tombe, indiquant ainsi la *limite apparente d'élasticité*. Enfin le barreau se rompt et on lit alors la charge de rupture au moyen du curseur C. Pour faciliter l'opération dans les grandes machines, le curseur C peut être déplacé au moyen d'une vis et d'un volant mû à la main, de façon à maintenir le fléau constamment horizontal.

La figure 93 représente une machine hydraulique de grande puissance, du type horizontal. L'éprouvette est saisie entre les mâchoires A et B ; l'effort est obtenu au moyen d'une presse hydraulique P, dans laquelle on exerce une pression progressivement croissante, au moyen d'une pompe hydraulique non représentée sur la figure.

La mâchoire B est reliée à l'appareil de mesure des efforts, qui consiste en une cuve C, pleine d'eau, dont une des parois est constituée par un diaphragme déformable, qui reçoit l'effort supporté par l'éprouvette d'essai au moyen d'un plateau M. Un manomètre est relié à la cuve et la mesure de la pression de l'eau qui la remplit, donne une évaluation précise de l'effort exercé.

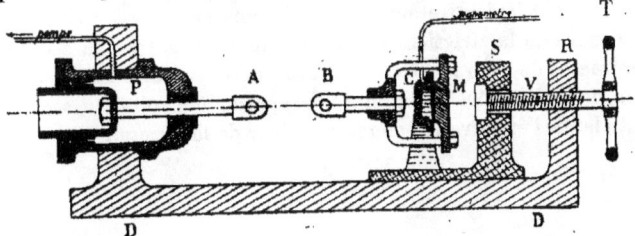

Fig. 93. — Machine à essayer les métaux (hydraulique, type horizontal).

Les machines à vis et écrou peuvent comporter un appareil de mesure hydraulique.

L'ensemble de la presse hydraulique et du support S, qui porte la mâchoire B et l'appareil de mesure C, repose sur un bâti très robuste D. Le support S peut coulisser, grâce à la vis V et au volant T, de façon à permettre le réglage de l'écartement des mâchoires, suivant les dimensions de l'éprouvette à essayer.

Tant que l'allongement reste élastique, l'aiguille du manomètre de l'appareil de mesure se déplace à chaque coup de piston de la pompe hydraulique. Lorsqu'on atteint la limite élastique, il faut au contraire un certain nombre de coups de piston pour obtenir l'allongement permanent, correspondant à une augmentation de l'effort de traction. L'aiguille marque donc un temps d'arrêt indiquant la *limite apparente d'élasticité*.

Mesure des allongements. — La mesure de l'allongement total pour cent se fait très simplement, en rapprochant les deux morceaux de l'éprouvette, après rupture, et en déterminant la distance des deux traits de repère tracés sur le barreau.

— 194 —

On n'obtient ainsi qu'une approximation assez grossière, mais qui est considérée comme suffisante dans la pratique.

Le quotient de l'allongement, ainsi déterminé, par la longueur initiale du barreau donne la valeur de l'allongement total pour cent :

$$A = \frac{L - L_o}{L}$$

La mesure de l'allongement, pendant la période des déformations élastiques, ne peut se faire qu'à l'aide d'appareils enregistreurs, dont la description est donnée plus loin.

Mesure de la striction. — On mesure la surface de la section contractée de l'éprouvette, à l'endroit de la rupture. La diminution de section ainsi déterminée, rapportée à l'unité de section initiale de l'éprouvette, donne la valeur de la striction :

$$\Sigma = \frac{S - s}{S}$$

Appareils enregistreurs. — Les procédés de mesure, que nous venons d'exposer et qui sont presque exclusivement employés dans la pratique, ne donnent que des chiffres peu précis, les lectures étant faites au vol pour les efforts et la mesure des dimensions n'ayant lieu qu'après la rupture.

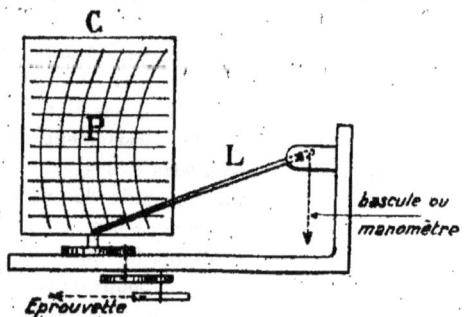

Fig. 94. — Appareil enregistreur pour essai des métaux.

Lorsqu'on veut obtenir une précision plus grande, on a recours à des appareils enregistreurs dont le principe est le suivant :

L'appareil de mesure des efforts (curseur ou manomètre) est relié, au moyen d'un fil, à l'extrémité d'un levier amplificateur L (fig. 94) dont l'autre extrémité, munie d'un style traceur, se

— 195 —

déplace devant un papier à diagramme P, enroulé sur un cylindre C. Ce cylindre tourne, autour de son axe, d'un angle proportionnel à l'allongement de l'éprouvette. Il est, à cet effet, actionné, par l'intermédiaire d'engrenages multiplicateurs, au moyen d'un fil relié aux mâchoires mobiles de la machine à essayer.

On peut se contenter d'attacher ce fil à l'une des mâchoires de la machine ; il faut avoir soin, dans ce cas, de maintenir l'autre mâchoire à une position immuable, pour avoir une mesure exacte des allongements. Il est préférable de disposer deux colliers, au droit de chaque repère de l'éprouvette et de commander le tambour enregistreur au moyen d'un système différentiel.

On obtient ainsi la courbe des allongements en fonction des efforts.

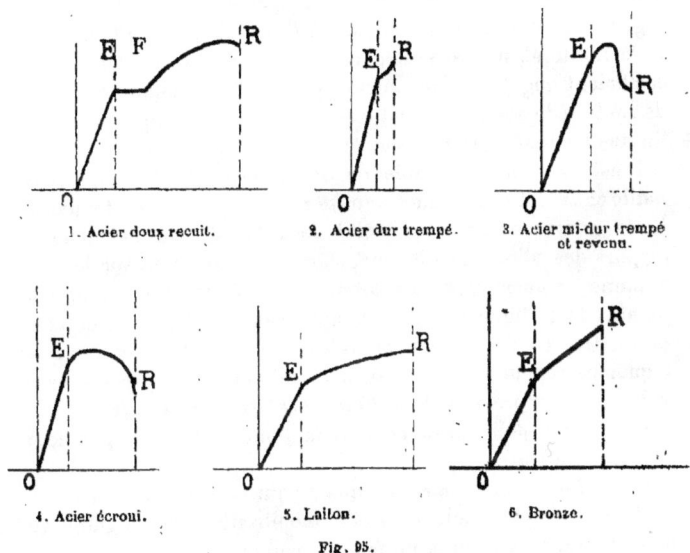

Fig. 95.

L'allure de cette courbe varie avec la nature du métal essayé. La figure 95 réunit un certain nombre de diagrammes obtenus avec les métaux les plus courants : aciers, bronze et laiton.

La valeur de la charge de rupture est indiquée par l'extrémité de la courbe. Il peut arriver que l'effort au moment de la rupture ne soit pas l'effort maximum subi par l'éprouvette (fig. 95, 1, 3 et 4); la section du barreau, soumis à l'essai, diminue en effet dans la période des déformations permanentes et, pour les métaux très ductiles, la contraction est assez importante pour abaisser l'effort de traction, malgré l'augmentation de la tension unitaire. Le calcul de la charge de rupture se fait néanmoins en rapportant l'effort total à la section initiale du barreau ; cette caractéristique a donc surtout une valeur spéculative et non absolue.

Le diagramme de traction permet de rechercher *la limite de proportionnalité*, que l'on substitue en général à la *limite élastique*, comme nous l'avons vu au chapitre I.

Le point où la ligne cesse d'être rectiligne est assez nettement défini pour les métaux à grand allongement par le palier E F (fig. 95-1). Mais pour les métaux à faible allongement (fig. 95-2) la limite élastique n'est décelée que par un changement de coefficient angulaire, quelquefois peu visible. Comme la charge de rupture de ces métaux est très rapprochée graphiquement de la limite élastique, l'erreur peut être assez importante.

Il est donc indispensable de définir la limite de proportionnalité en fixant la tolérance admise pour la non-proportionnalité. Cette tolérance est en général de 1/1.000. On calculera le rapport des allongements aux efforts, en mesurant sur le diagramme les abcisses et les ordonnées d'un certain nombre de points de la ligne O E. La comparaison des chiffres obtenus permettra de déterminer la valeur de l'effort unitaire pour lequel ce rapport a augmenté d'un millième : on prendra cette valeur pour expression de la *limite pratique d'élasticité*.

On définit donc pratiquement la limite élastique par deux chiffres différents :

1° La *limite apparente d'élasticité*, qui correspond à la chute du levier de la bascule ou à l'immobilisation de l'aiguille du manomètre, en un mot à un fait d'expérience ;

2° La *limite de proportionnalité*, qui se détermine au moyen du diagramme relevé par l'appareil enregistreur ; c'est le résultat d'un calcul.

Frémont a indiqué une méthode qui permet de déterminer le moment précis où la limite élastique est atteinte : si l'on polit soigneusement l'éprouvette d'essai, la surface du métal prend un aspect mat dès que la déformation devient permanente.

APPAREILS ACCESSOIRES.

On peut, avec les machines que nous avons décrites, faire des essais de traction, de compression, ou de flexion.

Les essais de traction s'effectuent au moyen des éprouvettes et des mâchoires déjà décrites. Pour effectuer des essais de compression, on se sert d'éprouvettes spéciales, également étudiées précédemment et d'un inverseur, semblable à celui de la figure 96, qu'on assujettit aux mâchoires ordinaires de la machine. Cet appareil est constitué par deux étriers qui renversent le sens des efforts exercés par les mâchoires.

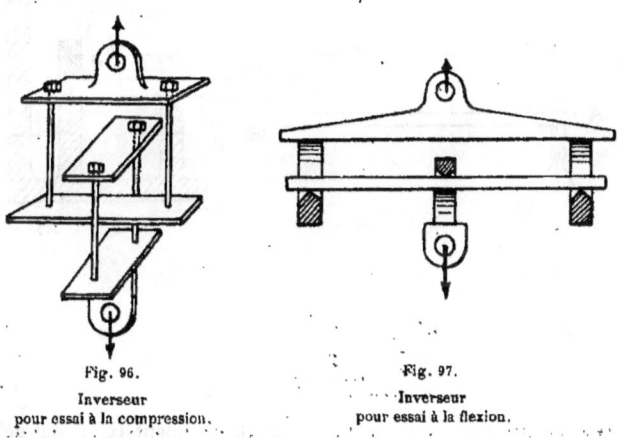

Fig. 96.
Inverseur
pour essai à la compression.

Fig. 97.
Inverseur
pour essai à la flexion.

Un appareil spécial, représenté figure 97, permet de même d'effectuer des essais de flexion avec les mêmes machines.

Il se compose d'une traverse robuste, portant les deux couteaux d'appui et d'un étrier qui reçoit le couteau d'effort. Le sens des efforts se trouve inversé, comme dans l'appareil d'essai à la compression.

Machines spéciales.

Il existe des machines spéciales, établies uniquement en vue des essais de flexion ou de torsion.

APPAREIL MONGE. — L'appareil MONGE est généralement adopté pour l'essai des fontes à la flexion.

Il se compose (fig. 98) d'un socle en fonte S, portant deux couteaux M et N, distants de 15 centimètres, entre lesquels on place l'éprouvette spéciale décrite précédemment. Le socle S étant scellé dans un mur, à hauteur convenable, on assujettit à l'extrémité T du barreau, un levier AB, qui porte un récipient R à son extrémité A. L'autre extrémité B est coudée, et reliée au barreau d'essai au moyen d'un collier C.

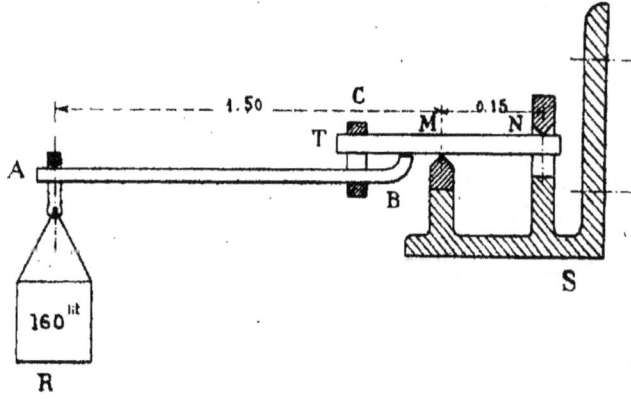

Fig. 98.
Appareil Monge
pour essai des fontes à la flexion.

On remplit d'eau progressivement le récipient R, ce qui détermine un effort de flexion croissant, sur l'éprouvette. La distance des couteaux A et M étant de 1 m. 50, l'effort exercé est égal à 10 fois la valeur du poids qui agit en A. Lorsque le barreau se rompt, il suffit par suite de connaître cette valeur pour évaluer très facilement la charge de rupture. A cet effet, le récipient est gradué de façon à faire connaître, pour chaque hauteur d'eau, le poids formé par l'ensemble du récipient R et de son contenu.

— 199 —

Machines d'essai a la torsion. — Pour essayer les métaux à la torsion, on se sert de machines fort simples, telles que celle représentée figure 99.

L'éprouvette, de section généralement circulaire, est pincée fortement entre deux mâchoires A et B. Des engrenages multiplicateurs permettent d'exercer un couple de torsion suffisant, en agissant à la main sur la manivelle M.

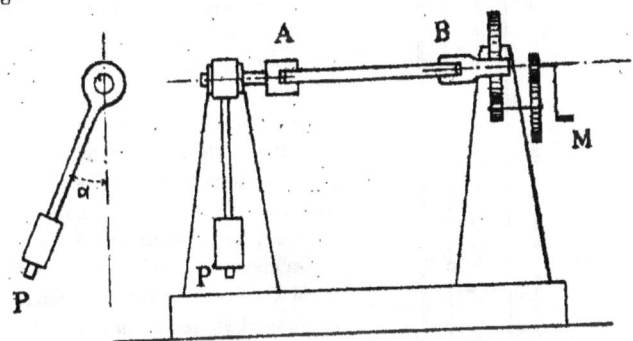

Fig. 99. — Machine à essayer les métaux à la torsion.

La mesure de l'angle et du couple de torsion s'effectue au moyen d'un pendule P, relié à la mâchoire A. Il suffit de lire l'angle α, que fait ce pendule avec une direction repérée de la mâchoire B, pour avoir l'angle de torsion. Le couple dépend de la masse du pendule, de son bras de levier et de l'angle qu'il fait avec la verticale.

B. — MOUTONS

Les moutons sont des appareils d'essai, destinés à essayer les métaux au choc. Il existe de nombreux types de moutons que l'on peut ramener à trois classes :
1° *Moutons à chute libre*,
2° *Moutons pendulaires*,
3° *Moutons rotatifs*.

Moutons à chute libre. — Le mouton à chute libre Fremont (fig. 100) est le plus ancien de ces appareils. Il comprend une masse tombante M, qui porte un couteau C et qui peut cou-

— 200 —

lisser verticalement entre deux glissières. Un tambour enrouleur T permet de remonter la masse M, en agissant sur un volant V au moyen d'une chaîne sans fin. La masse M étant soulevée à une hauteur connue H, on la laisse tomber en manœuvrant un déclic D. L'éprouvette de choc est placée en E sur deux couteaux.

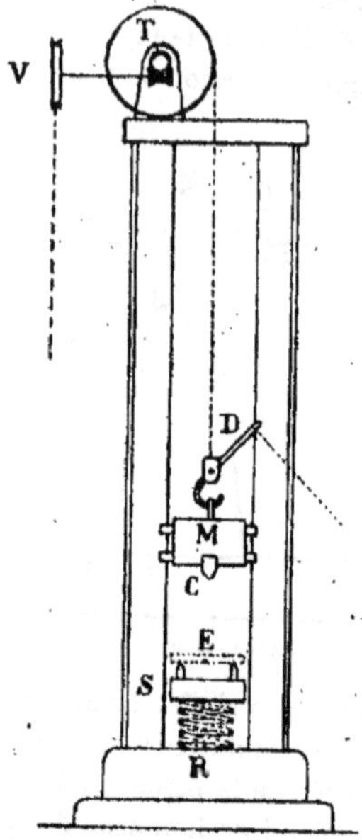

Le mouton FRÉMONT a servi d'abord pour contrôler la qualité des métaux, au point de vue de la résistance au choc, dans les conditions suivantes : on vérifiait qu'une éprouvette de dimensions données pouvait supporter, sans se rompre, un certain nombre de coups de mouton, de puissance vive donnée.

On mesurait, après chaque chute, la flexion permanente prise par le barreau et sa flexion après rupture, en rapprochant les deux fragments de l'éprouvette.

Cet essai est encore employé par certaines administrations. Il est nécessaire de définir, dans chaque cas, la section de l'éprouvette, la distance des couteaux, le poids du mouton et la hauteur des chutes. Les résultats obtenus n'ont, par suite, aucun caractère de généralité.

Fig. 100.
Mouton Frémont pour essais de choc.

On tend de plus en plus à adopter la *résilience* comme caractéristique de la résistance des métaux au choc.

Il est facile, au moyen d'un mouton à chute libre, de déterminer la résilience des métaux, en se servant d'éprouvettes entaillées. Les moutons FRÉMONT comportent, à cet effet, un sommier S qui absorbe la force vive restante de la masse tombante, en comprimant un ressort taré R.

La puissance vive du mouton, au moment du choc est : PH ; P étant le poids de la masse et H la hauteur de chute. La rupture du barreau absorbe une certaine fraction de la force vive, qui mesure précisément la résilience.

La force vive non absorbée peut être déterminée par la flèche prise par le ressort R.

A cet effet, un index est entraîné par le sommier le long d'une graduation verticale et marque la flèche maxima, prise par le ressort, au moyen d'un second index se déplaçant à frottement doux sur la même graduation.

On tare le ressort au préalable, en faisant tomber la masse du mouton sur le sommier, sans interposition d'aucune éprouvette : on note les flèches correspondant aux différentes hauteurs de chute. La force vive absorbée est, dans ce cas, exactement mesurée par le produit obtenu en multipliant chacune de ces hauteurs par le poids de la masse tombante.

DISPOSITIFS PERMETTANT L'EMPLOI DE MOUTONS D'UN MODÈLE QUELCONQUE POUR LA MESURE DE LA RÉSILIENCE

Beaucoup d'ateliers industriels possèdent des moutons à chute libre (type du P.-L.-M., etc.), qui ne sont pas établis en vue de la mesure de la résilience.

Il est très facile de déterminer cette caractéristique avec ces moutons, au moyen de l'un des dispositifs que nous allons décrire.

On peut même, à la rigueur, déterminer la résilience des métaux en se servant d'un mouton quelconque et de l'un de ces dispositifs.

Méthode des crushers. — On appelle *crushers*, de petits cylindres en cuivre rouge ou en plomb, dont l'écrasement permet la mesure de pressions considérables. Les crushers sont très employés en balistique pour la mesure des pressions intérieures des bouches à feu. On peut les employer pour déterminer la force vive restante des moutons, en les disposant sous le sommier. On mesure la hauteur du cylindre avant et après l'essai ; l'affaissement trouvé donne le nombre de kilogrammètres absorbés, grâce à un étalonnage préalable.

Cet étalonnage s'effectue exactement de la même façon que le tarage du ressort d'un sommier élastique, en laissant tomber la masse du mouton de différentes hauteurs sans interposer d'éprouvettes. On connaît ainsi exactement, dans chaque cas, la puissance vive PH communiquée au sommier.

Le tableau ci-dessous donne le nombre de kilogrammètres correspondant à l'écrasement de deux crushers-types de 7 mm. et 10 mm. de diamètre et de 11 mm. de hauteur, en cuivre rouge.

CRUSHERS DE 7 MM.		CRUSHERS DE 10 MM.	
Affaissement en mm.	Travail correspondant en kilogrammètres	Affaissement en mm.	Travail correspondant en kilogrammètres
3,1	5	2,3	5
4,9	10	3,5	10
6,3	15	4,6	15
7,1	20	5,5	20
		6,2	25
		6,9	30

Méthode balistique. — Une méthode, également simple, pour mesurer la puissance vive restante du mouton, après rupture de l'éprouvette, consiste dans la mesure de la vitesse restante au moyen d'une bille (fig. 101).

A cet effet, le mouton porte un index A qui vient heurter, aussitôt après rupture du barreau de choc, un petit levier horizontal mn, dont l'extrémité n supporte une bille B.

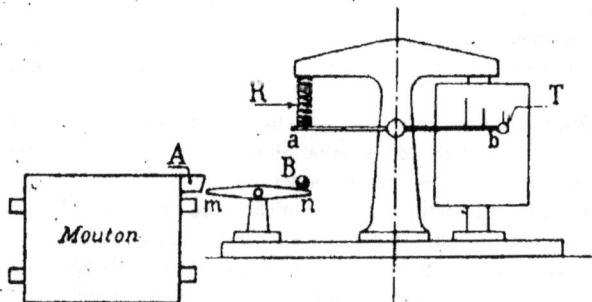

Fig. 101. — Appareil balistique pour mesure de la vitesse restante.

Cette bille prend une vitesse V, égale à celle du mouton, si les deux bras du levier sont égaux. On mesure cette vitesse V, au moyen d'un ressort taré R et d'un levier portant un style traceur T. Le choc de la bille fait tracer au style un trait dont la longueur permet de déterminer la compression du ressort R, si l'on connaît le rapport des bras du levier RT.

Calculs. — La force vive restante du mouton a pour expression : $1/2\ MV^2$.

Si P est le poids du mouton, sa masse M est égale à $\dfrac{P}{g}$, g étant l'accélération de la pesanteur, soit 9,81.

V est la vitesse commune de la bille et du mouton, à l'instant du choc.

Pour connaître cette vitesse, on détermine par un tarage préalable, comme précédemment, la compression subie par le ressort R, pour une force vive donnée de la bille B.

Si p est le poids de cette bille, sa masse m est égale à $\dfrac{p}{g}$ et sa force vive a pour expression : $1/2\ m V^2$.

Connaissant le poids p, on peut donc calculer la vitesse V et, par suite, la force vive restante du mouton : $1/2\ MV^2$.

On en déduit la résilience :

$$\rho = PH - 1/2\ MV^2.$$

Éprouvettes de choc.

Les éprouvettes employées sont celles décrites au début de ce chapitre, pour l'essai de choc à la flexion ou à la traction.

Les éprouvettes de flexion sont placées sur deux couteaux (fig. 100) ; les éprouvettes de traction sont vissées d'une part dans le corps du mouton, d'autre part au milieu d'une traverse qui vient heurter deux équerres fixées au bâti (fig. 102).

Moutons pendules. — Le type le plus répandu de ces appareils est le mouton CHARPY. Il se compose (fig. 103) d'un pendule formé par une masse A, pouvant osciller à l'extrémité d'un levier mobile autour du point O.

La masse A porte le couteau de choc. L'éprouvette est placée en E sur le socle de l'appareil.

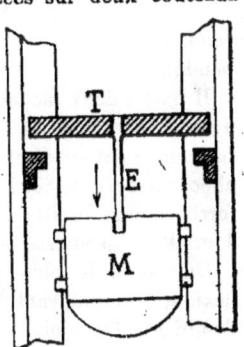

Fig. 102.
Essai de traction au choc
(Mouton Frémont).

On relève le pendule dans la position A¹, en accrochant le doigt *d*, puis on l'abandonne à l'action de la pesanteur, en soulevant le doigt d'accrochage. Le couteau, porté par la masse A, vient frapper l'éprouvette E, qui est rompue et le pendule remonte jusqu'à une position B. L'amplitude de l'angle de remontée β mesure la force vive restante du pendule. Comme la force vive initiale est toujours la même, puisqu'elle dépend de l'angle α, la résilience, qui est la différence de ces deux forces vives, est fonction de l'angle β. Un secteur gradué S permet de lire l'angle β, grâce à une aiguille qui est entraînée par le levier, dans le mouvement de remontée du pendule, mais reste dans la position correspondant à l'angle de remontée lorsque le pendule redescend. Un frein permet d'amortir rapidement les oscillations du pendule.

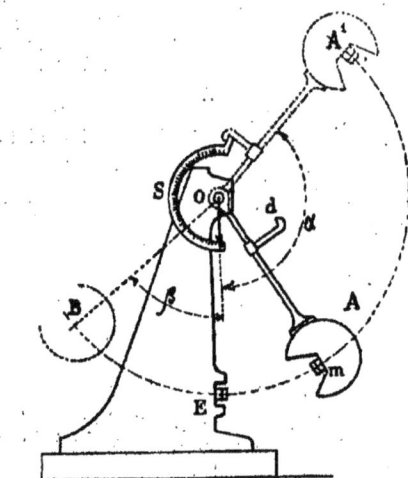

Fig. 103. — Mouton-pendule Charpy.

Il existe deux modèles du mouton CHARPY. Le grand modèle, dit n° 1, permet de réaliser une force vive de 200 kilogrammètres, pour une hauteur de chute de 3 m. 10. La vitesse, au moment du choc, est de 7 m. 80. Le petit modèle, dit n° 2, correspond à une force vive de 30 kilogrammètres, pour une hauteur de chute de 1 m. 420. La vitesse, au moment du choc, est de 5 m. 280.

On essaie le plus généralement les métaux au choc à la flexion, en employant les éprouvettes entaillées décrites précédemment. Toutefois, le mouton Charpy permet d'effectuer des essais de choc à la traction. A cet effet, le mouton peut recevoir une éprouvette cylindrique, dont les extrémités sont vissées :

(fig. 105) l'une dans le corps de la masse M, l'autre au milieu d'une traverse T. Cette traverse vient heurter deux équerres P et R, fixées sur le socle de l'appareil, à l'emplacement des couteaux.

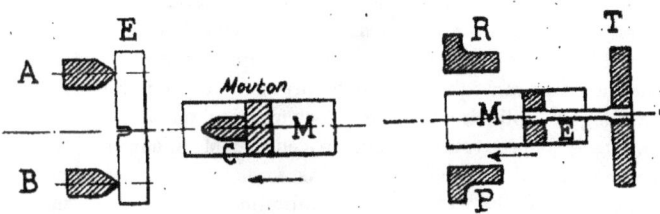

Fig. 104. — Essai de flexion au choc.   Fig 105. — Essai de traction au choc.
Mouton-pendule Charpy.

Les moutons pendulaires sont les appareils les plus précis et les plus simples de tous ceux qui servent à déterminer la résilience. Les mesures sont réduites à la lecture d'un angle ; un tableau de correspondance donne directement la valeur de la force vive absorbée, c'est-à-dire de la résilience.

Moutons rotatifs. — L'appareil GUILLERY est un mouton rotatif dont le principal avantage réside dans son faible encombrement.

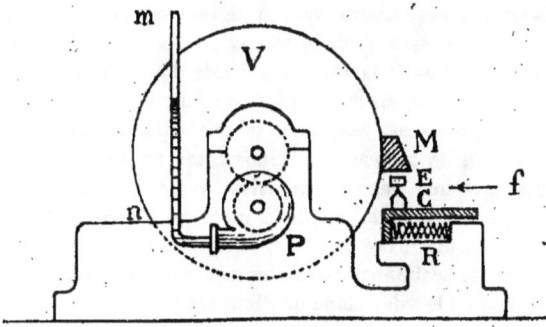

Fig. 106. — Mouton rotatif Guillery.

Il se compose (fig. 106) d'un volant V, qu'on peut faire tourner rapidement au moyen, soit d'une manivelle, soit d'une transmission. Ce volant porte un couteau M. L'éprouvette E, placée sur deux couteaux C, peut se déplacer dans le sens de la flèche f

sous l'influence d'un ressort R. On amène d'abord la glissière qui porte les couteaux vers la droite, de façon que le couteau M passe librement sans toucher l'éprouvette. Puis on fait tourner le volant, de façon à l'amener à sa vitesse de régime (environ 300 tours). Il possède à ce moment une force vive d'environ 60 kilogrammètres. Le nombre de tours est indiqué par la hauteur de la colonne d'eau mn, qui mesure la pression d'une petite pompe centrifuge P, solidaire du volant. A ce moment, on lâche un déclic qui amène l'éprouvette E sous le couteau M. L'éprouvette est rompue, ce qui absorbe une certaine force vive qui correspond à la résilience. Il en résulte une diminution brusque du nombre de tours et par suite une chute du niveau d'eau dans la colonne mn. Or la pression de l'eau est proportionnelle au carré de la vitesse, la force vive restante également. On peut donc graduer la colonne d'eau mn de façon à permettre une lecture directe de la résilience, puisque la force vive initiale est constante.

Le mouton rotatif Guillery ne permet d'essayer les métaux qu'à la flexion au choc. L'emploi d'une pompe centrifuge pour l'évaluation de la force vive rend les lectures faciles, mais peu précises.

Évaluation rapide de la fragilité des métaux. — La fragilité des métaux étant un facteur très important à déterminer, on peut, dans certains cas, désirer se renseigner sur la valeur de cette caractéristique, sans avoir le temps ou les moyens de prélever une éprouvette et de la rompre à l'aide d'une machine spéciale.

On peut, au moyen du procédé suivant, s'assurer que le métal dont on dispose n'est pas écroui ou cristallisé et peut convenir à la confection de pièces, peu importantes en elles-mêmes, mais pouvant, par une fragilité excessive, avoir une répercussion sur l'ensemble de l'appareil ou de la machine à construire. C'est le cas, en particulier, des boulons, axes, etc...

Il suffit de sectionner partiellement, à la scie, un morceau de métal, puis de le saisir dans un étau. On le rompt au moyen d'un coup de marteau ou de masse et on rapproche les deux fragments obtenus. Si la rupture s'est produite sans aucune flexion, le métal est à rejeter ; l'angle de flexion observé est d'autant moins grand que la fragilité est plus faible.

Cet essai simple et rapide, bien que peu précis, peut rendre de grands services dans la pratique. Il est à rapprocher de l'essai

Brinell, substitué à l'essai de traction, comme nous le verrons plus loin, et qui renseigne sur la ténacité des métaux dans des conditions d'emploi faciles et rapides.

C. — MACHINES A ESSAYER LA DURETÉ DES MÉTAUX

Ces machines peuvent être ramenées à deux types principaux :
1° Celles dont le fonctionnement est basé sur la méthode BRINELL ;
2° Les scléromètres.

1° MÉTHODE BRINELL

L'épreuve à la bille, définie et étudiée par Brinell, consiste à enfoncer une bille, en acier très dur, dans le métal à essayer, en exerçant une pression connue et constante, puis à mesurer l'empreinte obtenue.

Le *nombre de dureté* Δ est le quotient de la pression exercée P, par la surface a de la calotte sphérique que forme l'empreinte :

$$\Delta = \frac{P}{a}.$$

Mais l'intérêt de l'épreuve à la bille, effectuée suivant la méthode Brinell, réside surtout dans le fait, démontré par de nombreuses expériences, qu'il existe un rapport sensiblement constant entre le nombre de dureté d'un métal et sa charge de rupture.

On a donc $R = K\Delta$.

A la vérité, le quotient K varie légèrement suivant la nature de l'acier. On peut adopter les valeurs moyennes suivantes :

acier doux : $K = 0,346$
acier dur : $K = 0,362$
acier au nickel-chrome mi-dur : $K = 0,375$
acier au nickel-chrome dur : $K = 0,380$.

Pour obtenir une plus grande précision, on peut tracer la courbe de correspondance donnant les charges de rupture en fonction des diamètres d'empreinte, pour chaque nuance d'acier envisagée. Il suffit de prélever un certain nombre d'éprouvettes de traction et de les essayer à la fois suivant la méthode Brinell et suivant la méthode ordinaire d'essai à la traction.

La figure 107 planche IV, donne les diagrammes de correspondance de quelques aciers courants.

La méthode Brinell n'est applicable qu'aux métaux homogènes. Elle ne doit pas être employée pour essayer les métaux dont la surface est durcie par cémentation ou par écrouissage. Dans ce cas, l'épreuve à la bille ne donne en effet qu'une valeur intermédiaire entre la dureté superficielle et la dureté interne.

De plus, elle ne donne aucune indication sur la limite d'élasticité et l'allongement; elle n'est susceptible de fournir qu'une valeur approchée de la charge de rupture, mais cette donnée est la plus utile à connaître dans la pratique. En un mot, la méthode Brinell n'est pas une méthode de laboratoire, susceptible d'une grande précision; c'est un procédé d'investigation rapide et commode, d'une approximation suffisante dans la majorité des cas, et qui correspond de ce fait aux nécessités industrielles.

Avantages de la méthode Brinell. — La méthode Brinell peut rendre de très grands services et tend à se généraliser de plus en plus pour les raisons suivantes :

1° Les appareils d'essai sont peu encombrants;

2° L'épreuve à la bille s'effectue très rapidement;

3° Elle n'exige aucune habileté spéciale de la part de l'opérateur;

4° Elle n'exige pas, comme les autres méthodes d'essai, la préparation d'éprouvettes spéciales; elle peut s'effectuer sur une pièce de forme et de dimensions quelconques;

5° Elle détériore très peu la pièce soumise à l'épreuve. Elle permet par suite de vérifier les pièces avant usinage, la profondeur de l'empreinte étant en général inférieure à l'épaisseur du métal à enlever.

Dans beaucoup de cas, elle peut même être effectuée sur les pièces finies, en choisissant l'emplacement de l'empreinte de façon qu'elle ne présente pas d'inconvénient. On peut, par exemple « biller » un arbre de transmission entre les portées des paliers;

6° Elle permet de vérifier l'homogénéité du métal en billant les pièces en divers points.

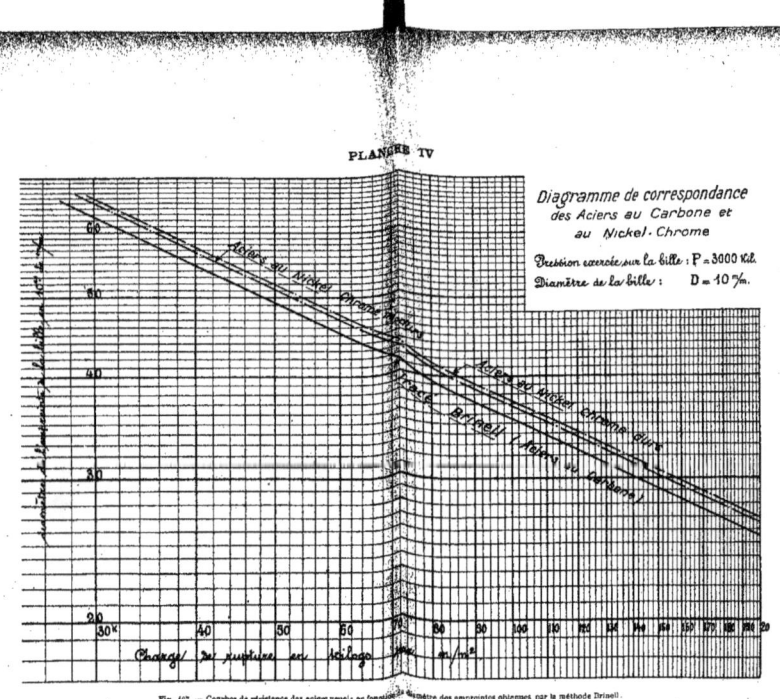

Fig. 167. — Courbes de résistance des aciers usuels en fonction du diamètre des empreintes obtenues par la méthode Brinell.

L'ensemble de ces avantages rend possible la vérification de *toutes les pièces*, au lieu de se contenter de quelques éprouvettes prélevées sur un lot plus ou moins important.

A notre avis, tous les ateliers et magasins industriels devraient posséder au moins un appareil à essayer la dureté des métaux à la bille. On éviterait ainsi des erreurs fréquentes et qui entraînent souvent des conséquences très fâcheuses. Nous avons vu démonter des pièces, prélevées dans une barre d'acier mi-dur, classée par erreur dans un lot d'acier doux, alors qu'une épreuve à la bille, ne demandant que quelques minutes, eût fait connaître facilement la nuance réelle du métal employé.

Conditions d'essai. — La durée de la mise en pression peut faire varier le résultat de l'essai, si la bille n'a pas été maintenue en contact avec la pièce pendant un temps suffisant. L'écrasement du métal demande en effet un certain temps et impose une durée minima pour l'essai à la bille. On peut adopter 10 secondes.

La vitesse de mise en pression a aussi une légère influence, mais elle est pratiquement négligeable.

L'épaisseur de la pièce doit être d'au moins deux fois le diamètre de l'empreinte et les bords de celle-ci doivent se trouver à une distance minima des bords de la pièce d'au moins un diamètre. Si ces conditions ne sont pas remplies, la déformation s'étend à la région voisine de l'empreinte et fausse le résultat.

La pression sur la bille peut être obtenue: soit par une presse hydraulique, soit par un système de leviers appropriés.

a) **Appareils à pression hydraulique** (*Appareil Alpha.*) — Cet appareil (fig. 108) comprend un support S, sur lequel on place la pièce à essayer; une rotule per-

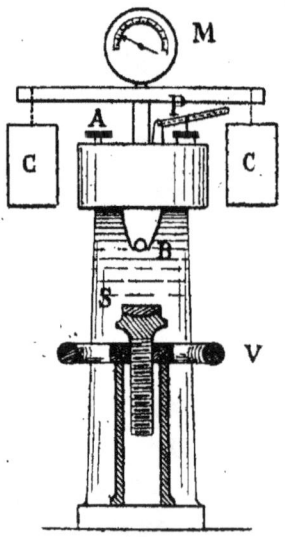

Fig. 108. — Appareil à pression hydraulique pour essai de dureté.

met d'orienter convenablement la pièce et une vis, mue par un volant V, permet de l'amener à hauteur convenable. Une petite pompe à main P envoie de l'eau dans une presse hydraulique qui fait descendre la bille B.

Lorsque la pression atteint 3.000 kilogs, les contrepoids P se soulèvent en ouvrant une soupape de sûreté. On est sûr, de cette façon, d'avoir une pression constante. La bille a 10 mm. de diamètre.

Pour certaines pièces de faibles dimensions, on ne peut, comme nous l'avons vu plus haut, obtenir de résultat exact, qu'en réduisant le diamètre de l'empreinte. Dans ce cas, on peut n'exercer qu'une pression de 1.000 à 2.000 kilogs, en se basant sur les indications du manomètre M.

Pour faire cesser la pression, il suffit de dévisser la vis A qui fait évacuer l'eau de la presse hydraulique. Cet appareil est très précis et présente l'avantage de permettre d'effectuer l'essai Brinell à des pressions différentes.

b) **Appareils à leviers.** — Ces appareils sont de plusieurs types ; les plus répandus sont les suivants :

APPAREIL GUILLERY. — Cet appareil comporte un socle creux S renfermant un certain nombre de rondelles Belleville qui peuvent être comprimées par le support de la bille B. La pièce à essayer étant placée sur la bille B, on agit sur le volant V de façon à amener le butoir A en contact avec la pièce ; puis on abaisse le levier L qui, par le moyen d'un excentrique, abaisse le butoir A d'une quantité égale à l'excentricité de l'appareil de pression à levier.

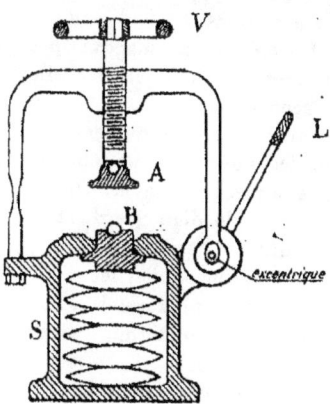

Fig. 109. — Appareil à ressorts pour essai de dureté.

La bille comprime les rondelles Belleville, mais s'imprime en même temps dans la pièce. On relève le levier L et on ramène en contact le butoir A, puis on abaisse à nouveau le levier de mise en pression. On répète cette opération jusqu'à ce que le butoir A reste en contact avec la pièce lorsque le levier est relevé.

Les rondelles sont établies pour se comprimer d'une hauteur égale à l'excentricité de l'appareil de pression, pour un effort de 3.000 kilogs. On n'est donc sûr d'exercer cet effort, que lorsque la bille est restée au contact de la pièce pendant toute la durée de la course du levier. C'est pourquoi il faut répéter en moyenne l'opération 3 à 4 fois.

L'appareil Guillery est suffisamment précis, si les rondelles sont bien tarées. Il est peu encombrant et d'un maniement facile.

L'appareil le plus répandu comporte une bille de 10 mm. Il existe un modèle plus petit, à bille de 5 mm. et pression de 1.500 kilogs.

APPAREILS A CONTRE-POIDS. — Il existe des appareils très simples, dans lesquels la pression est obtenue au moyen d'un contre-poids qui agit sur la bille, par l'intermédiaire de leviers appropriés, de façon à réaliser un effort de 3.000 kilogs.

Cet appareil, comme le précédent, ne permet d'exercer qu'une pression déterminée. Il est de plus assez encombrant, par suite de la longueur des leviers multiplicateurs. Par contre, il est d'une précision certaine et n'est pas susceptible de se dérégler à la longue comme les appareils à ressorts.

Méthode comparative. — Lorsqu'on ne dispose pas de machines à essayer la dureté des métaux, sur les lieux de l'expérience, on peut procéder de la façon suivante :

On prend une plaque de métal, qui servira de *témoin* et on serre une bille de diamètre quelconque, dans un étau ou un serre-joint, entre cette plaque et la pièce à essayer. On obtient ainsi : sur la plaque une empreinte de diamètre d, et sur la pièce une empreinte de diamètre différent, soit D.

La pression étant la même, bien qu'inconnue, les diamètres de ces empreintes sont en raison inverse des duretés.

On emporte alors la plaque-témoin et on détermine sa dureté au moyen d'un appareil à biller quelconque.

Soit Δ le diamètre de l'empreinte obtenue avec l'appareil à biller.

Soient r et R les charges de rupture correspondant à d et D et C la charge de rupture correspondant à Δ. La charge de rupture de la pièce sera égale à : $\dfrac{R}{r} \times C$.

Il existe des appareils portatifs, basés sur ce principe, où l'empreinte première est obtenue au moyen d'un coup de marteau. La plaque témoin est remplacée par un cube, dont on a déterminé au préalable la charge de rupture, par la méthode Brinell. Une règle à calcul facilite l'application de la formule ci-dessus. La méthode que nous venons d'exposer présente l'avantage de n'exiger aucun appareil spécial.

Mesure des empreintes. — On se contente, en général, de mesurer le diamètre de l'empreinte, la calotte sphérique correspondante étant celle de la bille de même cercle de base. Il existe cependant des appareils qui permettent de mesurer la profondeur de l'empreinte.

L'appareil le plus simple (fig. 110) comprend une *réglette* en verre, sur laquelle sont tracés deux traits convergents, dont la distance croissante peut être évaluée à 1/10 de millimètre près. On place la réglette sur l'empreinte, de façon que les traits tangentent l'empreinte. On fait deux lectures, suivant deux diamètres perpendiculaires, et on prend la moyenne.

Fig. 110. — Réglette de mesure des empreintes de bille.

Il existe également des petites *lunettes micrométriques*, qui permettent une évaluation facile et précise du diamètre des empreintes.

2° SCLÉROMÈTRES

Les scléromètres sont des appareils destinés à déterminer la dureté superficielle des métaux *par comparaison*. On emploie à cet effet deux méthodes nettement différentes :

a) Comparaison des duretés par rebondissement : on laisse tomber une bille sur le métal à essayer et on mesure le rebondissement, après une chute de hauteur connue.

b) Comparaison des duretés par striage : on prend, pour terme de comparaison, des corps durs avec lesquels on raye la pièce à essayer, sous une pression connue.

a) **Scléromètre de Shore.** — *Principe* : Supposons une bille B (fig 111) pouvant tomber dans un tube de verre, d'une hauteur déterminée, lorsqu'on retire l'axe A. La pièce à essayer est placée sous le tube ; on laisse tomber la bille, qui rebondit à une hauteur d'autant plus grande que la couche superficielle du métal est plus dure. On lit la hauteur de rebondissement sur une échelle graduée.

L'appareil de Shore comporte de nombreux perfectionnements de détail qui rendent l'opération plus facile et plus précise :

La bille est remplacée par un petit cylindre d'acier, qui porte à sa partie inférieure une pointe mousse en diamant.

Une poire en caoutchouc permet de ramener le cylindre à sa position de départ, par aspiration dans le tube de verre. Elle permet également d'actionner le déclic qui fait tomber le cylindre.

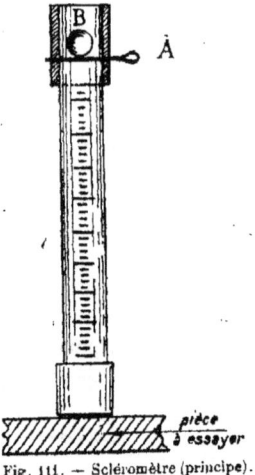

Fig. 111. — Scléromètre (principe).

Il y a lieu de remarquer que pendant le choc de la bille sur la pièce à essayer, le contact est de très courte durée ; il en résulte que la couche superficielle du métal est seule intéressée, et sur une profondeur beaucoup plus faible que dans l'essai à la bille suivant la méthode Brinell.

L'appareil de Shore permet par suite de vérifier la dureté des pièces cémentées, par comparaison des hauteurs de rebondissement.

De plus, le choc de la bille ne produit sur le métal de la pièce qu'une déformation élastique et ne laisse aucune trace d'empreinte ; cette particularité fait employer l'appareil de Shore pour la vérification des pièces délicates, dont la surface doit rester intacte.

Dans tous les autres cas, on se servira de préférence de la

méthode Brinell, qui donne des résultats plus précis que la méthode par rebondissement.

b) **Scléromètre Martens**. — Cet appareil comporte une pointe de diamant, avec laquelle on trace des traits, sous une pression connue, dans le métal à essayer. On détermine ensuite la profondeur des traits obtenus, au moyen d'appareils spéciaux. Cet appareil est surtout un appareil de laboratoire et n'a reçu que peu d'applications pratiques.

ÉPREUVE A LA LIME

Pour vérifier les pièces cémentées et trempées, on se contente, dans la plupart des cas, de les *tâter* à la lime. On procède alors par comparaison avec une lime demi-douce neuve.

On admet que la dureté est satisfaisante lorsque la lime glisse, sans mordre, sur la pièce soumise à l'essai.

Ce procédé, quoique rudimentaire, suffit dans beaucoup de cas. Il présente l'inconvénient de dépendre de l'habileté de l'opérateur.

II. — ESSAIS PRATIQUES

Le but des divers essais, que l'on fait subir aux métaux, est de se rendre compte s'ils possèdent les qualités particulières que réclame l'emploi auquel on les destine. Les caractéristiques mécaniques donnent à cet égard des indications très précieuses, mais ne suffisent pas toujours à renseigner d'une façon complète sur les aptitudes que présente le métal considéré à remplir toutes les conditions désirables.

On est conduit, si l'on veut pousser l'étude plus à fond, à imaginer des essais spéciaux qui se rapprochent le plus possible des opérations qu'aura à supporter le métal en cours de fabrication ou des efforts qu'il subira en service. Dans chaque cas particulier, on peut rechercher l'essai le plus apte à donner les indications suffisantes. Nous nous contenterons de passer en revue les essais les plus employés dans la pratique industrielle.

A. — ESSAIS RELATIFS AUX CONDITIONS DE FABRICATION

La fabrication comprend deux stades principaux :

1° Le *façonnage*, qui donne aux pièces une forme approchée, par forgeage, emboutissage, matriçage, etc. ;

2° L'*usinage*, qui donne aux pièces leur forme définitive, au moyen de machines-outils : tours, fraiseuses, etc.

De plus, les métaux sont soumis, dans beaucoup de cas, à des *traitements thermiques* : trempe, recuit, revenu, qui modifient profondément leurs qualités, ainsi que nous l'avons exposé en détail.

On peut se proposer, avant d'entreprendre une fabrication importante, de se rendre compte de la façon dont se comportera le métal, choisi pour la construction envisagée, au cours des diverses opérations de cette fabrication. On aura recours à cet effet aux essais suivants :

1° ESSAIS DE FAÇONNAGE

Le façonnage des pièces peut s'effectuer : soit à froid, soit à chaud. Dans l'un et l'autre cas, il fait subir au métal des efforts considérables, qu'il est impossible de déterminer. On ne peut vérifier l'aptitude au façonnage d'un métal donné, qu'au moyen d'essais basés sur les opérations de façonnage elles-mêmes.

Tous ces essais peuvent être effectués *à froid* ou *à chaud*, suivant les conditions mêmes du travail de façonnage.

Afin d'obtenir des résultats comparatifs, il importe que ces essais soient effectués *sans choc* et *mécaniquement*. On est sûr, de cette façon, d'exercer toujours le même effort et d'éliminer l'influence de l'habileté de l'ouvrier. On se servira donc de préférence d'une *presse* et non d'un pilon ou d'un marteau à main.

Les essais de façonnage peuvent revêtir les formes les plus variées. Les plus employés sont les suivants :

Essai de pliage (*à froid* ou *à chaud*). — Une éprouvette (fig. 112), de forme cylindrique ou prismatique, est d'abord placée sur un empreint A, dont les faces font un angle déterminé α, qui varie avec la nature du métal. On plie l'éprouvette en la fléchissant en son milieu, au moyen d'une presse et d'un coin ou d'un dégorgeoir, dont l'arête présente un arrondi a, égal au diamètre ou à l'épaisseur de l'éprouvette.

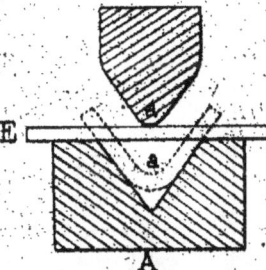 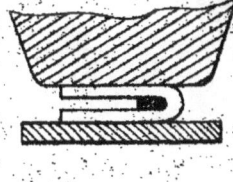

Fig. 112. — Essai de pliage simple.   Fig. 113. — Essai de pliage à bloc.

Suivant la nature du métal et suivant qu'il s'agit d'un essai à froid ou à chaud, on poursuit le pliage, jusqu'à obtenir un angle de 60°, 90°, 120° ou *à bloc*, c'est-à-dire à 180°. Dans ce dernier cas, on place entre les branches de l'éprouvette un petit mandrin, de rayon variable avec la nature du métal, et on rapproche les deux branches de l'éprouvette au moyen d'une presse (fig. 113). L'opération se fait en une ou deux phases, suivant l'angle à obtenir ; l'angle à réaliser, après chaque opération, doit être défini par le cahier des charges, chaque phase faisant travailler le métal différemment.

Pour certains métaux très ductiles, on fait un essai de *pliages successifs*, en pliant plusieurs fois *à bloc* une barrette de grande longueur (fig. 114).

Essai à l'étau. — Si l'on ne dispose pas d'une presse, on devra se contenter d'essayer de petites éprouvettes, dont on saisira une extrémité dans un étau, et on fera le pliage au moyen d'un tube formant rallonge, emmanché à l'autre extrémité. On aura soin de munir les mâchoires de l'étau de mordaches, présentant un arrondi, de rayon égal à celui de l'éprouvette ou à son épaisseur. On ne devra jamais se servir d'un marteau.

Variantes de l'essai de pliage.

Essai des crochets. — Il consiste à couder l'éprouvette à 90°, puis à la redresser et à recommencer jusqu'à rupture. On note le nombre de *crochets* nécessaire pour produire la rupture.

Essai de cintrage. — C'est un essai de pliage, effectué sur un mandrin de diamètre plus ou moins grand, suivant la nature du métal et la section de l'éprouvette.

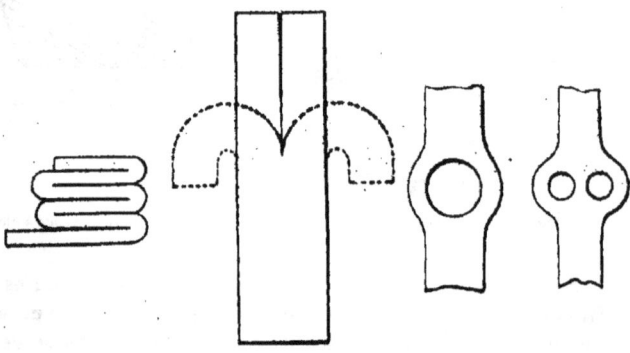

Fig. 114. Essai de pliages successifs.   Fig. 115. Essai de rabattement.   Fig. 116. Essai de pliage sur trous.

Essai de rabattement. — Il consiste à fendre une barre à chaud, par le milieu, et à rabattre à 180° les deux moitiés de l'éprouvette (fig. 115).

Essai de pliage sur trous. — L'éprouvette est percée de un ou plusieurs trous; on agrandit ces trous au poinçon, puis on plie l'éprouvette à bloc suivant le diamètre des trous (fig. 116).

Évaluation des résultats. — L'éprouvette est examinée après pliage et ne doit présenter aucune crique. On peut obtenir des données plus précises, en mesurant l'effort nécessaire pour effectuer chaque phase du pliage. Il suffit d'employer une presse hydraulique et de lire la pression au moyen d'un manomètre. L'essai de pliage est surtout employé pour les tôles et les cornières; les ronds destinés à la confection des boulons, rivets, etc.

Essai d'emboutissage (fig. 117 à 119). — On choisit des formes simples et se rapprochant du travail de façonnage à effectuer :

calotte sphérique, cuvette carrée ou circulaire, etc... La pièce est examinée après l'essai, elle ne doit présenter aucune crique.

On a, ici encore, intérêt à connaître l'effort nécessaire à l'emboutissage. On obtiendra ainsi une indication précise sur la *ductilité* du métal.

ESSAIS D'EMBOUTISSAGE

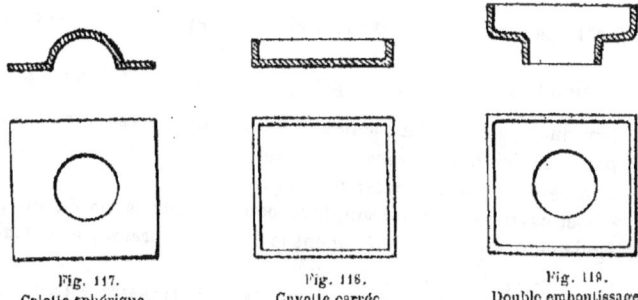

Fig. 117.
Calotte sphérique.

Fig. 118.
Cuvette carrée.

Fig. 119.
Double emboutissage.

Cet essai se fait généralement à chaud, il peut aussi se faire à froid.

Essai de mandrinage. — Cet essai renseigne sur la *fissilité* du métal. On perce un trou dans l'éprouvette, au foret ou au poinçon, et on élargit le trou obtenu au moyen d'un mandrin conique, dont les génératrices ont une pente de 10% sur l'axe du cône. Le cahier des charges doit indiquer le diamètre initial du trou et son diamètre après mandrinage.

L'éprouvette ne doit présenter aucune crique après l'essai. Il est préférable de se servir d'une presse, afin d'avoir un effort régulier. En notant l'effort nécessaire, on aura des indications comparatives sur la ductilité des métaux essayés. Cet essai est particulièrement indiqué pour les métaux destinés à la confection de frettes, de moyeux, de roues, etc.

Essai de poinçonnage. — On prend une éprouvette d'épaisseur déterminée et on perce un certain nombre de trous, très rapprochés entre eux, et près du bord.

On ne doit observer aucune crique sur les toiles restant après poinçonnage des trous.

On peut compléter cet essai, en faisant un essai de pliage suivant le diamètre commun des trous ou un essai d'aplatissement des débouchures (voir plus loin).

Il est intéressant de noter la pression nécessaire au poinçonnage. Cet essai caractérise le métal au point de vue des efforts au *cisaillement*. Il est surtout employé pour les tôles et profilés.

Essai d'écrasement ou d'aplatissement. — C'est un essai de compression effectué, soit à chaud, soit à froid, où l'aplatissement est défini par le rapport $\frac{S}{s}$ de la section initiale de l'éprouvette à sa section finale, ou par le rapport $\frac{H}{h}$ de la hauteur initiale à la hauteur finale, après aplatissement. Ces rapports doivent être spécifiés par le cahier des charges. On examine l'éprouvette après l'essai ; elle ne doit pas présenter de crique.

Cet essai est surtout employé pour le métal à rivet ; on peut également forger complètement la tête, à la presse, et examiner le métal après cette opération.

Il est intéressant de noter la pression nécessaire à l'aplatissement.

Essai de soudabilité. — On est obligé pour cet essai d'avoir recours à un travail manuel. On soude deux barres du métal à essayer et on vérifie la soudure, soit par un essai de traction, soit par un essai de pliage, effectué à l'endroit de la soudure, précédé ou non d'un essai de poinçonnage.

2° ESSAIS D'USINAGE

Il est très important, si l'on veut obtenir des conditions avantageuses de prix et de rapidité d'exécution, de connaître les constantes du métal que l'on se propose d'employer, au point de vue de l'usinage. Ces constantes dépendent de nombreux facteurs : nature et traitement de l'acier à outil, forme de l'outil, etc... On ne peut les fixer avec précision que par des essais d'usinage.

Ces essais, essentiellement pratiques, consistent à déterminer, pour le métal considéré, la vitesse de coupe maxima réalisable pour différentes avances, sans détérioration trop rapide de l'outil. On se servira de préférence, pour cet essai, d'un tour parallèle.

En se servant des chiffres approximatifs, résultant de la pratique de l'atelier ou des tableaux dressées par Taylor, on cherchera à déterminer, de façon exacte, les meilleures conditions d'usinage correspondant au métal considéré.

3° ESSAI DE TREMPE

Afin de se rendre compte des conditions exactes à réaliser, pour obtenir par la trempe les caractéristiques nécessaires aux pièces à construire, on prélèvera un certain nombre d'éprouvettes et on les trempera de façons différentes. On pourra faire varier :

La température de trempe,
La nature et le volume du bain de trempe,
La vitesse d'échauffement,
La vitesse de refroidissement,
La température du revenu, etc.

B. — ESSAIS RELATIFS AUX CONDITIONS D'EMPLOI

Ces essais sont destinés à se rendre compte des qualités spéciales, imposées par les conditions dans lesquelles les métaux seront employés.

Il est extrêmement rare, en effet, que les métaux soient soumis à des efforts statiques ou à un effort dynamique unique, pouvant produire leur rupture. Les conditions de travail sont plus complexes et varient d'ailleurs à l'infini : certaines pièces supportent en permanence l'action de petits chocs répétés, combinés ou non avec des chocs plus importants, mais à intervalles plus éloignés (fusées d'essieux, par exemple) ; d'autres pièces travaillent à des températures plus ou moins élevées, mais où les caractéristiques sont loin d'être les mêmes qu'à la température ordinaire (soupapes de moteurs), d'autres enfin sont placées dans des liquides ou des fluides, susceptibles d'agir chimiquement sur le métal dont elles sont formées.

Les essais devront se rapprocher le plus possible de ces conditions de travail, tout en restant assez simples pour donner des résultats facilement mesurables.

1° ESSAIS DE RÉSISTANCE AUX EFFORTS VARIABLES.

Nous avons exposé au chapitre I les lois de Wohler, qui montrent que la variation des efforts, auxquels sont soumis les métaux dans certains cas, peut produire la rupture sans que la limite élastique soit atteinte. On peut essayer les métaux à ce point de vue particulier, mais la méthode de tractions ou de compressions alternatives demande beaucoup de temps et est, par suite, peu pratique.

Les méthodes suivantes sont seules employées :

1° Essai de flexion alternative. — Une éprouvette cylindrique reposant sur deux roulements à billes, porte en son milieu un poids réglable, suspendu au moyen d'un collier. L'éprouvette est ainsi fléchie élastiquement. On la fait tourner à une vitesse voisine de celle à laquelle tournera la pièce à essayer et on note le nombre de tours total nécessaire pour produire la rupture.

2° Essai aux chocs répétés. — Une éprouvette de métal, de section cylindrique ou carrée, est placée sur deux couteaux. Un marteau, terminé par un couteau analogue à ceux des moutons, mais de plus petites dimensions, peut se soulever à une hauteur plus ou moins grande, au moyen d'un excentrique, et retomber grâce à un déclic. On note le nombre de coups nécessaire pour rompre l'éprouvette, sous différentes hauteurs de chute.

3° Essai de lames vibrantes. — Une lame de 0mm. 5 d'épaisseur, saisie dans un étau, est maintenue en vibration par un électro-aimant. On note le nombre de vibrations nécessaires pour produire la rupture.

Tous ces essais ne peuvent donner que des résultats comparatifs, entre divers métaux dont on se propose l'emploi.

2° ESSAIS DE RÉSISTANCE A CHAUD

Ces essais ont pour but de déterminer les caractéristiques mécaniques des métaux, aux températures correspondant aux conditions d'emploi.

Les éprouvettes, chauffées au moyen de bains liquides, de préférence, sont soumises à l'essai de Brinell, puis rompues au moyen d'un mouton. On obtient ainsi des indications précises sur la *dureté*, la *ténacité* et la *fragilité à chaud* des métaux. L'essai de traction se prête difficilement à ces mesures et doit être rejeté dans la pratique.

3° ESSAIS D'USURE

On se servira, pour déterminer la résistance à l'usure des métaux, de pièces simples, de formes et de dimensions aussi voisines que possible de celles à étudier.

On usinera, par exemple, un tourillon et on le fera tourner dans des coussinets, de même métal que ceux de la machine à construire. On aura soin d'employer le même lubrifiant et d'adopter la même charge par centimètre carré et autant que possible le même diamètre. Un compteur enregistrera le nombre de tours ; on mesurera le diamètre au début et à la fin de l'expérience pour évaluer l'usure. Cet essai peut donner d'utiles renseignements sur la qualité de l'huile de graissage, si l'on fait varier le lubrifiant, sur la meilleure charge à adopter et sur la vitesse maxima compatible avec une usure normale, enfin sur le coefficient de frottement des métaux en présence.

Il suffit de faire varier les détails opératoires pour essayer de la même manière les roues, les engrenages, etc.

4° ESSAIS ÉLECTRIQUES, MAGNÉTIQUES, ETC.

Pour les moteurs ou génératrices électriques, et dans beaucoup d'autres cas, il est nécessaire d'être renseigné sur des qualités autres que les caractéristiques mécaniques des métaux.

On pourra alors rechercher les constantes électriques, magnétiques ou calorifiques des métaux et déterminer leur résistivité, leur perméabilité, leur conductibilité calorifique, etc.

Il est nécessaire d'employer à cet effet des appareils spéciaux dont l'étude sortirait du cadre de cet ouvrage.

5° ESSAIS DE CORROSION

Les pièces destinées à la construction navale devant résister à l'action corrosive de l'eau de mer, on pourra essayer le métal, par immersion prolongée d'un échantillon, dans un flacon rempli d'eau de mer.

On peut faire par ailleurs des essais de corrosion à l'*eau douce*, à l'*eau acidulée*, aux *corps gras*, lorsqu'il s'agit, par exemple, de pièces de pompes destinées à aspirer ou à refouler ces liquides.

Ces essais sont basés sur des phénomènes chimiques, mais comme ils sont d'ordre essentiellement pratique, ils doivent être rapprochés des essais qui précèdent.

III. — ESSAIS SOMMAIRES

Nous avons indiqué, au cours des chapitres qui précèdent, différents procédés susceptibles de renseigner rapidement, et *sans le secours d'aucun appareil spécial*, sur les propriétés les plus importantes des métaux.

Nous croyons utile de les rappeler en terminant ; le lecteur se reportera, pour les détails opératoires, aux explications déjà données.

Nous grouperons ces essais sommaires d'après les propriétés des métaux qu'ils mettent en évidence.

CARACTÉRISTIQUES MÉCANIQUES

Ténacité. — *Essai à la bille*, par la *méthode comparative* (voir page 211).

Cet essai n'exige qu'une bille et un étau.

Ductilité. — *Essai de pliage à l'étau* (voir page 216). L'essai des crochets donnera un chiffre de comparaison par le nombre de pliages à 90° effectués avant rupture.

Cet essai ne nécessite qu'un étau et des mordaches spéciales.

Fragilité. — *Essai de choc à l'étau* (voir page 206).

Cet essai ne demande qu'un étau et une masse.

Dureté. — *Epreuve à la lime*, pour les pièces trempées (voir page 214).

Cet essai se fait avec une lime douce, neuve autant que possible.

Les pièces non trempées seront essayées à la bille par la méthode comparative. On déterminera leur charge de rupture, plus utile dans ce cas que le nombre de dureté.

STRUCTURE INTERNE

Défauts. — *Examen superficiel* ; sondage au fil de fer recuit, au foret ou au bédane (voir page 174).

Grain. — *Texture sur cassure* ; examen d'une pièce rompue, après réduction de sa section à la scie ou au burin.

Cette pièce peut provenir de l'essai de choc à l'étau.

Cet examen renseignera sur l'écrouissage ou le surchauffage du métal, sur son homogénéité et sa nature (voir fig. 82, p. 177), sur l'épaisseur de la couche cémentée (voir pl. II, p. 144), etc.

Macrographie. — *Attaque d'une section polie*, soit à l'acide, soit à l'iode (voir p. 178).

Cet essai facile à exécuter comporte un polissage au papier émeri et une attaque au moyen d'un réactif simple.

L'examen décèle les défauts les plus ténus et la disposition des fibres du métal à la suite des opérations de façonnage : forgeage, matriçage, etc. Il met en évidence les pièces rapportées.

COMPOSITION CHIMIQUE

L'essai à la bille permet, pour les *aciers au carbone*, de déterminer la teneur en carbone (voir tableau 3, p. 44).

Pour les *aciers spéciaux*, on peut vérifier leur composition, approximativement, en déterminant leur résistance par des essais à la bille, après différents traitements thermiques : recuit, revenus à 400°, 500°, 600°, trempes à l'eau, à l'huile et à l'air.

L'allure de la courbe de résistance et la différence des duretés obtenues par des trempes de vivacités diverses permettent de se rendre compte de la nature de l'acier essayé, sans avoir recours à l'analyse chimique.

APPENDICE

ACIERS AU CARBONE — ACIERS SPÉCIAUX
ACIERS A OUTILS

DES PRINCIPALES MARQUES FRANÇAISES

LES PLUS EMPLOYÉS DANS L'INDUSTRIE

DONNÉES TECHNIQUES

CONCERNANT LEURS

CARACTÉRISTIQUES MÉCANIQUES

ET LEUR

TRAITEMENT THERMIQUE

(TREMPE, RECUIT, REVENU ET CÉMENTATION)

ABRÉVIATIONS

EMPLOYÉES DANS LES TABLEAUX

LÉGENDE :

E. — Limite apparente d'élasticité.
R. — Charge de rupture.
A. — Allongement total pour cent.
ρ. — Résilience.
C. — Acier susceptible d'être cémenté.

NOTA. — *Chaque tableau indique les types d'éprouvette et de mouton employés pour la mesure de la résilience.*

REMARQUES :

I. — L'opération du revenu comportant deux chauffages, les tableaux indiquent, d'une façon générale, les deux températures correspondantes. Toutefois, on s'est contenté d'indiquer la température du dernier chauffage, lorsque la température de trempe est donnée dans le même tableau, sans erreur possible.

II — Lorsque la résistance de l'éprouvette de choc est supérieure à la force vive du mouton, l'éprouvette n'est pas brisée. Dans ce cas, on ne peut qu'indiquer la limite inférieure de la résilience, par exemple : $\rho > 15$.

ACIÉRIES & FORGES DE FIRMINY

ACIERS AU CARBONE

Marque « CT ». — Acier extra-doux de cémentation.
  Température de cémentation : 1000°
  Simple trempe : à l'eau à 925°
  Double trempe : à l'eau à 925° et 780°

ÉTAT	E	R	A	ρ
Brut de forge	26	38	30	30
Trempé (925°)	30	48	25	40
Revenu (650°)	31	44	29	> 45

Marque « Marine ». — Acier mi-doux.

ÉTAT	E	R	A	ρ
Brut de forge	32	55	25	19
Trempé (850°)	100	110	5	3
Revenu (650°)	40	60	24	32

Marque « Canon ». — Acier mi-dur.

ÉTAT	E	R	A	ρ
Brut de forge	40	65	20	12
Trempé (850°)	140	150	4	2
Revenu (400°)	67	95	11	14
Revenu (650°)	54	72	17	20

Marque « dur ». — Acier dur.

ÉTAT	E	R	A	ρ
Brut de forge	35	65	15	3
Trempé à 800° et revenu à 650°	60	80	10	4

La résilience étant mesurée sur éprouvette Charpy (section 30 × 30, entaille de 15 m/m) avec un mouton Charpy grand modèle.

ACIERS SPÉCIAUX — Fumini

NATURE de l'acier	NUANCE	MARQUE	ÉTAT	TEMPÉRATURE de traitement	BAIN de trempe	E	R	A	ρ	TEMPÉRATURE de cémentation	TEMPÉRATURE et BAIN de trempe après cémentation
au Nickel	Basse teneur (3 %) C	CTN2	Brut de forge / Trempé / Revenu	— / 900° / 800 et 650	— / eau / eau	35 / 40 / 40	45 / 60 / 50	25 / 20 / 25	30 / 35 / >15	930°	Simple trempe (eau) 850° ; Double trempe (eau) 925° et 750°
	Basse teneur (6 %) C	CTN6	Brut de forge / Trempé / Revenu	— / 900° / 900 et 650°	— / eau / eau	15 / 50 / 45	55 / 60 / 65	22 / 19 / 23	10 / 10 / 40	950°	Même traitement
	Haute teneur (25 %)	N25	Chauffé au-dessus de : / — d°	600° / 900	air / air	13 / 25	70 / 79	38 / 45	35 / 15		
	Haute teneur (30 %)	N30	— d° — / — d° —	800° / 900°	air / air	14 / 25	60 / 30	53 / 37	>45 / >45		
au Nickel-Chrome	Extra-dur trempant à l'air	NC1	Adouci / Trempé / Revenu	725° / 800° / 800 et 400°	— / air / air	50 dureté 140	75 Brinell 140	10 bor 1	— / 3 / —		
	Dur	NC2	Brut de forge / Revenu	800 et 650 / 800 et 400	— / huile / huile	55 / 75 / 120	80 / 85 / 125	15 / 20 / 7	13 / 30 / —		
	Mi-dur	NC3	Brut de forge / — / Revenu	— / 800 et 650 / 800 et 400	— / eau / eau	45 / 100	65 / 110	20 / 16	15 / 12		
	Doux C	CTNV	Brut de forge / Trempé / Revenu	— / 850° / 875 et 650	— / huile / eau	30 / 50 / 60	50 / 65 / 75	25 / 20 / 17	20 / 30 / 20	950°	Simple trempe (huile) 850° ; Double trempe (huile) 925° et 750°
	Dur trempant à l'air	VDL	Adouci / Trempé / —	650° / 760° / 780	air / huile / eau	60 / 115 / 120 / 110	80 / 120 / 140 / 125	15 / 10 / 8 / 8	25 / 25 / 8 / 18		
	Dur trempant à l'air	VDLD	Adouci / Trempé	650° / 750° / 750°	air / huile	70 / 165 / 190	90 / 175 / 200	15 / 8 / 5	20 / 15 / 8		
	Extra-dur trempant à l'air C.	TEF	Adouci / Trempé / Revenu	600 / 740 / 750 et 500	— / huile / eau	50 / 120 / 125	70 / 120 / 135	20 / 9 / 8	22 / 10 / 10	850°	Simple trempe huile 780° ou air 800° ; Double trempe huile ou air 925° et 780°
Mangano-silicium		GRN	Recuit / Revenu	800 / 650 et 500 / 850 et 400	— / eau / eau	50 / 80 / 120	80 / 110 / 130	15 / 8 / 6	— / — / 3		

ACIERS A OUTILS

AU CARBONE : *Marques* : **1 génie**   qualité supérieure.
                       2 génies   qualité extra-supérieure.

NUMÉRO de dureté	NUANCE	TEMPÉRATURE de forgeage	TEMPÉRATURE de trempe
0	extra-dur	800°	725°
1	très dur	850	725
2	dur	900	750
3	mi-dur	1000	750
4	tenace	1150	775

Marques : **FF VERDIÉ** (1 marque) : qualité spéciale
        — do — (2 marques) : première qualité
(même classification mais sans n° 0 et mêmes températures).

AU CHROME : *Marque* « **Firminy** ». — Se trempe à l'eau.

NUMÉRO de dureté	NUANCE	TEMPÉRATURE de forgeage	TEMPÉRATURE de trempe
0	extra-dur	800°	700°
1	très dur	850°	725°
2	dur	900°	750°
3	mi-dur	1000°	775°

AU TUNGSTÈNE : *Marque* « **Satan** » Se trempe à l'eau.

NUMÉRO de dureté	NUANCE	TEMPÉRATURE de forgeage	TEMPÉRATURE de trempe
0	extra-dur	800°	725° (eau) ou 1000° (air)
1	très-dur	800°	725°
2	dur	850°	750°
3	mi-dur	850°	775°

RAPIDES : **Triple Éclair**. — Se forge à 1100° se trempe à l'eau à 1200°
            Double Éclair. —   de 1050 à 650°   —   à 1000°
            Éclair.   —   de 1100 à 700°   —   à 1250°
            Double Satan. —   de 1000 à 750°   —   à 1250°

Les vitesses de coupe permises décroissent du **Triple Éclair** au **Double Satan**.

COMMENTRY FOURCHAMBAULT & DECAZEVILLE
ACIÉRIES D'IMPHY

ACIERS AU CARBONE

ACIERS MARTIN

Marque : « **Imphy** », qualité supérieure.

REPÈRE de dureté	NUANCE	E	R	A	TEMPÉRATURE de forgeage
TTT	extra-dur	50	90	9	950°
TT	très dur	45	80	12	...
T	dur	42	72	16	
MT	—	40	67	19	1000°
DT	mi-dur	36	62	22	
MD	—	34	57	25	
D	mi-doux	33	52	26	1100°
DD	doux	31	47	29	
DDD	très doux	29	42	30	
FF	extra-doux	25	37	35	

Marque : « **IJ** », première qualité,

comporte seulement 9 nuances identiques à celles du tableau ci-dessus, la nuance extra-dure (T T T) exceptée. Les caractéristiques correspondant à chaque nuance sont identiques.

Aciers spéciaux pour cémentation.

Marque « **BCM** », qualité supérieure.
« **CM** », qualité ordinaire.

Ces aciers se cémentent à 900°.
La double trempe doit être effectuée à 900° et 800°.
La simple trempe peut être effectuée à 900°.
Les caractéristiques de ces aciers sont les suivantes :

$$\text{Recuit} \begin{cases} E = 25 \\ R = 37 \\ A = 35 \\ \rho = 30 \text{ à } 35 \end{cases} \qquad \text{Trempé} \begin{cases} E = 37 \\ R = 60 \\ A = 22 \\ \rho = 35 \text{ à } 40 \end{cases}$$

La résilience étant mesurée sur éprouvette Mesnager (section 10×10, entaille de 2^{mm}) avec un mouton Frémont.

ACIERS SPÉCIAUX — IMPHY

NATURE de l'acier	NUANCE	MARQUE	ÉTAT	TEMPÉRATURE de traitement	BAIN de trempe	R	R	A	φ	TEMPÉRATURE de cémentation	TEMPÉRATURE et bain de trempe après cémentation
au Nickel	basse teneur doux C	N C M	Recuit Trempé	900° 900 et 800°	eau	32 45	42 50	32 20	45 30	850°	Simple trempe (eau) 650°
		N F	Recuit Trempé	900 900 et 800°	eau	30 65	38 77	30 12	25 30	850°	Double trempe (eau) 900 et 800° — d° —
		N 5 C M	Recuit Trempé	900° 950 et 800°	eau	38 80	52 90	26 10	18 15	850°	Simple trempe à l'huile 850° ou à l'air 800°
		N 7 C M	Recuit Trempé	600° 850°	huile	40 85	55 100	20 8	15 35	850°	
	basse teneur mi-dur	N A	Recuit Revenu	900° 850 et 400°	eau	40 80	66 106	23 11	10 12		
		N B	Recuit Revenu	900° 850 et 400°	eau	40 100	60 110	22 12	11 13		
		N D	Recuit Revenu	900° 850 et 400	eau	45 105	62 125	23 10	10 11		
	haute teneur	N C 4	Brut de forge Trempé	950°	eau	55 80	80 72	37 15	45 15		
		N A 5	Brut de forge Trempé	950°	eau	32 36	70 82	33 37	10 40		
		N 36	Brut de forge Trempé	950°	eau	52 38	70 68	32 40	10 40		
au Nickel-chrome	doux G	N C R	Recuit Trempé	850° 860	huile	32 62	47 75	27 16	25 13	875°	Simple trempe à l'huile à 800°
		NFC 1	Recuit Trempé	850 800	huile	40 95	55 105	25 10	22 18	850°	à l'eau à Pal à 850°
		NFC 2	Recuit Trempé	850 800	huile	47 122	60 130	22 8	18 8	825°	
	mi-dur	NCS H-1	Adouci Revenu	800° 850 et 400°	eau	47 105	62 115	22 12	6 10		
		NCS H-2	Adouci Revenu	800° 850 et 250°	huile	56 145	72 150	21 6	19 5		
		NCO	— d° — Adouci Revenu	850 et 600 700° 850 et 400°	huile huile	90 67 110	105 85 150	10 15 7	8 5 4		
	dur	BY	Adouci Trempé — d° —	650° 850 899	air huile	87 105 175	97 175 190	13 7 4	16 10 6		
		NY	Adouci Revenu	700 800 et 400	eau	50 120	65 140	21 8	15 9		
Mangano-siliceux		MOS	Qualité ordinaire. Se forge à 1000°. S'emploie trempé								
		MWS	Qualité supérieure. Même traitement.								

Mouton Fremont. Éprouvette Messager : section 10 × 10, entaille de 2ᵐᵐ

à l'huile à 850° puis revenu au bois flambant (550°).

ACIERS A OUTILS

Ces aciers portent la marque « **Imphy** » suivie de leur destination :

Exemple : **IMPHY TOUR**, **IMPHY RABOT**, etc.

Il existe les marques suivantes :

Tour, rabot, fraise, mèche, burin, tranche, marteau, matrice, couteau, lime, fleuret.

Les marques « **Imphy-tour** » et « **Imphy-fraise** » comprennent les qualités ci-après :

ACIER AU CARBONE :	*Anglaise, Garantie, Supérieure, Extra-supérieure.*
ACIER AU CHROME ET AU TUNGSTÈNE	{ *Acier chromé* *Acier au tungstène*
ACIERS RAPIDES	{ *Acier extra-rapide* *Acier ultra-rapide ou inusable*

Les marques « **Imphy-rabot** » et « **Imphy-mèche** » ne comprennent pas la qualité ultra-rapide.

Les marques « **Imphy-burin** », « **Imphy-matrice** », « **Imphy-couteau** » et « **Imphy-lime** » ne comprennent que les aciers au carbone et au chrome.

Les marques « **Imphy-tranche** », « **Imphy-marteau** » et « **Imphy-fleuret** » ne comprennent que les aciers au carbone.

Traitements. — Les aciers chromés se trempent à l'eau à 850°, les aciers au tungstène à 950°.

Les aciers rapides se trempent à l'air à 1200° et s'adoucissent à 650°.

Le forgeage doit commencer à 1050° pour finir à 800°.

L'acier inusable se trempe à l'huile à 850° et s'adoucit à l'air à 875°.

ACIERS CORROYÉS.

Marque : **IMPHY CORROYÉ**

se font à 1, 2, 3 ou 4 corroyages
se forgent de 900° à 1100°
se trempent à 900°
sont soudables.

Les aciers corroyés ne peuvent servir qu'à la confection d'outils destinés à travailler le bois : haches, serpes, scies, etc...

JACOB HOLTZER & Cie
USINE D'UNIEUX (LOIRE)

ACIERS AU CARBONE

Acier moulé au creuset

MARQUES	NUANCES	R	A
F	très doux	42	18
F 2	doux	47	16
F 4	mi-doux	52	15
PCM (incassable)	mi-doux	55	12
D 8	dur	62	10
B	extra-dur	75	8
MM	spécial	90	20

ACIERS SPÉCIAUX

Holtzer

NATURE de l'acier	NUANCE	MARQUE	ÉTAT	TEMPÉRATURE de traitement	BAIN de trempe	E	R	A	ρ	TEMPÉRATURE de cémentation	TEMPÉRATURE et BAIN de trempe après cémentation
au Nickel	Haute teneur 30 %	N 27	Adouci Trempé Revenu	500° 900° 900 et 600°	air air air	70 105 85	60 125 100	12 9 10	18 10 13		
	20 %	N 42	Trempé	950° 900°	eau air	30 35	65 70	60 40	20 20		
	30 %	N 32	Trempé Trempé	900° 900°	air eau	40 35	75 70	30 40	20 20		
au Chrome	Doux C	NC	Recuit Trempé	950° 950°	eau	25 50	45 60	20 12	30 32	950 à 1000°	Double trempe 950 et 800° (eau)
	Mi-dur	N	Recuit Revenu	900° 900 et 600°	huile	20 50 70	55 80 65	20 13 10	18 14 7		
	Dur	ND	Recuit Revenu	900° 900 et 300° 900 et 400°	huile	35 60 85	65 90 110	18 12 20	14 14 7		
au Nickel-chrome	Doux C	N.2	Recuit Trempé	850° 950°	eau	35 70	50 80	28 12	30 20	950 à 1000°	Double trempe 950 et 800° (eau)
	Doux C	N.6	Recuit Trempé	900° 850°	eau	40 120	55 135	33 10	32 5	950 à 1000°	Même traitement
	Mi-doux	CNC	Recuit Revenu	900° 900 et 550° 900 et 400	huile	30 65 80	55 80 90	20 12 12	27 20 10		
	Mi-dur	CN5	Recuit Revenu	900° 900 et 500° 900 et 400	huile	35 80 100	65 90 115	20 13 10	15 15 9		
	Dur	CN 5 A	Recuit Revenu	900° 900 et 500 900 et 400	huile	40 95 110	70 105 120	17 10 9	12 10 9		
	Dur tenace	CNR	Recuit Revenu	900° 900 et 500° 900 et 400	huile	40 110 160	70 135 170	22 10 9	10 14 9		
	—	CN 5 D	Recuit Revenu	900° 900 et 500 900 et 400	huile	45 110 165	72 120 175	15 9 5	16 10 9		
	Trempant à l'air	CN 6	Adouci Revenu Trempé	600° 900 et 235° 900	air air	70 150 190	90 160 270	15 10 6	15 9 8		
	—	PXXXX	Recuit Revenu	900° 900 et 700° 900 et 600 600 et 500 600 et 200	huile — — air ou huile	65 95 110 135 195	90 120 130 190 205	15 13 12 10 6	10 10 12 10 10		

ACIERS A OUTILS

AU CARBONE :

Marques :	Figurines :	Qualités :
Cloche		extra-supérieure
Croissant		supérieure
Passe-partout		garantie
Jacob Holtzer outils	JACOB HOLTZER OUTILS	première
JH outils	JH OUTILS	courante

se font en 6 nuances de duretés différentes :

NUMÉRO de dureté	NUANCE	TEMPÉRATURE de forgeage	TEMPÉRATURE de trempe
0	spécial extra-dur	commencer à 900° finir à 650°	775°
1	extra-dur		800°
2	très dur		825°
3	dur		825°
4	dur		850°
5	dur tenace		875°
6	tenace		900°

AU CHROME : *Marque « chromé Holtzer ».*

REPÈRES	NUANCES	TEMPÉRATURE de forgeage	TEMPÉRATURE de trempe
B 0	extra-dur	commencer à 900° finir à 650°	900°
B 1	très dur		900°
B 3	dur		900°
B 4	dur tenace		900°
B 5	extra tenace		850°

AU TUNGSTÈNE : *Marque « double cloche »*

NUMÉRO de dureté	TEMPÉRATURE de forgeage	TEMPÉRATURE de trempe
0	commencer à 900° finir à 650°	850°
1		—
2		825°
3		—
4		—
5		—

Marque « **Wolfram Holtzer** »
se forge à 1000°, se trempe à l'eau à 900°.

RAPIDES.

MARQUES	QUALITÉS	TEMPÉRATURE de forgeage	TEMPÉRATURE de trempe	BAINS de trempe
Triple Express	extra	1100° à 650°	1250	huile
Express S	spéciale	1050° à 730°	1050	air
— E	supérieure	1100° à 650°	1250	air ou huile
SH	courante	—	—	

FORGES DE CHATILLON-COMMENTRY & NEUVES-MAISONS

ACIERS AU CARBONE

Acier Martin
Marque « au Soldat » Première qualité.

NUMÉRO DE DURETÉ	NUANCE	E	R	A
2	Très dur........	60	100	10
3	Dur...........	55	90	14
4	Mi-dur........	50	80	17
5	Mi-dur tenace...	45	70	20
6	Mi-doux.......	40	60	25
7	Doux..........	35	50	30
8	Extra-doux.....	30	40	32

L'acier Montluçon n° 8 se cémente à 1000°
la double trempe doit s'effectuer à 950° et 850°
la simple trempe peut être effectuée à 950°.

Marque « **S J. Montluçon** ». — Deuxième qualité.
Même classification et mêmes nuances, mais l'allongement est inférieur de 1 à 2 kilos au chiffre correspondant de la marque « **Au soldat** ».

Marque « **Commentry** ». — Troisième qualité.
Se fait seulement en 3 nuances n°s 5, 6 et 8 qui offrent sensiblement les mêmes caractéristiques que les nuances correspondantes de la marque « **S J Montluçon** ».

ACIERS SPÉCIAUX

CHATILLON-COMMENTRY

NATURE de l'acier	NUANCE	MARQUE	ÉTAT	TEMPÉRATURE de traitement	BAIN de trempe
au Nickel	Faible teneur C	BFM	Trempé	850°	eau
	Faible teneur C	Incassable		850°	eau
	Haute teneur C	SP. N° 3		950°	eau
au Nickel chrome	Dur	SP. N° 1	Dit : état A adouci	625°	
		—	Dit : état B trempé	800°	air
		—	Dit : état C trempé	800°	eau
	Dur	CR-NI N° 1	Recuit —	850 et 300 / 830 et 650	huile / huile
	Mi-dur	CR-NI N° 2	Recuit —	850 et 300 / 830 et 650	huile / huile
		54DR	Brut de forge		

Acier « S E » : spécialement établi en vue de la construction des engrenages, présente une résistance de 63 kilos à l'état recuit.
Se trempe à l'huile à 850°; il offre alors une résistance de 150 à 200 kilos à l'extrémité des dents de l'engrenage.

E	R	A	F		TEMPÉRATURE de cémentation	TEMPÉRATURE et bain de trempe après cémentation
35	50	28	25		1000°	Double trempe (eau) 950° et 850°
40	60	20	16		1000°	Simple trempe (eau) 850°
70	80	17	10		1000°	Simple trempe (eau) 800 à 950°
70	80	15	30	Boulon-pendule Charpy, grand modèle. Éprouvette Charpy, section 30×30 entaille de 15mm		
110	125	10	10			
125	140	8	17			
100	115	16	6			
80	100	13	12			
95	110	12	16			
75	85	14	25			
40	85	22	5			

Acier « R B » : spécialement établi en vue de la construction des roulements à billes.
Se trempe à l'eau à 860°.

ACIERS A OUTILS

AU CARBONE :

MARQUES	FIGURINES	ÉTIQUETTES	QUALITÉS
Tambour		rouge	extra-supérieure
Tenaille		bleue	supérieure
Chèvre		orange	1re qualité
Bélier		blanche	2e qualité
Colombe		mauve	3e qualité

Toutes ces marques se font en 5 nuances de dureté différentes :

- N° 1 — extra-dur
- N° 2 — très dur
- N° 2 bis — dur
- N° 3 — dur tenace
- N° 4 — mi-dur

Température de forgeage : 1000°
— de trempe : 825°
(quelles que soient la dureté et la qualité)

AU CHROME :

Marque : **Chromé SJ**. — Étiquette jaune

se fait en 3 duretés différentes :

- N° 1 — extra-dur
- N° 2 — extra-tenace dur
- N° 3 — tenace dur

Température de forgeage : 1000°
— de trempe : 825°
(eau ou huile)

AU TUNGSTÈNE (à l'eau ou à l'huile) :

Marque : « **TSM2** ». — Étiquette verte.
Température de forgeage : 1000°
— de trempe : 825° (eau ou huile).

RAPIDES :

Marques { **Rapide SJ**. N° 1. — Étiquette Or
{ **Rapide SJ**. N° 2. — Étiquette Argent

Température de forgeage : 1000°
— de trempe : 1100° (à l'air).

Il est recommandé de recuire ces aciers à 900°, avant trempe, pour éviter les tapures.

FORGES & ACIÉRIES ÉLECTRIQUES
PAUL GIROD

ACIERS AU CARBONE

MARQUE	NUANCE	ÉTAT	E	R	A	ρ
C 6	très dur	recuit	60	80	10	9
C 4	dur	recuit	47	72	13	12
		revenu 600°	85	103	8	8
C 5	mi-dur	recuit	42	62	20	18
		revenu 600°	73	85	10	15
C 3	mi-doux	recuit	37	52	25	35
		trempé	50	70	18	20
C 2	doux	recuit	32	45	26	50
		trempé	40	60	20	30
CU (cémentugine)	extra-doux	recuit	28	40	28	60
		trempé	38	52	25	50

La résilience étant mesurée sur éprouvette Mesnager (section 10 × 10, entaille de 2 m/m) avec un mouton rotatif Guillery.

Les aciers **C2** et **CU** se cémentent à 900°.

La double trempe doit être effectuée à 950° et 800°.

ACIERS SPÉCIAUX   Ginon

NATURE de l'acier	NUANCE	MARQUE	ÉTAT	TEMPÉRATURE de traitement	BAIN de trempe	E	R	A	P		TEMPÉRATURE de cémentation	TEMPÉRATURE et bain de trempe après cémentation
au Nickel	Faible teneur Doux	N2C (Tenax)	Recuit Trempé	900° 900	eau	33 46	45 60	26 21	70 45		875°	Simple trempe à 800° (eau)
	C	N3C	Recuit Trempé	900 900	eau	35 50	47 70	35 16	50 30		875°	Même traitement
	C	N5C	Recuit Trempé	900 900	eau	40 90	52 110	23 9	18 30		875°	— d° —
	Mi-dur	N2D	Recuit Revenu	875 850 et 950°	eau	44 55	63 75	17 14	15 20			
		N3D	Recuit Revenu	875° 850 et 900°		49 70	65 85	18 15	18 20			
	Haute teneur	N25	Brut de forge Trempé	950°	eau	45 42	75 70	40 50	40 40			
au Nickel-chrome	Doux C	G1	Recuit Trempé	700° 650	huile	50 97 70	65 112 90	20 9 14	25 15 15	Moment relatif Guillery. Éprouvette Messager: section 18×18, entaille de 3×3'.	875°	Simple trempe à 550° (huile)
	C	G5	Recuit Trempé	700 650	huile	122	137	6	8		875°	Même traitement
	Dur	KN	Recuit Revenu Revenu	825 800 et 600° 800 et 875°	eau eau	52 85 87 98	72 85 82 85	16 13 17 13	18 23 30 15			
		KNH	Recuit Trempé Revenu	730° 900 850 et 450°	huile huile	105 127 70	163 143 55	6 6 11	8 7 20			
		KNA	Recuit Trempé	650° 850	air	130	185	7	9			
au Nickel Vanadium	Mi-dur C	NV	Recuit Trempé Revenu	900° 900 925 900 et 600°	eau huile eau	52 67 95 60	74 117 126 85	16 11 10 15	25 20 15 10		875°	Simple trempe à 850° (huile)
Mangano-siliceux	ordinaire	MS	Recuit Revenu Revenu	900° 875 et 650° 875 et 475°	eau eau	55 87 120	83 105 140	11 10 5	8 10 5			
	supérieure	MSX	Recuit Revenu Revenu	875 650 et 450 650 et 600	eau eau	55 140 80	80 160 105	10 5 10	9 6 12			

ACIERS A OUTILS

Marque : **obus**

AU CARBONE.

Qualité supérieure.

NUMÉRO de dureté	ÉTIQUETTE	NUANCE	TEMPÉRATURE de forgeage	TEMPÉRATURE de trempe
2	jaune	dur	850	780
4	vermillon	mi-dur	à	à
3	rouge	tenace dur	950°	800°
1	violet	tenace	950	800
6	bleu	doux	à 1050°	à 830°

Qualité extra.

E 1	blanc et argent	extra dur	850	780
E 3	vermillon et argent	extra mi-dur	à	à
E 4	rouge et argent	extra tenace dur	950°	800°

AU CHROME ET AU TUNGSTÈNE.

MARQUES	ÉTIQUETTE	NUANCE	TEMPÉRATURE de forgeage	TEMPÉRATURE de trempé	BAINS de trempe
D	or	diamant	850	780 à 800°	eau
T	or et vert	au tungstène	à 1050°	800 à 830°	
K	jaune et bleu	au chrome	850	00 à 830°	eau
KS	jaune et rouge	—	à	840°	huile
KS 2	jaune et blanc	—	950°	830°	eau
KT	vert et blanc	au chrome et	850	850	eau
KTD	—	au tungstène	à 1000°	à 900°	huile sans revenu

ACIERS RAPIDES.

MARQUES	ÉTIQUETTE	TEMPÉRATURE de forgeage	TEMPÉRATURE de trempé	BAINS de trempe
Mars supérieur	tricolore (bleu, blanc, rouge)	900 à	1150 à 1250°	air ou
Mars		1150°	1100 à 1200	huile

FORGES & ACIÉRIES
DE LA MARINE & D'HOMÉCOURT A SAINT-CHAMOND
USINE D'ASSAILLY

ACIERS AU CARBONE

ACIER MARTIN — Il comprend 9 nuances :

NUMÉRO DE DURETÉ	NUANCES	R	A
1	extra-dur	90	8
2	très dur	75	10
3	dur	65	15
4	dur	57	18
5	mi-dur	52	20
6	mi-doux	47	22
7	doux	42	25
8	très doux	37	25
9	extra-doux	32	30

Acier spécial pour cémentation.

Marque « **CAD** »
se cémente de 900° à 1000°
la double trempe doit être faite à 950° et 775°
la simple trempe peut être effectuée à 950°.

Cet acier possède les caractéristiques suivantes :

$$\text{Recuit} \begin{cases} E = 26 \\ R = 39 \\ A = 30 \\ \rho = 22 \end{cases} \quad \text{Simple trempe} \begin{cases} E = 35 \\ R = 50 \\ A = 24 \\ \rho = 32 \end{cases} \quad \text{Double trempe} \begin{cases} E = 33 \\ R = 45 \\ A = 29 \\ \rho = 40 \end{cases}$$

La résilience étant mesurée sur éprouvette Charpy (section 30×30, entaille de 15 $^m/_m$) avec un mouton Charpy grand modèle.

ACIERS SPÉCIAUX

SAINT-CHAMOND

NATURE de l'acier	NUANCE	MARQUE	ÉTAT	TEMPÉRATURE de traitement	BAIN de trempe	E	R	A	ρ		TEMPÉRATURE de cémentation	TEMPÉRATURE et bain de trempe après cémentation
au Nickel	doux C	3 % de nickel	Recuit Trempé Trempé Revenu	850° 850° 900° 850 et 650°	eau eau eau	30 45 50 40	42 60 65 54	32 30 15 22	35 39 38 54		900 à 1000°	Simple trempe à 850° (eau)
	doux C	5 à 6 % de nickel doux	Recuit Trempé Revenu	850° 850° 800 et 650°	eau eau	42 60 45	55 105 60	22 10 20	40 15 50		900 à 1000°	Simple trempe à 900° (eau)
	dur	5 à 6 % de nickel dur	Recuit Revenu Revenu	850° 850 et 650° 950 et 400°	huile huile	50 70 105	78 90 130	14 15 9	14 25 20	Éprouvette Charpy : section 30×30, entaille de 15°	—	—
	dur	12 % de nickel	Adouci Trempé	550° 900°	air air	90 130	500 110	14 10	—		—	—
	dur	25 % de nickel	Trempé Trempé	950° 1000°	air eau	40 30	50 75	40 60	45 70		—	—
au Nickel-Chrome	doux C	M H	Recuit Trempé	650° 850°	sans huile	50 100	77 120	12 7	73 12	Mouton-pendule Charpy, grand modèle (15 kg.)	900	Double trempe à 650° (air) et 850° (huile)
	mi-dur	CN 4 M	Recuit Revenu Revenu	850° 850 et 650° 850 et 500°	huile huile	45 65 90	65 80 105	13 14 11	12 25 15			
	dur	CN 4	Recuit Revenu Revenu Revenu	850° 850 et 650° 850 et 500° 850 et 400°	huile huile huile	48 70 100 130	70 85 110 140	17 16 12 8	13 25 16 12			
	dur trempant à l'air	VIR	Adouci Trempé	650° 850	huile air	65 100	80 175	15 8	25 12			
Mangano-siliceux		SS	Recuit Revenu Revenu Revenu	850° 850 et 400 850 et 450 850 et 650	huile eau eau	45 75 133	80 105 150 95	14 13 8 15	8 12 8 13			

ACIERS A OUTILS

AU CARBONE :

   ACIERS CORROYÉS :
      Marques   *figurines*

4 ancres couronnées.

4 éperons, 4 flèches.

4 doubles marteaux.

2 doubles marteaux.

   ACIERS FONDUS :
      Marques   *figurine*   *qualités*

double croix d'honneur   extra-supérieure
croix d'honneur   extra

qualité garantie   supérieure
FO (fondu outils)   courante

Chacune de ces qualités se fait en 6 duretés repérées ainsi :

■   spécial extra-dur
■ ■   extra-dur
■ ■ ■   très dur
■ ■ ■ ■   dur
■ ■ ■ ■ ■   dur tenace
■ ■ ■ ■ ■ ■   tenace

AU CHROME ET AU TUNGSTÈNE :

   Marque : **chromé et au tungstène.**
      se fait en 3 duretés numérotées 0, 1 et 2.

RAPIDES :

   Marque « **Phénix** »

   Qualités : « **D** » dur, se forge de 600 à 950°
            « **D 2** » très dur, se forge de 700 à 1050°
            s'adoucissent à 750°
            se trempent à l'air à 1200°

SCHNEIDER & Cie
LE CREUSOT

ACIERS AU CARBONE

Acier Thomas.

Marque **Schneider Creusot**, qualité **A**
  se fait en 5 nuances.

REPÈRE DE DURETÉ	NUANCE	R	A
A 5	dur	70	15
A 7	mi-dur	60	20
A 8	mi-doux	50	22
A 9	mi-doux	45	25
A 10	extra-doux	40	26

Aciers Martin.

Marques **Schneider Creusot**, qualité **AM** (ordinaire)
  — — — — **B** (supérieure)
  — — — — **C** (extra)

La qualité **AM** se fait en 12 nuances.

REPÈRE DU DURETÉ	NUANCE	R	A
AM 0	extra-dur	90	6
AM 1	très-dur	85	8
AM 2	très-dur	80	10
AM 3	dur	75	12
AM 4	dur	70	14
AM 5	mi-dur	65	16
AM 6	mi-dur	60	18
AM 7	mi-doux	55	20
AM 8	mi-doux	50	22
AM 9	doux	45	24
AM 10	très doux	40	26
AM 11	extra-doux	35	30

L'acier **AM** 11 se cémente à 1000°, la double trempe doit être effectuée à 975° et 800°, la simple trempe à 900°.

Il existe un *acier de cémentation* de qualité supérieure, portant le repère **AMC** qui doit être traité exactement de la même façon.

La qualité **B** ne comporte pas de nuance extra-douce (repère 11) ; la qualité **C** ne comporte que les repères de 3 à 8.

ACIERS SPÉCIAUX — Le Creusot

NATURE de l'acier	NUANCE	MARQUE	ÉTAT	TEMPÉRATURE de traitement	BAIN de trempe	E	R	A	TEMPÉRATURE de forgeage	TEMPÉRATURE de cémentation	TEMPÉRATURE et bain de trempe après cémentation
Au nickel	Faible teneur C	DMC	Trempé	875° et 800°	eau	34	55	15		1000°	Double trempe 925 et 800° (eau)
1 %/₀	Doux Mi-doux Mi-dur	1 D 10 1 D 8 1 D 6	Trempé Revenu —	900° et 800 900° et 600° 850 et 600°	eau huile huile	33 35 44	50 55 65	22 20 16	1100° 1100° 1050°		
2 %/₀	Doux Mi-doux Mi-dur	2 D 10 2 D 8 2 D 6	Trempé Revenu —	900° 900° et 600° —	eau huile	34 36 47	50 55 65	15 20 13	1100° 1100° 1050°		
3 %/₀	Doux Mi-dur	3 D 8 3 D 6	Revenu —	900 et 600°	huile	38 50	55 70	20 15	1100° 1050°		
5 %/₀	Mi-dur Dur	5 D 6 5 D 4	Revenu —	850 et 600°	huile	55 62	72 80	14 11	1050° 1050°		
12 %/₀	Moy. teneur	12 D	Revenu	850 et 550°	air	70	90	12	1100°		
20 %/₀	Hte teneur Mi-dur Dur	DDF6 DDF3	Recuit Trempé Recuit Trempé	900° 900° 900 900	eau eau	22 20 32 30	40 56 75 72	35 40 45 50	900° — — —		
30 %/₀	Mi-dur	30 DD	Recuit Trempé	900 900	eau	22 20	58 56	35 40	—		
Au nickel-chrome	Mi-dur	DF6	Recuit Revenu —	900° 875 et 600 875 et 500	huile eau	35 55 58	60 75 75	18 14 13	1050° — —		
	Dur	DF4	Recuit Revenu —	900° 875 et 600° 875 et 500°	huile eau	45 62 85	70 85 85	14 12 10	1050° — —		
Au manganèse		M	Trempé	950°	eau	35	90	35	950°		

ACIERS A OUTILS

AU CARBONE :

Marque : **Acier Schneider au carbone**

REPÈRE de dureté	TEMPÉRATURE de forgeage	TEMPÉRATURE de trempe
C 1	950°	825°
C 2	—	850°
C 3	1000°	—
C 4	—	—
C 5	1050°	—
C 6	—	—

AU CHROME ET AU TUNGSTÈNE :

Marque : **Acier Schneider spécial**.
(même figurine).

Repère : L. — Se forge de 800° à 1000°, se trempe à l'huile à 900° sans revenu ou à l'eau avec revenu à la même température.

— S1. — Se forge de 800° à 1000°, se trempe à l'huile à 800° avec revenu ou à l'air à 1200° sans revenu.

RAPIDES :

Marque : **Acier Schneider rapide**.
(même figurine)

Repère : S.2. — Se forge de 800° à 1000°, se trempe à l'air à 1200° ou à l'huile à 800° avec revenu.

— S.3. — Se forge de 850° à 1100°, se trempe à l'air à 1200°.

TABLE DES MATIÈRES

TABLE DES MATIÈRES

Introduction.. 1

PREMIÈRE PARTIE
ÉTUDE DES MÉTAUX

CHAPITRE PREMIER
GÉNÉRALITÉS SUR LES MÉTAUX

A. — PROPRIÉTÉS PHYSIQUES.

1° PROPRIÉTÉS GÉNÉRALES.
    Densité. — Poids et masse spécifiques.................. 7
    Dilatabilité.. 8
    Déformabilité.. 8
2° PROPRIÉTÉS THERMIQUES.
    Fusibilité : température de fusion...................... 8
    Dilatabilité : coefficients de dilatation linéaire et cubique... 9
    Conductibilité et capacité thermiques : chaleur spécifique.... 9
    Pouvoirs émissif et absorbant........................... 9
3° PROPRIÉTÉS ÉLECTRIQUES.
    Conductibilité électrique : résistivité, résistance........ 10
4° PROPRIÉTÉS MAGNÉTIQUES.
    Force coercitive. Magnétisme rémanent................ 10
    Perméabilité magnétique. Hystérésis.................. 10
5° PROPRIÉTÉS MÉCANIQUES.
    Ténacité.. 11
    Déformabilité : déformations élastiques et permanentes, élasticité, ductilité, malléabilité.................. 11
    Fragilité.. 12
    Dureté.. 12

CARACTÉRISTIQUES MÉCANIQUES DES MÉTAUX

I. — *Caractéristiques statiques.*

Limite élastique. Charge de rupture	14
Allongement proportionnel. Allongement total %. Striction	15
Module d'élasticité	15
Résistance vive ; élastique et de rupture	16
Nombre de dureté	17

II. — *Caractéristiques dynamiques.*

Résistance aux efforts variables (lois de Wöhler)	18
Influence des vibrations	19
Résistance aux chocs : résilience	20

B. — PROPRIÉTÉS CHIMIQUES.

Altérabilité : oxydation, corrosion	21

CHAPITRE II

PRINCIPAUX MÉTAUX INDUSTRIELS

THÉORIE DES ALLIAGES

Constituants	25
Mélanges eutectiques	26
Liquation	26
Points de transformation : à l'échauffement et au refroidissement	27

CLASSIFICATION DES MÉTAUX INDUSTRIELS

1° **FER ET SES DÉRIVÉS.**

I. — **Aciers.**

A. — ACIERS AU CARBONE.
Extra-doux, doux, mi-doux, mi-durs, durs, extra-durs.. 29

B. — ACIERS SPÉCIAUX.
Loi de Robert Austens.................... 30

1° **Aciers au nickel.**
  a) A faible teneur : doux, mi-durs............ 32
  b) A haute teneur : aciers irréversibles, intransformables, métal Invar, platinite.......... 34

2° **Aciers au chrome** 36

3° **Aciers au nickel-chrome.**
  1er *Groupe* : ne trempant pas à l'air ; doux, mi-durs, durs 37

      2° *Groupe* : trempant à l'air ; doux, durs...... 38
      3° *Groupe* : intransformables................. 39
  4° **Aciers au manganèse et au silicium ; aciers manganosiliceux**.................................... 40
  5° **Aciers au tungstène, au molybdène et au vanadium**.. 41
  6° **Aciers complexes.**
      Aciers à outils : rapides et extrarapides....... 41
      Aciers pour roulements à billes............... 43
      Aciers pour aimants......................... 43

II. — **Fontes.**
    Blanches, grises, truitées, trempées, malléables........... 46

2° **CUIVRE ET SES COMPOSÉS.**

  I. — **Bronzes.**
    a) *Industriels* :
      Mécaniques, au zinc, au plomb, à médailles, à cloches.. 49
    b) *Spéciaux, à haute résistance* :
      Phosphoreux, au manganèse, siliceux............. 50
    Caractéristiques des bronzes..................... 51

  II. — **Laitons.**
    a) *Industriels* :
      Laiton de guerre, laiton des tréfileries, etc....... 54
      Laiton forgeable et laiton pressé................ 54
    b) *Spéciaux, à haute résistance* :
      Métal Delta, métal Parsons, etc................. 55
    Caractéristiques des laitons..................... 55

3° **ALLIAGES INDUSTRIELS.**
  1° **Alliages de nickel** : maillechort, alfénide, platinoïde....... 55
  2° **Alliages d'aluminium** : bronzes et laitons d'aluminium, magnalium, alliages Cothias............................. 58
  3° **Alliages de plomb et d'étain** : métal anglais, métal d'Alger.. 59
  4° **Métaux antifriction** : principe, constitution............ 59
  5° **Soudures et brasures**........................... 62

CHAPITRE III

MÉTALLURGIE

A. — **SIDÉRURGIE.**

Minerais de fer... 64
Extraction du fer : méthode Catalane, méthode du Haut-Fourneau... 65

MÉTALLURGIE DE LA FONTE :
    Description d'un haut-fourneau. Coulée. Sous-produits. Installations accessoires 66
    Réglage de l'allure : allures froide et chaude 70
MÉTALLURGIE DU FER : puddlage 70
MÉTALLURGIE DE L'ACIER.
    Distinction entre le fer et l'acier 71
        Acier Bessemer : description d'un convertisseur, principe et phases de l'opération 72
        Acier Thomas : phases de l'opération 74
        Acier Martin : procédés acide et basique, phases de l'opération. 75
        Acier électrique : four Girod 76
        Acier au creuset. 79
        Lingots : chutes de tête et de pied, coulée en masselotte ou sous presse, démoulage 80

B. — MÉTALLURGIE DES MÉTAUX AUTRES QUE LES DÉRIVÉS DU FER.

MÉTALLURGIE DU CUIVRE :
    Minerais. Extraction du cuivre : matte bronze et matte blanche. Cuivre électrolytique 81
MÉTALLURGIE DU PLOMB :
    Minerais. Traitement 84
MÉTALLURGIE DU ZINC 84
MÉTALLURGIE DE L'ÉTAIN 85
MÉTALLURGIE DE L'ALUMINIUM 85

CHAPITRE IV

MÉTALLOGRAPHIE

A. — GRAINS DES MÉTAUX.

    1° *Influence de la température de chauffage* : loi de Tchernoff. 88
    2° *Écrouissage* : régénération 89
    3° *Vibrations* : cristallisation 90

B. — MÉTALLOGRAPHIE MICROSCOPIQUE.

    Constituants des aciers ; aciers eutectoïde, hypoeutectoïde, hypereutectoïde 91
    Points critiques ou de transformation : appareil Saladin 93
    Diagramme de Roozeboom 95
    Constituants des fontes 97
    Constituants des bronzes, des laitons et des alliages industriels. 98

CHAPITRE V

TRAITEMENTS THERMIQUES

GÉNÉRALITÉS : *Trempe, Revenu, Recuit* ; adoucissement.......... 100
  Détermination pratique des points de transformation....... 102

FOURS A TRAITEMENTS THERMIQUES.
  I. — FOURS A FLAMMES :
    1° Feu de forge.. 107
    2° Fours à gaz d'éclairage............................ 108
    3° — à grilles : roulant, à sole mobile.............. 109
    4° — à gazogène ; récupérateurs...................... 112
  II. — FOURS A BAINS.
    Bains : de plomb, de sels, d'huile.................... 114
    Chauffage des bains : fours électriques............... 115

DÉTERMINATION DES TEMPÉRATURES.
  Appréciation de la température par la couleur des pièces chauffées.. 117
  Pyromètres.
    A contact : canne Le Châtelier........................ 119
    A rayonnement : loi de Stéphan, télescope de Féry..... 122
  Montres fusibles.
    Montres de Seger, mélanges fusibles................... 124

PRATIQUE DE LA TREMPE.
  Chauffage : zone de fragilité, zone des revenus, zone de transformation... 126
  Température de trempe : aciers doux, mi-durs, durs, rapides. 128
  Refroidissement :
    Trempes : vives, douces, à l'air, par contact......... 129
    Bains de trempe : à volume restreint, trempe par jet ou aspersion, bain à deux liquides.................... 131

PRATIQUE DU REVENU.
  Chauffage : fours de revenu, revenu par conductibilité.... 132
  Température de revenu.................................. 134
  Refroidissement.. 135

PRATIQUE DU RECUIT.
  Chauffage.. 135
  Régénération des aciers : écrouis, brûlés............. 136
  Refroidissement :
    Aciers au carbone : doux, mi-durs, durs............... 139
    Aciers spéciaux : adoucissement....................... 140

CÉMENTATION.
- A. — **CÉMENTATION CARBURANTE**.
  - *Généralités* : but de la cémentation, épaisseur de la couche cémentée 142
  - I. — **Cémentation rapide** : au cyanure, à la poudre..... 144
  - II. — **Cémentation lente** :
  - *Chauffage* : boîtes et fours de cémentation, éprouvettes de vérification et de réglage........................ 144
  - *Refroidissement* : double trempe, simple trempe, trempe directe.. 146
  - *Céments* :
  - Lents, moyens, rapides ; essai des céments........... 148
  - *Aciers de cémentation* 150
- B. — **CÉMENTATION OXYDANTE**.
  - *Généralités* : fonte malléable, théories américaine et européenne... 150
  - *Chauffage*... 153
  - *Refroidissement* 153
  - *Céments*... 153
  - *Fontes à employer*.. 153

DEUXIÈME PARTIE

ESSAIS DES MÉTAUX

CHAPITRE VI

ANALYSE CHIMIQUE

- A. — ANALYSE QUALITATIVE.................................... 156
- B. — ANALYSE QUANTITATIVE :
  - 1° Échantillonnage ; 2° attaque du métal ; 3° séparation ; 4° dosage 157
    - a) *Méthode pondérale* 158
    - b) *Méthode volumétrique ou titrimétrie*............... 159
    - c) *Méthode électrolytique*............................. 160

FERS ET SES COMPOSÉS.
- A. — MÉTAUX :
  - Dosage du fer, du silicium, du manganèse, du nickel et du chrome... 162

B. — MÉTALLOÏDES.
  Dosage du carbone :
    1º Méthode de NOLLY..................................... 165
    2º   —   de VIBORGH..................................... 166
    3º   —   comparative, dite d'EGGERTZ................. 167
  Dosage du soufre.. 168
  Dosage du phosphore.. 168

CUIVRE ET SES COMPOSÉS.

  1º *Série d'analyses :*
    Dosage de l'étain, du plomb, du cuivre et du zinc...... 169
  2º *Série d'analyses :*
    Dosage du phosphore, du fer et de l'alumine, du manganèse.. 169

ALLIAGES INDUSTRIELS.. 170

CHAPITRE VII

EXAMEN MÉTALLOGRAPHIQUE

1º EXAMEN SUPERFICIEL.

  DÉFAUTS DES MÉTAUX.
    Soufflures, retassure, scories, gouttes froides, criqures, tapures, pailles..................................... 172
  RÉPARATION DES DÉFAUTS DES MÉTAUX.
    Sondage, réparation, soudure autogène, soudure à la poche. 174
    Mastics de fonte.. 175
  ESSAI DE RÉSONANCE.. 176

2º ASPECT DES CASSURES.

  Cassures types... 177

3º MACROGRAPHIE.

  Polissage. Attaque. Examen................................ 178

4º MICROGRAPHIE.

  Polissage : préparation rapide de la poudre d'alumine...... 181
  Attaque :.. 182
    A. — **Aciers et fontes** : acide picrique et picrate de soude. 183
    B et C. — **Bronzes et laitons** : chlorure cuivreux ammoniacal, perchlorure de fer................................. 183
  Examen : appareil Le Châtelier............................. 184

CHAPITRE VIII

ESSAIS PHYSIQUES DES MÉTAUX

I. — ESSAIS MÉCANIQUES.

Éprouvettes : de traction, de compression, de torsion, de flexion, de choc 185

Machines à essayer les métaux :

    A. — Machines statiques.

        Mesure des efforts : limite apparente d'élasticité 191
        Mesure des allongements : allongement total % 193
        Appareils enregistreurs : limite de proportionnalité 194
        Appareils accessoires : inverseurs 197
        Machines spéciales : appareil Monge, machine d'essai à la torsion 198

    B. — Moutons.

        Moutons à chute libre : mouton Frémont 199
            Dispositifs pour mesurer le résilience 201
        Moutons-pendules : moutons Charpy 203
        Moutons-rotatifs : mouton Guillery 205
        Évaluation rapide de la fragilité des métaux 206

    C. — Machines à essayer la dureté des métaux.

        1° **Méthode Brinell** : principes, avantages 207
            a) *Appareil à pression hydraulique* : appareil Alpha. 209
            b) *Appareil à leviers* : appareils Guillery, à contre-poids 210
            Méthode comparative 211
            Mesure des empreintes 212
        2° **Scléromètres** : de Shore, de Martens 213
        Épreuve à la lime 214

II. — ESSAIS PRATIQUES.

    A. — Essais relatifs aux conditions de fabrication.

        1° **Essais de façonnage.**
            Essais de pliage.
                Variantes : Essais des crochets, de cintrage, de rabattement, de pliage sur trous 215
            Essais d'emboutissage, de mandrinage, de poinçonnage. 217
            Essais d'écrasement ou d'aplatissement 219
            Essais de soudabilité 219
        2° **Essais d'usinage** 219
        3° **Essais de trempe** 220

B. — Essais relatifs aux conditions d'emploi.
    1° *Essais de résistance aux efforts variables.*
    Essais de flexion alternative, aux chocs répétés, de lames vibrantes.................................... 224
    2° *Essais de résistance à chaud*..................... 221
    3° *Essais d'usure* 222
    4° *Essais électriques, magnétiques, etc*............ 222
    5° *Essais de corrosion*............................ 223

III. — ESSAIS SOMMAIRES.

Évaluation rapide et sans appareils spéciaux des propriétés les plus importantes des métaux.
    Caractéristiques mécaniques :
        Ténacité, ductilité, fragilité, dureté.......... 223
    Structure interne :
        Défauts, grain, macrographie................. 224
    Composition chimique :
        Aciers au carbone, aciers spéciaux........... 224

APPENDICE

DONNÉES TECHNIQUES

concernant les

aciers au carbone, aciers spéciaux et aciers à outils

des marques françaises suivantes :

Aciéries et Forges de Firminy.
Commentry-Fourchambault & Decazeville.
Jacob Holtzer.
Forges de Chatillon-Commentry & Neuves-Maisons.
Forges & Aciéries électriques Paul Girod.
Forges & Aciéries de la Marine & d'Homécourt.
Schneider et Cie.

INDEX
DES TABLEAUX NUMÉRIQUES

TABLEAU 1 : Propriétés principales des métaux.
Densité, température de fusion, coefficient de dilatation, conductibilité calorifique, chaleur spécifique, résistivité électrique... 22

TABLEAU 2 : Caractéristiques mécaniques des métaux
à la traction, à la compression, au cisaillement............ 23
Charge de rupture, limite élastique, module d'élasticité, allongements proportionnel et total %.

TABLEAU 3 : Aciers au carbone et fontes.
Teneur en carbone, charge de rupture, allongement, résilience, trempe.. 44

TABLEAU 4 : Aciers spéciaux.
Au nickel, au chrome, au nickel-chrome, mangano-siliceux, au tungstène, au vanadium................................ 45
Limite élastique, charge de rupture, allongement, résilience.

TABLEAU 5 : Bronzes industriels.
Composition, propriétés, dénominations, emplois............ 52

TABLEAU 6 : Laitons industriels.
Composition, propriétés, dénominations, emplois............ 53

TABLEAU 7 : Maillechorts.
Composition, propriétés, dénominations, emplois............ 56

TABLEAU 8 : Alliages d'aluminium.
Composition, dénominations, emplois...................... 56

TABLEAU 9 : Alliages de plomb et d'étain.
Composition, dénominations, emplois...................... 57

TABLEAU 10 : Soudures et brasures.
Composition, dénominations, emplois...................... 57

TABLEAU 11 : Métaux antifriction.
Composition, dénominations, emplois...................... 61

TABLEAU 12 : Appréciation des températures.
Par la *couleur des pièces chauffées*.................................. 118

TABLEAU 13 : Appréciation des températures.
I. — Par la *combustion du bois*.
II. — Par la *fusion des sels*.................................. 125

TABLEAU 14 : Traitements thermiques des principaux aciers :
au carbone, au nickel, au nickel-chrome.
Température de trempe, bain de trempe, charge de rupture à l'état trempé et à l'état recuit, traitements correspondant au minimum de fragilité et à l'adoucisssement maximum. 141

TABLEAU 15 : Dimensions des éprouvettes d'essai à la traction.................................. 187

INDEX DES PLANCHES

Planche I. — Constituants des métaux.................................. 97
Planche II. — Aspect des cassures des aciers cémentés.......... 145
Planche III. — Micrographie.................................. 177
Planche IV. — Graphique pour la détermination de la ténacité des métaux par la méthode Brinell.................................. 209

MACON, PROTAT FRÈRES, IMPRIMEURS.

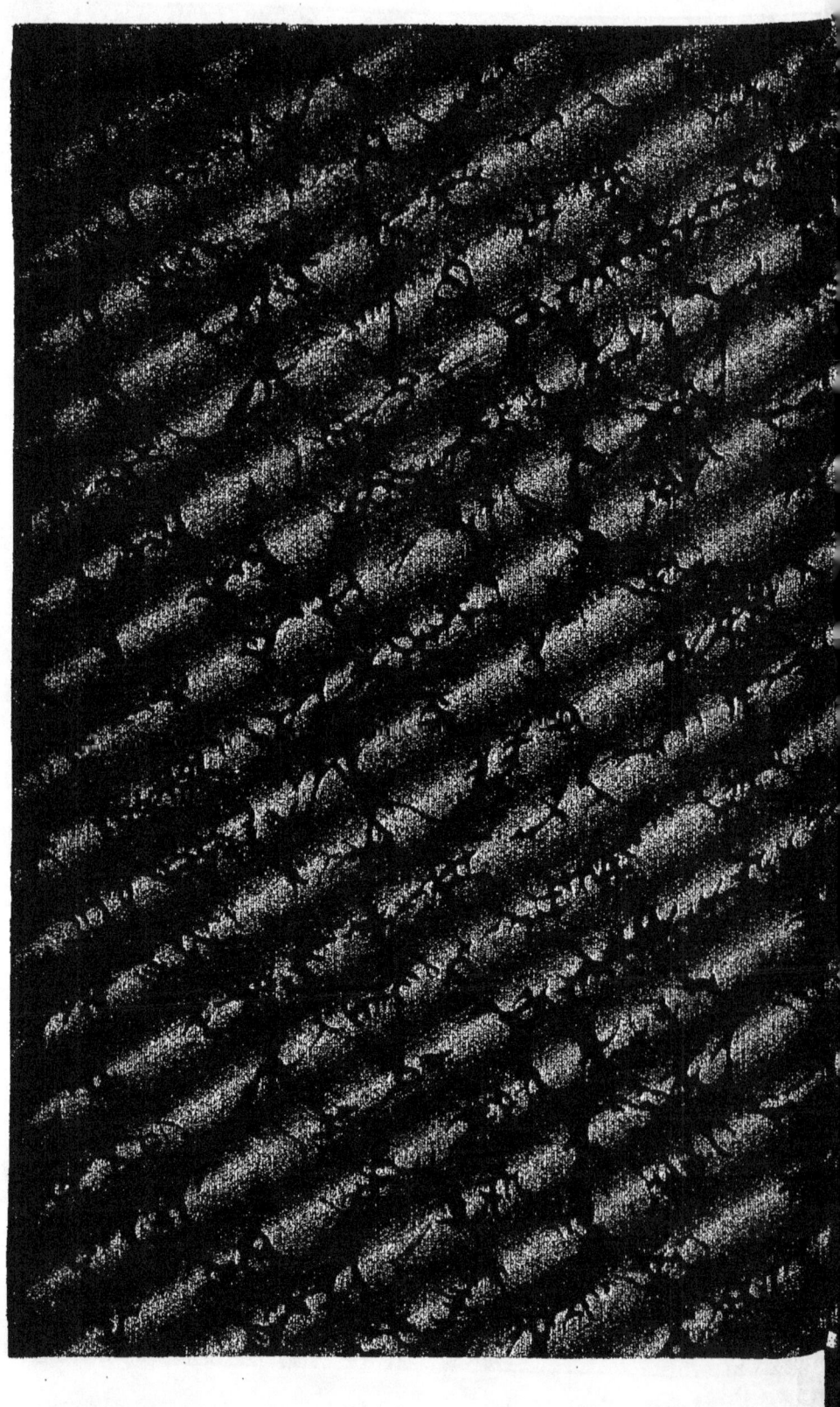

www.ingramcontent.com/pod-product-compliance
Lightning Source LLC
Chambersburg PA
CBHW060127190426
43200CB00038B/1063